城市轨道交通操作岗位系列培训教材

城市轨道交通信号楼值班员

主　编　王转建
副主编　谢春华　吴安伟
主　审　杨德友

人民交通出版社股份有限公司
China Communications Press Co.,Ltd.

内 容 提 要

本书为城市轨道交通操作岗位培训教材，全书共分为两篇六章，第一篇从理论上介绍了城市轨道交通的概念、特点和类型，技术设备，行车组织与施工管理方面的知识；第二篇从实际操作上介绍了行车组织、施工作业的各项流程，以及岗位危险源。

本书可作为城市轨道交通相关技术人员的培训教材，也可供职业院校城市轨道交通相关专业教学使用。

图书在版编目(CIP)数据

城市轨道交通信号楼值班员/王转建主编. — 北京 ：人民交通出版社股份有限公司，2018.3
城市轨道交通操作岗位系列培训教材
ISBN 978-7-114-14101-0

Ⅰ.①城… Ⅱ.①王… Ⅲ.①城市铁路—交通信号—信号系统—职业培训—教材 Ⅳ.① U239.5

中国版本图书馆CIP数据核字（2017）第 204139 号

城市轨道交通操作岗位系列培训教材
书　　名：城市轨道交通信号楼值班员
著 作 者：王转建
责任编辑：吴燕伶　卢　珊
出版发行：人民交通出版社股份有限公司
地　　址：(100011)北京市朝阳区安定门外外馆斜街 3 号
网　　址：http://www.ccpress.com.cn
销售电话：(010) 59757973
总 经 销：人民交通出版社股份有限公司发行部
经　　销：各地新华书店
印　　刷：北京市密东印刷有限公司
开　　本：787×1092　1/16
印　　张：15
字　　数：320 千
版　　次：2018 年 3 月　第 1 版
印　　次：2018 年 3 月　第 1 次印刷
书　　号：ISBN 978-7-114-14101-0
定　　价：39.00 元

PREFACE 序

著述成书有三境：一曰立言传世，使命使然；二曰命运多舛，才情使然；三曰追名逐利，私欲使然。予携众编写此系列丛书，一不求“立言”传不朽，二不恣意弄才情，三不沽名钓私誉。唯一所求，以利工作。

郑州发展轨道交通八年有余，开通运营两条线46.6公里，各系统、设施设备运行均优于国家标准，服务优质，社会口碑良好。有此成效，技术、设备等外部客观条件固然重要，但是最核心、最关键的仍是人这一生产要素。然而，从全国轨道交通发展形势来看，未来五年人才“瓶颈”日益凸显。目前，全国已有44个城市轨道交通建设规划获得批复，规划总里程7000多公里，这比先前50年的发展总和还多。“十三五”期间，城市轨道交通发展将处于飞跃发展时期，相关专业技术人才将面临“断崖”处境。社会人才储备、专业院校输出将无法满足几何级增长的轨道交通行业发展需求。

至2020年末，郑州市轨道交通要运营10条以上线路，总里程突破300公里，人才需求规模达16000人之多。环视国内其他城市同期建设力度，不出此左右。振奋之余更是紧迫，紧迫之中夹杂些许担心。思忖良久，唯立足自身，“引智”和“造才”双管齐下，方可破解人才困局，得轨道交通发展始终，以出行之便、生活之利飨商都社会各界，助力国家中心城市和国际商都建设。

郑州市轨道交通通过校园招聘和订单班组建，自我培养各类专业技术人员逾3000人。订单班组建五年来，以高职高专院校的理论教学为辅，以参与轨道交通设计、建设和各专业各系统设备生产供应单位的专家实践教学为主，通过不断创新、总结、归纳，逐渐形成了成熟的培养体系和教学内容，所培养学生大都已成为郑州市轨道交通运营一线骨干力量。公司以生产实践经验为依托，充分发挥有关合作院校的师资力量，同时在设备制造商、安装商和设施设备维修维保商的技术支持下，编写了本套城市轨道交通操作岗位系列培训教材，希望以此建立起一套符合郑州市轨道交通运营实际且符合轨道交通行业发展水平的教材体系，为河南乃至全国轨道交通人才培养略尽绵薄之力。

教材编写过程中，得到了西南交通大学、大连交通大学、石家庄铁道大学、上海城市轨道交通维护保障有限公司、郑州铁路职业技术学院以及人民交通出版社股份有限公司的大力支持，在此一并表示感谢。

以羽扣钟，既有总结之意，也有求证之心，还请业内人士不吝赐教。

是为序。

张　洲

2016年10月

FOREWORD 前言

随着城市化进程的加快,“出行难”的社会问题越来越突出,城市轨道交通因安全、快速、舒适、环保等优势,日益成为广大市民出行的首选。城市轨道交通行业快速发展,人才培养急需。信号楼值班员岗位在城市轨道交通安全运营中起到至关重要的作用。

本书由两篇构成,第一篇基础知识篇主要就信号楼值班员岗位工作中所涉及的基础设备、理论知识做了详细讲解,第二篇实务篇则介绍了信号楼值班员日常工作操作流程及岗位危险源。本书图文并茂,通俗易懂,课程设置合理,课前设置学习目标,课后设置复习与思考,有助于提高学员的学习效率。

本书由王建光主编,谢春华、吴安伟任副主编。参与本书编写的有郑州轨道交通有限公司运营分公司的车小波、陈晓玉(第一篇)、张佳慧(第二篇)。岳战威、李石磊、史磊负责设计全书框架、编写思路,以及全书的统稿校对工作。

本教材的编写得到郑州轨道交通有限公司运营分公司领导和相关部门的大力支持、指导和帮助;同时还参考了国内外专家学者发表的有关城市轨道交通的文献,以及部分城市轨道交通企业运营资料,在此向有关专家及部门表示由衷的感谢。

由于编写人员技术水平及实践经验的局限性,书中难免有不妥之处,敬请广大读者批评指正并及时反馈,以便今后修订和完善,真诚地希望广大读者多提宝贵意见。

编　者

2016 年 10 月

INTRODUCTION | 学习指导

一 岗位职责

信号楼值班员是城市轨道交通运营中重要的行车岗位，其主要工作是通过微机联锁设备及其他辅助设备来完成车厂的接发列车、调车、洗车、试车、施工防护等生产作业。

信号楼值班员的岗位职责主要是：根据列车运行时刻表、车厂施工计划、车厂收发车计划单及车厂调度员的命令指示，执行落实各项工作计划，完成车厂各项生产任务，保证车厂安全、高效、规范运作。执行信号楼微机联锁设备的操作程序，及时了解作业情况，掌握车厂内机车车辆运行动态及停放位置。掌握车厂内接触网的供电状态；发现设备故障时，及时准确地向车厂调度报告，做好防护并进行登记。建立并记录各类生产台账，爱护设备，保管好行车备品，当班期间做好信号楼生产场所的卫生工作，认真执行交接班制度。

二 课程学习方法及重点

信号楼值班员应熟练掌握基础知识篇中行车组织和施工管理知识，掌握实务篇中各项作业流程、岗位危险源。学习本书应熟悉每章前的“岗位应知应会”，根据指导掌握相关知识；应重视书后岗位危险源的学习，做到熟悉本岗位危险源以及防范措施，生产安全。

三 岗位晋升路径

根据人员情况，满足职级要求（包括工作年限、职称、学历、绩效考评）的人员按照一定比例定期进行晋级。员工晋升序列如下：

由低到高依次为：初级工、中级工、高级工一、高级工二、技师一、技师二、高级技师。

CONTENTS 目录

第一篇 基础知识篇

第一章　城市轨道交通的概述

岗位应知应会

1. 了解城市轨道交通的发展。
2. 熟悉城市轨道交通的技术特征。
3. 对城市轨道交通系统有清晰的认识。
4. 了解城市轨道交通在公共交通中的地位及作用。

重难点

1. 城市轨道交通的分类及类型。
2. 城市轨道交通在世界上以及我国的发展历程。

轨道交通很早就作为公共交通的重要形式在城市中广泛应用。城市轨道交通（Rail Transit）具有运量大、速度快、安全、准点、保护环境、节约能源和用地等特点。发达国家的城市交通发展历史证实，采用大客运量的城市轨道交通（地铁和轻轨）系统，是从根本上改善城市公共交通状况的有效途径。这一点也得到世界各国普遍认可：解决城市交通问题的根本出路在于优先发展以轨道交通为骨干的城市公共交通系统。

一、城市轨道交通的发展

（一）世界城市轨道交通历史

随着世界各国城市化进程的加快，出现了城市人口密集、交通拥堵、环境污染严重、能源匮乏、居民出行时间长、出行难等所谓的“城市病”，城市交通拥堵成为困扰城市发展的主要问题。第二次世界大战后，城市发展基本上是一个不断满足机动化的过程。为了提高机动性，城市必须不断增加道路设施的供给。新的道路建设降低了出行时耗，但同时又引发了新的出行需求，经过一段时间后整个城市交通又恢复原来的拥挤水平。因此，城市总是在道路拥挤→增加运输能力→提高出行效率→刺激城市延伸→增加出行量→再拥挤之间循环，而道路里程的增长始终跟不上汽车的生产速度。土地资源是有限的，道路里程不可能无限增长，这就要求一种运量大、能耗低、占地少的交通形式从根本上解决日益严重的交通拥堵问题，为此，轨道交通应运而生。

世界轨道交通的发展大致经历了以下 5 个阶段。

1. 现代轨道交通诞生前阶段(1827—1890 年)

1827 年,世界上第一条有轨马车线路出现在纽约百老汇大街上;1832 年,用马拉的城市街道铁路(有轨马车)在美国纽约第 4 大街正式运营。从 1855 年开始,有轨马车大规模地替代公共马车,在美国及欧洲各国迅速扩展,至 1899 年,其总轨道里程达到 9900km。把马车放在钢轨上行驶,既可以提高速度及平稳性,还可以利用有多匹马组成的马队来提高牵引力、增大车辆规模、降低运输成本及票价。

虽然有轨马车比公共马车有了很大的改进,但随着城市人口及车辆的增加,在平交道口出现了交通阻塞,这种情况在大城市非常严重。交通的拥堵促使人们设想将交通线路引入地下发展,以便解决客流膨胀与土地紧张的问题。19 世纪中叶,英国伦敦的交通拥堵情况严重。1843 年,有"地铁之父"之称的英国律师查尔斯•皮尔逊建议修建地铁。经过 20 年的酝酿和建设,世界上第一条快速轨道交通地下线(地铁)于 1863 年 1 月 10 日在伦敦正式运营,它标志着城市轨道交通的诞生。

2. 现代轨道交通的初步发展阶段(1890—1924 年)

19 世纪末,电力机车牵引方式开始引入城市轨道交通领域,该方式大大提升了城市轨道交通的实用性。在这一阶段,欧美的城市轨道交通发展较快,其间 13 个城市建成了地铁,还有许多城市建设了有轨电车。20 世纪 20 年代,美国、日本、印度和中国的有轨电车有了很大发展。这种旧式的有轨电车行驶在城市的道路中间,其运行速度慢、正点率低,而且噪声大、加速性能低、乘客舒适度差,但在当时仍然是公共交通的骨干。

3. 停滞萎缩阶段(1924—1949 年)

第二次世界大战的爆发和汽车工业的发展导致了城市轨道交通的停滞和萎缩。汽车的灵活、便捷及可达性一度使其成为城市交通的宠儿,并得到飞速发展。而轨道交通因投资大、建设周期长,一度失宠。这一阶段只有 5 个城市发展了地铁,有轨电车则停滞不前,甚至有些线路被拆除。1912 年美国有 370 个城市建有有轨电车,而到了 1970 年只剩下 8 个城市保留了有轨电车。

4. 再发展阶段(1949—1969 年)

由于汽车的过度增加,使城市道路异常堵塞,行车速度下降,严重时还会出现交通瘫痪。加之空气污染、噪声污染严重,石油资源耗费大,停车位不足等问题层出不穷,于是人们又重新认识到,解决城市客运交通必须依靠电力驱动的轨道交通,轨道交通因此又得到了重视,随后还出现了一些新型的城市轨道交通形式,如美国的跨座式轻轨。

5. 高速发展阶段(1969 年至今)

这一阶段,世界上很多国家都确立了优先发展轨道交通的方针,立法解决城市轨道交通的资金来源。世界各国城市化的趋势导致人口高度集中,这就要求轨道交通高速发展以适应日益增加的客流运输。各种技术的发展也为轨道交通奠定了良好的基础,越来越多的城市正在修建或已修建了地铁、轻轨或其他轨道交通。

（二）我国城市轨道交通的发展

我国城市轨道交通的发展可以划分为早期有轨电车交通和现代城市轨道交通两个历史时代。

1. 有轨电车交通时代

我国有轨电车起源于20世纪初，20世纪50年代我国有轨电车交通达到了高峰。北京、上海、天津、哈尔滨、长春、大连、鞍山等诸多城市都建有多条有轨电车。它在我国城市交通中发挥了历史性的作用。由于有轨电车与城市发展的诸多矛盾，我国有轨电车同国外一样，从20世纪50年代逐步拆除。至今只有大连、长春等极少数城市保存了有轨电车并进行了改造，使之与现代城市交通的发展相适应。

2. 现代城市轨道交通时代

我国现代城市轨道交通是以1965年7月1日开工建设的北京地铁为开端，发展至今大致经历了以下三个阶段。

（1）起步阶段

该阶段以北京地铁和天津地铁为代表。北京地铁于1965年开始建设，1969年10月1日建成通车，全长23.6km；天津地铁于1970年开始兴建，1976年建成通车，全长5.2km。

（2）平稳建设阶段

从20世纪90年代开始，我国政府加大了对城市交通基础设施的投入，强调轨道交通对解决城市交通问题和引导城市发展的作用。从此，发展大容量轨道交通方式的理念开始显现，我国开始了城市轨道交通的平稳建设阶段。这一阶段除地铁建设外，以上海轨道交通3号线（明珠线）一期工程为代表的轻轨交通也开始建设，并以北京地铁1号线的完全建成（复八线建设和1号线改造），上海地铁1号线（上海火车站至辛庄）、广州地铁1号线（西朗站至广州东站）的建成为标志。香港地铁在这一时期也得到了迅猛发展，完成现有7条线的建设。1966年，台北市修建了第一条城市轨道交通线路。

（3）建设高潮阶段

随着我国经济的发展和城市化进程的加快，我国城市的规模和人口在不断扩大，城市交通问题更加突出。城市交通问题的解决必须依赖公共交通的发展，大城市及特大城市必须建立一个以轨道交通系统为骨干，以公共交通为主体，多种交通方式相互协调的综合交通系统。同时，经济的快速发展为发展城市轨道交通奠定了雄厚的物质基础，自20世纪末至21世纪初，我国城市轨道交通进入快速发展的建设高潮阶段。

根据中国城市轨道交通协会统计数据（未含港澳台地区数据），截至2016年末，我国共30个城市开通城市轨道交通运营，运营线路总长度达4152.8公里，全年累计完成客运量160.9亿人次。2016年度新增运营线路长度534.8公里。21个城市拥有两条及以上城轨交通线路，网络化发展已是重要的发展趋势和方向。

二、城市轨道交通在城市公共交通的地位与作用

（1）城市轨道交通是城市公共交通的主干线，客流运送的大动脉，是城市的生命线工程。建成运营后，将直接关系到城市居民的出行、工作和生活。

（2）城市轨道交通是世界公认的低能耗、少污染的“绿色交通”，是解决“城市病”的一把金钥匙，对于实现城市的可持续发展具有非常重要的意义。

（3）城市轨道交通是城市建设史上最大的公益性基础设施，对城市的全局和发展模式将产生深远的影响。为了建设生态城市，应把“摊大饼”式的城市发展模式改变为“伸开的手掌形”模式，而“手掌状”城市发展的骨架就是城市轨道交通。城市轨道交通的建设可以带动城市沿轨道交通廊道的发展，促进城市繁荣，形成郊区卫星城和多个城市副中心，从而缓解城市中心人口密集、住房紧张、绿化面积小、空气污染严重等大城市通病。

（4）城市轨道交通的建设与发展有利于提高市民出行的效率，节省时间，改善生活质量。国际知名的大都市由于轨道交通十分发达，人们出行很少乘坐私人车辆，主要依靠地铁、轻轨等轨道交通，故城市交通秩序井然，市民出行方便、省时。

三、城市轨道交通的主要优势

（一）城市轨道交通有较大的运输能力

城市轨道交通由于高密度运转，列车行车时间间隔短，行车速度快，列车编组辆数多而具有较大的运输能力。单向高峰每小时的运输能力：市郊铁路最大可达到6万～8万人次；地铁为3万～6万人次，甚至可达到8万人次；轻轨为1万～3万人次；有轨电车可达到1万人次。城市轨道交通的运输能力远远超过公共汽电车交通。据文献统计，地下铁道每公里线路年客运量可达100万人次以上，最高可达到1200万人次，如莫斯科地铁、东京地铁、北京地铁等。

城市轨道交通能在短时间内输送较大的客流，据统计，地铁在早高峰时1h能通过全日客流量的17%～20%，3h能通过全日客流量的31%。

（二）城市轨道交通具有较高的准时性

城市轨道交通由于在专用行车道上运行，不受其他交通工具干扰，不产生线路堵塞现象，并且不受天气影响，是全天候的交通工具，列车能按运行图运行，具有可信赖的准时性。

（三）城市轨道交通具有较高的速达性

与公共汽电车交通相比，城市轨道交通由于运行在专用行车道上，不受其他交通工具干扰，车辆有较高的运行速度，有较高的起、制动加速度，多数采用高站台，列车停站时间短，上下车迅速方便，而且换乘方便，从而可以使乘客较快地到达目的地，缩短出行时间。

（四）城市轨道交通具有较高的舒适性

与公共汽电车交通相比，城市轨道交通由于运行在不受其他交通工具干扰的线路上，车辆具有较好的运行特性，车辆、车站等装有空调、引导装置、自动售检票系统等直接为乘客服务的设备，因此，城市轨道交通具有较好的乘车条件，其舒适性优于公共（汽）电车、快速公共汽车等。

（五）城市轨道交通具有较高的安全性

城市轨道交通由于运行在专用轨道上，没有平交道口，不受其他交通工具干扰，并且有先进的通信信号设备，极少发生交通事故。

（六）城市轨道交通能充分利用地下和地上空间

大城市地面拥挤、土地费用昂贵。城市轨道交通由于充分利用了地下空间和地上空间的开发，不占用地面道路，能有效缓解由于汽车数量大量增长而造成的道路拥挤、堵塞，有利于城市空间合理利用，特别有利于缓解大城市中心区过于拥挤的状态，提高了土地利用价值，并能改善城市景观。

（七）城市轨道交通的系统运营费用较低

城市轨道交通主要采用电气牵引，且轮轨摩擦阻力较小，与公共电车、公共汽车相比，其更能节省能源，运营费用较低。

（八）城市轨道交通对环境低污染

城市轨道交通由于采用电气牵引，与公共汽电车相比不产生废气污染。另外，城市轨道交通的发展，减少了公共（汽）电车的数量，进一步减少了汽车的废气污染。由于在线路和车辆上采用了各种降噪措施，一般不会对城市环境产生严重的噪声污染。

四、城市轨道交通体系构成

城市轨道交通属于集多专业、多工种于一体的复杂系统，通常由轨道线路、车站、车辆、维护检修基地、供变电、通信信号、指挥控制中心等组成。

城市轨道交通的运输组织、功能实现、安全保障均应遵循有轨交通的客观规律。在运输组织上，要实行集中调度、统一指挥、按运行图组织行车。在功能实现方面，各有关专业，如线路、车站、隧道、车辆、供电、通信、信号、机电设备及消防系统，均应保持状态良好，运行正常。在安全保障方面，主要依靠行车组织和设备正常运行，来保证必要的行车间隔和正确的行车线路。为了保证列车运行安全、正点，在集中调度、统一指挥的原则下，行车组织、设备、车辆检修、设备运行管理、安全保证等均由一系列规章制度来规范。列车运行是一项需要多专业、多工种配合的工作，同时也是一个围绕安全行车这一中心而组成的有序联动、时效性极强的系统。轨道交通系统中，采用了以电子计算机处理技术为核心的各种自动化设备，从而代替人工的、机械的、电气的行车组织、设备运行和安全保证系统。如列车自动控制（Automatic Train Control，ATC）系统可以实现列车自动驾驶、自动跟踪、自动调度；供电系统管理自动化（Supervisory Control and Data Acquisition，SCADA）系统可以实现主变电所、牵引变电所、降压变电所设备系统的遥控、遥信、遥测和遥调；环境与设备监控系统（Building Automation System，BAS）和火灾报警系统（Fire Alarm System，FAS）可以实现车站环境控制的自动化和消防、报警系统的自动化；自动售检票（Automatic Fare Collection，AFC）系统可以实现自动售票、检票、分类等功能。这些系统全线各自形成网络，均在运行控制中心（Operating Control Center，OCC）设中心计算机，实现统一指挥，分级控制。

五、城市轨道交通的分类

城市轨道交通种类繁多，技术指标差异较大，世界各国评价标准不一，并无严格的分类。由于城市轨道交通在世界范围内发展较快，地区、国家、城市的不同，服务对象的不同等，使城市轨道交通发展出多种类型。目前尚无十分统一的分类标准，不同的分类方法，可以分出不同的结果。按行业内惯例，有如下分类方法：

（1）若按容量（运送能力），可分为高容量、大容量、中容量和小容量。

（2）若按导向方式，可分为轮轨导向和导向轨导向。

（3）若按线路架设方式，可分为地下、高架和地面。

（4）若按线路隔离程度，可分为全隔离、半隔离和不隔离。

（5）若按轨道材料，可分为钢轮钢轨系统和橡胶轮混凝土轨道梁系统。

（6）若按牵引方式，可分为旋转式直流、交流电机牵引和直线电机牵引。

（7）若按运营组织方式，可分为传统城市轨道交通、区域快速轨道交通和城市（市郊）铁路。

（8）城市轨道交通按运能范围、车辆类型及主要技术特征可分为有轨电车、地下铁道、轻轨交通、市郊铁路、单轨交通、新交通系统、磁悬浮交通七类。

六、城市轨道交通的类型

城市轨道交通系统是指在城市中使用车辆在固定导轨上运行并主要用于城市客运的交通系统。在国家标准《城市公共交通常用名词术语》（GB 5655—1985）中，将城市轨道交通定义为通常以电能为动力，采取轮轨运输方式的快速大运量公共交通的总称。一般包括地铁和轻轨，以及现代有轨电车。

（一）有轨电车

有轨电车（Streetcar）是使用电车牵引、轻轨导向、1 ～ 3 辆编组运行在城市路面线路上的低运量轨道交通系统。

有轨电车是最早发展的城市轨道交通之一，一般设在城市中心穿街走巷运行，具有上下车方便的特点。

有轨电车起源于城市公共马车，为了多载客，人们把马车放在铁轨上。随着电动机的发明和牵引电力网的出现，世界上第一条有轨电车线路于 1888 年 5 月在美国弗吉尼亚州里士满市开通。到 20 世纪 20 年代，美国的有轨电车路线总长达 2.5 万 km。到 20 世纪 30 年代，欧洲、日本、印度和我国的有轨电车有了很大发展。1906 年，我国第一条有轨电车线在天津北大关至老龙头火车站（今天津站）建成通车，随后上海、北京、抚顺、大连、长春、鞍山等城市相继修建了有轨电车或电铁客车，其在当时的城市公共交通中发挥了重要作用。

旧式的有轨电车单向运输能力一般在 1 万人次 /h 以下，通常采用地面路线，与其他车辆混合运行，运行速度一般在 10 ～ 20km/h 之间。旧式有轨电车由于运能、挤占道路、噪声等问题，线路在 20 世纪五六十年代世界上各大城市纷纷被拆除，改建运量大的地铁或轻轨道交通。我国的有轨电车在 20 世纪 50 年代末已拆得所剩无几，仅大连、长春两城市保留。大连还对有轨电车进行了改造，使其成为城市的“名片”。

旧式的有轨电车已停止了发展，基本上完成了它的历史使命。经改造后的现代有轨电车与性能较差的轻轨道交通已很接近，只是车辆尺寸稍小一些，运营速度接近 20km/h，单向运能可达 2 万人次 /h。

（二）地下铁道

地下铁道，简称地铁（Metro，或 Underground Railway、Subway、Tube），是城市快速轨道交通的先驱。地铁是由电力牵引、轮轨导向、轴重相对较重、具有一定规模运量、按运行图行车、车辆编组运行在地下隧道内，或根据城市的具体条件，运行在地面或高架线路上的快速轨道交通系统。地铁的运能，单向在 3 万人次 /h，最高可达 6 万～ 8 万人次 /h。最高速度可达 90km/h，旅行速度可达 40km/h 以上，可 4 ～ 10 辆编组，车辆运行最小间隔可低于 1.5min。驱动方式有直流电机、交流电机、直线电机等。地铁造价昂贵，每公里投资在 3 亿～ 6 亿元人民币。地铁有建设成本高，建设周期长的弊端，但同时又具有运量大、建设快、安全、准时、节省能源、不污染环境、节省城市用地的优点。地铁适用于出行距离较长、客运量需求大的城市中心区域。

（三）轻轨交通

轻轨（Light Rail Transit，简称 LRT）是在有轨电车的基础上改造发展起来的城市轨道交通系统。轻轨是反映在轨道上的荷载相对于铁路和地铁荷载较轻的一种交通系统。轻轨是个比较广泛的概念，公共交通国际联会（UITP）在关于轻轨运营系统的解释文件中提到：轻轨是一种使用电力牵引、介于标准有轨电车和快运交通系统（包括地铁和城市铁路），用于城市旅客运输的轨道交通系统。

轻轨原来的定义是指采用轻型轨道的城市交通系统。初时使用的是轻型钢轨，现在轻轨已采用与地铁相同质量的钢轨。所以，目前国内外都以客运量或车辆轴重的大小来区分地铁和轻轨。轻轨是指运量或车辆轴重稍小于地铁的快速轨道交通。在我国《城市轨道交通工程项目建设标准》（建标 104—2008）中，把每小时单向客流量为 0.6 万～ 3 万人次的轨道交通定义为中运量轨道交通，即轻轨。

轻轨一般采用地面和高架相结合的方法建设，路线可以从市区通往近郊。列车编组采用 3 ～ 6 辆，铰接式车体。由于轻轨采用了线路隔离、自动化信号、调度指挥系统和高新技术车辆等措施，最高速度可达 60km/h，克服了有轨电车运能低、噪声大等问题。

由于轻轨具有投资少（每公里造价在 0.6 亿～ 1.8 亿元人民币）、建设周期短、运能高、灵活等优点，因此发展很快。目前，无论是发达国家，还是发展中国家，轻轨方兴未艾。各国纷纷根据自己的国情，制定相应的轻轨发展战略和模式。纵观各国情况，大致有以下三类发展模式：一是改造旧式有轨电车为现代化的轻轨。这种模式以德国、苏联及东欧各国为典型代表。二是利用废弃铁路线路改建成轻轨路线。这种方式以美国圣迭戈轻轨为代表，欧洲也有类似的情况，如瑞典的哥德堡、德国的卡尔•马克思州采用这一方式。我国上海地铁 5 号线、武汉轨道交通 1 号线一期工程也属于这种方式。三是建设轻轨新线路。对有些城市而言，修建轻轨比修建地铁更经济实惠，因此，诸如菲律宾马尼拉、荷兰鹿特丹、中国香港等城市都相继新修了轻轨线路。

经过 100 多年的发展，轻轨已形成 3 种主要类型：钢轮钢轨系统、线性电机牵引系统和橡胶轮轻轨系统。

钢轮钢轨系统即新型有轨电车，是应用地铁先进技术对老式有轨电车进行改造的成果。

线性电机牵引系统（Linear Motor Car）是由线性电机牵引、轮轨导向、车辆编组运行在小断面隧道及地面和高架专用线路上的中运量轨道交通系统。20 世纪 80 年代，加拿大成功地开发了线性电机驱动的新型轨道交通车辆。它采用线性电机牵引、径向转向架和自动控制等高新技术，综合造价节约近 20%。它与轮轨系统兼容，便于维护救援，具有较大的爬坡能力。线性电机技术在加拿大、日本、美国都取得了较大的成功，由此研制的线性电机列车也投入了使用。线性电机列车在我国广州和北京也有应用。由于线性电机列车具有车身矮、质量轻、噪声低、通过小半径曲线和爬坡能力强等优点，可以轻便地钻入地下，爬上高架，是地下与高架接轨的理想车型。以线性电机做动力，其意义还在于它引起了轨道车辆牵引动力的变革。

橡胶轮轻轨系统采用全高架运行，不占用地面道路，具有振动小、噪声低、爬坡能力强、转弯半径小、投资较少等优点。

（四）市郊铁路

市郊铁路建在城市内部或内外结合部，线路设施与干线铁路基本相同，服务对象以城市公共交通客流，即短途、通勤旅客为主。

城市铁路通常分城市快速铁路和市郊铁路两部分。城市快速铁路运营在城市中心，包括近郊城市化地区的轨道系统，其线路采用电气化，与地面交通大多采用立体交叉。市郊铁路是指建在城市郊区，把市区与郊区，尤其是与远郊联系起来的铁路。市郊铁路一般和干线铁路设有联络线，设施与干线铁路相同，线路大多建在地面，部分建在地下或高架。其运行特点接近于干线铁路，只是服务对象不同。

市郊铁路是城市铁路的主要形式。市郊铁路是伴随着城市规模的扩大、卫星城的建设而发展起来的，通常使用电力牵引和内燃牵引，列车编组多在 4 ～ 10 辆。

（五）单轨交通

单轨也称作独轨（Monorail），是指通过单一轨道梁支撑车厢并提供导引作用而运行的轨道交通系统，其最大特点是车体比承载轨道要宽。以支撑方式的不同，单轨通常分为跨座式和悬挂式两种：跨座式是车辆跨座在轨道梁上行驶；悬挂式是车辆悬挂在轨道梁下方行驶。

单轨是采用一条大断面轨道并全部为高架线路的轨道交通。跨座式轨道由预应力混凝土制作，车辆运行时走行轮在轨道上平面滚动，导向轮在轨道侧面滚动导向。悬挂式轨道大多由箱形断面钢梁制作，车辆运行时走形轮沿轨道走形面滚动，导向轮沿轨道导向面滚动导向。

单轨的车辆采用橡胶轮，电气牵引，最高速度可达 80km/h，旅行速度 30 ～ 35km/h，列车可 4 ～ 6 辆编组，单向运送能力为 1 万～ 2.5 万人次 /h。

单轨道交通历史悠久，早在 1821 年英国人 P.H.Dalmer 就开发了单轨铁路，并因此获得发明专利。1888 年，法国人在爱尔兰铺设了约 15km 的跨座式单轨铁路，采用蒸汽机车牵引，从此有动力的单轨走向实用化阶段，但因为车厢摇摆、噪声大等原因，1942 年这条线路停止运营。1893 年，德国人 Langen 发明了悬挂式单轨车辆，1901 年在伍珀塔尔开始运营，线路长 13.3km，其中 10km 跨河架设，成为利用街道上空建设独轨铁路的先驱。这条线路至今仍在使用，成为该市的一个历史景观。

随着科学技术的进步，单轨技术日臻成熟，轨道、车辆和通信信号都有了很大发展，再加上单轨可以利用道路和河流的上方空间，单轨技术受到一定的重视。特别是 1958 年研制出跨座式、混凝土轨道和橡胶充气轮胎的单轨制式，即目前所称的 ALWEG 型。美国、日本、意大利等许多国家都建设了这种形式的单轨道交通，其中日本建成多条单轨系统，是使用单轨最多的国家。

我国首条跨座式单轨线路是在有“山城”之称的重庆修建的。重庆轨道交通 2 号线（较新线）一期工程于2004年建成，全线于2006年开通，单轨客车技术从日本引进，经中国北车集团长春轨道客车股份有限公司的技术人员消化、吸收、再创新，终于制造成功。跨座式单轨道交通十分适合重庆市道路坡陡、弯急、路窄的地形特点，同时由于结构轻巧、简洁、易融于山城景色取得较好的景观效果。与轮轨相比单轨有很多突出的优点。由于单轨客车的走行轮采用特制的橡胶车轮，所以振动和噪声大为减少；两侧装有导向轮和稳定轮，控制列车转弯，运行稳定可靠。高架单轨因轨道梁仅为85cm宽，不需要很大空间，可适应复杂地形的要求，同时对日照和城市景观影响小。单轨道交通占地少、造价低、建设工期短，它的工程建筑费用仅为地铁的1/3。

当然，单轨也存在橡胶轮与轨道梁摩擦产生橡胶粉尘的现象，对环境有轻度污染。此外，列车运行在此区间发生事故时救援比较困难。

（六）新交通系统

新交通系统（Automated Guideway Transit，简称AGT）是一个模糊的概念，不同国家和城市对此都有不同的理解，目前还没有统一和严格的定义。广义上认为，AGT是那些所有现代化新型公共交通方式的总称。狭义上，新交通系统则被定义为：由电气牵引，具有特殊导向、操作和转向方式的胶轮车辆，单车或数辆编组运行在专用轨道梁上的中小运量轨道运输系统。

在新交通系统中，车辆在线路上可自动运行，无人驾驶，车站无人管理，完全由中央控制室的计算机集中控制，自动化水平高。新交通系统与独轨道交通有许多相同之处，最大的区别在于该系统除有走行轨外，还设有导向轨，故新交通系统也称为自动化导轨道交通系统。新交通系统的导向系统可分为中央导向方式和侧面导向方式，每种方式又可分为单用型和两用型。所谓单用型是指车辆只能在导轨上运行，两用型则指车辆既可在导轨上运行，又可以在一般道路上行驶。

新交通系统最早出现在美国，当初多为一种穿梭式往返运输乘客的短距离交通工具，曾被称为“水平电梯”或称为“空中巴士”“快速交通”。在逐渐发展成一种城市客运交通工具后，一般称为“客运系统”（People Mover System）。后来日本和法国又做了进一步的技术改造和发展，并使其成为城市中的一种中运量客运交通系统。日本称为新交通系统（意指含有高度自动化新技术的交通系统），以区别于其他各种交通运输工具。法国称为VAL系统，名称来源于轻型自动化车辆（Véhicle Automatique Léger）的法文单词首字母的组合，也有一种说法称VAL一词的来历是线路起始地名字的头缩写。

新交通系统自1963年美国西屋电气公司研发面世后，逐渐在世界各地被推广应用，尤以日本和法国无论是技术还是规模都处于领先的地位。目前，世界各地已有几十条规模不等、用途不同，具体构造也有所不同的新交通系统线路。日本有10条线路，日本将高架独轨和新交通系统看作现代化的象征，故从1976年起作出规定，新交通系统可使用国家的财政资助，因而促进了新交通系统的发展。

目前，我国内地的新交通系统处在起步阶段，天津市于2007年在滨海新区开通了全长7.6km的亚洲首条胶轮导轨线路，北京市于2008年奥运会前开通了服务于首都机场T3航站楼的新交通系统，上海市也于2009年开通了胶轮导轨电车。我国台北市于1994年建成，1996年3月投入运营的木栅线，线路全长10.8km，其中高架线10km、地下线0.8km，采用VAL制式，属中运量新交通系统。我国香港20世纪90年代后期建设的新机场，从登机厅到机场，主楼，为接运旅客也建成了一条长约1km采用VAL制式的新交通系统。

城市轨道交通经过较长时间的发展，不同运量等级的线路，有不同形式的交通系统适应，在同一等级线路上，有多种可供选择的交通形式。

（七）磁悬浮交通

磁悬浮交通（Magnific Levitation for Transportation）是一种非轮轨黏着传动，悬浮于地面的交通运输系统。磁悬浮列车是利用常导磁铁或超导磁铁产生的吸力或斥力使车辆浮起，用以上的复合技术产生导向力，用直线电机产生牵引动力，使其成为高速、安全、舒适、节能、环保、维护简单、占地少的新一代交通运输工具。

【复习与思考】

1. 什么是城市轨道交通？
2. 城市轨道交通系统的构成部分有哪些？

第二章　技术设备

岗位应知应会

1. 了解信号相关技术设备的作用。
2. 熟悉信号、通信设备及联锁设备的基本结构。
3. 了解联锁设备的操作及其他技术设备的构成。

重难点

1. 线路、信号设备及联锁设备。
2. 城市轨道交通供电系统。

“工欲善其事，必先利其器”。设备是企业经营活动的物质基础，设备管理与安全生产、产品质量、环境保护、节能降耗、经济效益密切相关，是企业科学生产、实现可持续发展的必要保证。设备管理的目的是在质量、效益、环保、安全方面达到要求。

信号楼值班员是地铁运营保障安全畅通的重要岗位之一，信号楼值班员的工作直接关系到地铁的安全正点运行。本章就信号楼岗位相关技术设备知识进行介绍，使读者对信号楼工作有初步的了解。

第一节　线　　路

一、限界

限界是确定地下铁道与行车有关的构筑物净空大小和各种设备相互位置的依据，从而确保机车车辆在地铁线路上运行的安全，防止机车车辆撞击临近的建筑物或其他设备。地下铁道的限界应包括车辆限界、设备限界、建筑限界、接触轨限界，如图 2-1、图 2-2 所示。

(1)车辆限界：应根据车辆的主要尺寸等有关参数，并考虑在静态和动态情况下所达到的横向和竖向偏移量及偏转角度，按可能产生的最不利情况进行组合计算确定。

(2)设备限界：应根据车辆限界、轨道状态不良引起车辆偏移和倾斜，并计算适当的安全量等因素确定。

（3）轨道建筑限界：区间直线地段各种类型的隧道建筑限界与设备限界之间的间距，应能满足各种设备安装的需求。其他类型与施工的隧道建筑限界，应按照《地铁设计规范》（GB 50157—2013）规定要求进行加宽与加高。

车站直线地段的站台高度应低于车厢底板面，其高度差宜为 50 ～ 100mm；站台边缘距车厢外侧之间的空隙宜采用 100mm。

（4）接触轨限界：接触轨限界设在设备限界的范围内，用以控制接触轨的固定结构和防护罩的安装，以及能容纳受流器，是安全工作状态下所需的净空。该限界应根据受流器的偏移、倾斜和磨耗、接触轨安装误差、轨道偏差、电间隙等因素确定。

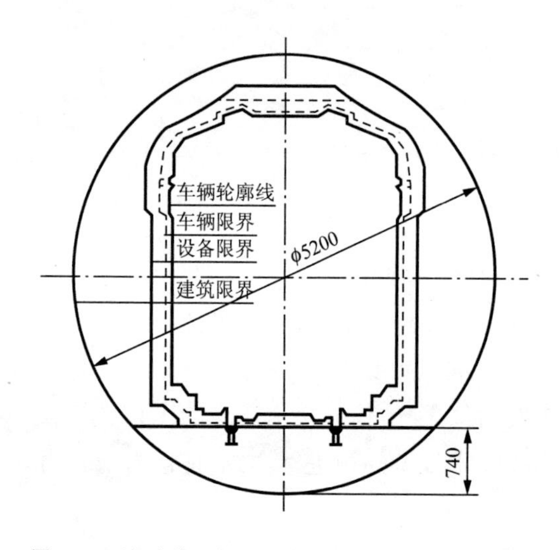

图 2-1　区间直线区段圆形隧道限界图（尺寸单位：mm）

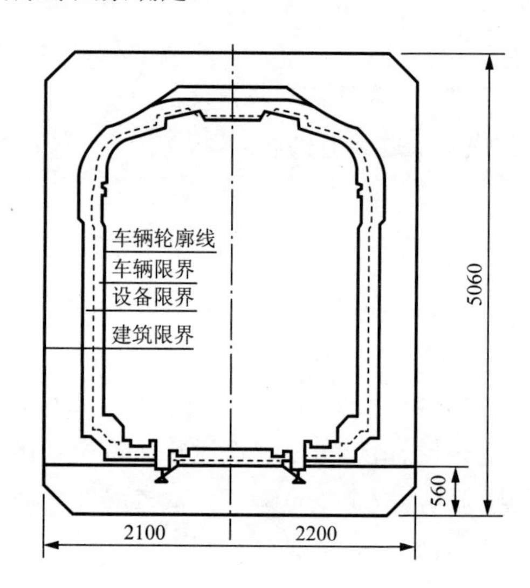

图 2-2　区间直线区段矩形隧道限界图（尺寸单位：mm）

二、线路标志

地铁线路上应设置百米标、坡度标、制动标、圆曲标和缓和曲线始点及终点标、曲线标、竖曲线始点及终点标、水准基点标、限速标、警冲标、停车位置标志等。

隧道内百米标、限速标、停车位置标志应设在行车方向的右侧；警冲标应设在两回合线间，其位置应根据设备限界及安全量确定。隧道外的标志可按国家现行有关规范的规定设置。

三、线路、道岔

（一）线路保护区

铁路沿线情况错综复杂，火车经过城市市区、城市郊区、村镇居民居住区与其他地区，面对的安全状况是不同的；特别是高速铁路速度快、对安全环境要求更高。因此，从实际出发，对铁路线路安全保护区的范围做了四种不同情况的规定，即铁路线路安全保护区的范围，从铁路线路路堤坡脚、路堑坡顶或者铁路桥梁（含铁路、道路两用桥）外侧起向外的距离分别为：①城市市区高速铁路为 10m，其他铁路为 8m；②城市郊区居民居住区高速铁路为 12m，其他铁路为 10m；③村镇居民居住区高速铁路为 15m，其他铁路为 12m；④其他地区高速铁路为 20m，其他铁路为 15m。其中，路堤坡脚是指路基边坡与地面相接的部分，路堑坡顶是指路堑坡坡面与地面相接的部分。

同时，还考虑到在特殊路段、特殊情况下，上述距离不能满足铁路运输安全保护的要求，需要适当扩大铁路线路安全保护区范围的情况，明确规定：上述规定距离不能满足铁路运输安全保护需要的，由铁路建设单位或者铁路运输企业提出方案，铁路监督管理机构或者县级以上地方人民政府依照规定程序划定。

车厂管辖区包括：车厂内轨行区、运用库、检修库、工程车库等与行车、车辆检修等有关的生产区域。

（二）城市轨道交通线路

1. 城市轨道交通线路的分类

线路按空间位置，可分为地下线路、地面线路和高架线路。地铁线路在城市中心地区宜设在地下，在其他地区条件许可时可设在高架桥或地面上。在同一条轨道交通线路上，可采用上述三种不同的空间布置方式。线路按其在运营中的作用分为正线、辅助线、车场线路等，在此重点介绍后两种分类。

（1）正线

地铁正线载客运营线路贯穿所有车站、区间，设计为双线且列车单向右侧行车。由于行车速度高、密度大，对线路标准要求高，因此要求使用 50kg/m 以上类型钢轨铺设。

（2）辅助线

辅助线是指为空载列车进行折返、停放、检查、转线及出入段作业所运行的线路，包括折返线、渡线、停车线、车辆段出入段线和联络线等。辅助线是轨道交通系统的重要组成部分，直接关系到系统运营组织的效率。

①折返线是指在线路两端终点站或者准备开行折返列车的区间站设置的专供列车折返掉头的线路。折返线除了供运营列车往返运行时的掉头转线使用外，有些也可以作为夜间存车使用。常用的折返线站型如图 2-3 所示。

a. 环形折返线（又称灯泡线）是将端点折返作业转化为沿一个环形单线区段运行的作业，这实质上是取消折返过程、变为区间运行。环形折返线的优点：有利于列车运行速度发挥，消除了因折返作业而形成的线路通过能力限制条件，提高了运营效率。环线折返的缺点：占地面积较大，尤其是在地下修建难度更大，投资较高；线路机动性下降，线路延伸可能性甚微。环形折返线一般只适用于线路较短，线路延伸可能性较小且该端点站又往往在地面的情况。

b. 尽端折返线可分为单线折返、双线折返与多线折返等不同的布置方法。这种利用尽端折返线的办法弥补了环形折返的不足，使端点站既可有效组织折返（如双折返线可明显降低折返时间），又可备有停车线供故障停车、检修、夜间停车等作业使用。尽端折返线对于线路延伸也非常方便，比较适合于地下结构的端点站，以及线路较长，有延伸可能、土地不宜多用的情况。

c. 渡线折返。在车站前或站后设置渡线，用以完成折返作业，利用渡线折返需要修建的线路最少，投资较小。然而，列车进出车站与折返作业有严重的干扰，尤其是在区间站利用渡线进行小交路折返，需占用正线进行作业，故对运营管理要求十分严格。并且列车运行间隔时间受其制约需放大，导致线路通行能力下降，安全可靠性存在隐患。所以，在列车运行速度较高，运行间隔时间较短（集发车频率较高），运量较大的线路不宜采用此种站型。

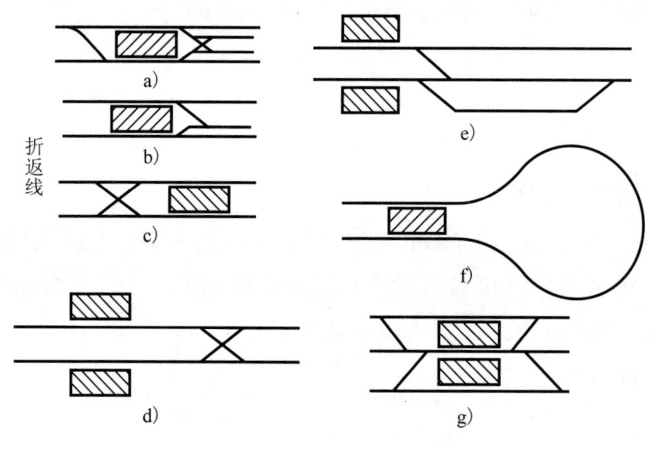

图 2-3　折返线站型图

②渡线是在上下行正线之间（或其他平行线路之间）设置的连接线，通过一组联动道岔达到转线的目的。如上述的站前、站后折返用渡线以及车库内线路之间的渡线。渡线有单渡线、交叉渡线、“八”字形渡线。

③停车线一般设置在端点站，专门用于停车、进行少量检修作业的尽端线。其右端的线路既可用于折返，也可用作停车线。车辆基地则拥有众多的专用停车线，提供夜间停止运营后列车停放。在运营过程中如果在线列车发生故障，为了不影响后续列车运行，设计上应能使故障列车及时退出正线运营。一般来说，在轨道交通线路沿线每隔 3 ～ 5 个车站的站端应加设渡线和车辆停放线。

④联络线主要是指两条正线间的连接线，即在整个城市轨道交通线网中使同种制式线路可以实现列车过轨运行，这种过渡一般需要通过线与线之间的联络线来实现。联络线主要有以下作用：车辆送修的通道；调运运营车辆；为后建线路运送设备。联络线所连接的轨道交通线往往不在一个平面上，因此有较大的坡道与较小的曲线半径，列车运行速度不可能很高。如果在地下建设，施工难度较大，投资也随之加大。

（3）车场线（路）

车场线（路）是指车辆基地内的各种作业线。

①出入段线专供列车进出车辆基地，是正线与车辆基地连接的线路，一般分为入段线和出段线。出入段线可设计成双线或单线，与城市道路或其他交通方式可采用平交或立交。

②检修线设在车辆基地检修库内，专门用于检修轨道交通车辆的作业线。同时设有地沟，配有驾车设备和检修设备。

③试验线设在车辆基地，用于对检修完毕的轨道交通车辆进行运行状态检测的线路。为达到必要的运行速度，试验线需要有一定长度标准和平纵断面特点。

④洗车线专门用于清洗车辆的线路。

线路是机车车辆和列车运行的基础。必须加强对线路设备的检查、维修和保养，确保线路各部件经常保持良好的状态，才能保证列车按规定的最高速度安全、平稳和不间断地运行，以良好的质量完成运营任务。

2. 轨道系统的组成

线路由轨道、路基和桥隧组成。

轨道是城市轨道交通运营设备的基础，直接承受列车荷载，并引导列车运行，因此轨道的各个组成部分必须具有足够的强度和稳定性，能够承受来自列车的纵向和横向的位移推力，保证列车按照规定的速度、方向及不间断地运行。轨道具有耐久性和适量的弹性，以确保列车安全、平稳、快速运行和乘客舒适；城市轨道交通均采用电力牵引，故要求轨道结构具有良好的绝缘性以减少杂散电流；轨道应采用相应的减振轨道结构，以达到减振、降噪的要求。

轨道由钢轨、轨枕、连接零件、道床、防爬设备和道岔组成，下面分别对它们进行介绍。

（1）钢轨

①钢轨的作用。钢轨是支撑和引导机车车辆的车轮运行，把车轮传来的压力传给轨枕，并为车轮滚动提供阻力最小的表面。钢轨还有为供电、信号电路提供回路的作用。

钢轨应当耐压、耐磨，具有为减轻车轮对钢轨冲击作用的韧性。因此，制造钢轨所用的材料一般都含有适量的碳、锰、硅，并进行全面的淬火工艺，以在提高强度、耐磨性和韧性的同时延长钢轨的使用寿命。

②钢轨的组成。钢轨断面形状为“工”字形，由轨头、轨腰和轨底三部分组成，如图2-4所示。

③钢轨的类型。钢轨的类型按每延米的质量来区分，有43kg/m、50kg/m、60kg/m、75kg/m。城市轨道交通正线采用50kg/m轨、60kg/m轨，在车辆段可采用43kg/m轨、50kg/m轨。

我国标准钢轨长度有12.5m、25m两种，在曲线上可使用标准缩短轨。

钢轨有热胀冷缩的性能，因此在两根钢轨接头处应留有轨缝，以便温度升降时钢轨能自由伸缩。

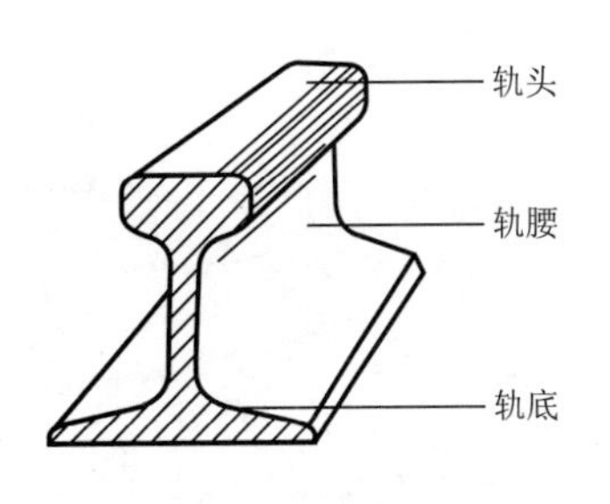

图2-4　钢轨断面

地铁正线地段和半径在250m及以上的曲线地段应铺设无缝线路。无缝线路是将25m轨端无螺栓孔的钢轨焊接成1km及以上长度的轨条铺设在轨枕上，大大减少接缝，因此消除了列车通过接头区的冲击力，从而减小了振动与噪声。由于在1km长的钢轨内不存在轨缝，当温度升高或降低时钢轨内部就产生了巨大的温度压力或拉力，这是无缝线路的一个显著特点。在一定的温度下将钢轨锁定在轨枕上，尽可能降低这种拉应力和压应力以防止胀轨。隧道内温度变化幅度较小，由温度变化产生的压应力和拉应力也较小，因此对铺设无缝铁路十分有利。如果在地面线路铺设无缝线路需要加强养护与监控，并适时进行应力放散工作，以防止线路胀轨跑道。

④钢轨的养护与更换钢轨。在使用过程中会发生折断、裂纹、磨耗及其他影响和限制钢轨使用性能的损伤，会危及行车安全，因此钢轨日常养护是十分重要的。除要及时更换部分或全部钢轨外还要定期对钢轨进行打磨，以消除和延缓钢轨表面的接触疲劳层剥离掉块，改善钢轨的平面及纵面状况。

（2）轨枕

①轨枕的作用。轨枕是轨道的基础部件，它承垫于钢轨之下，将钢轨所承受的压应力分散传递到道床上，同时又能有效的保持钢轨的轨距和方向。轨枕要有足够的坚固性、弹性和耐久性，能固定钢轨，有抵抗纵向和横向位移的能力。

②轨枕的分类。轨枕按制造材料，常用的可分为木枕和钢筋混凝土轨枕。

a. 木枕。木枕的制造材料为木材，制造木枕的木材须经过特殊加工和防腐处理。

木枕的优点：木材的弹性和绝缘性较好，受周围介质的温度变化的影响小；质量轻，加工以及在线路上更换较简便，并且有足够的位移阻力，比其他轨枕更能吸收列车行驶所产生的重量而不易断裂；其使用寿命一般在15年左右。

木枕的缺点：木枕容易腐朽，而且木枕上的道钉孔会随使用时间的增长而松弛，木枕的强度始终不足以承受长轨带来的巨大应力，加上其寿命远远不及钢筋混凝土轨枕，所以通常应用在临时轨道或需承受较大振动的道岔枕木上。

b. 钢筋混凝土枕轨。钢筋混凝土轨枕是使用钢筋和混凝土浇筑而成。按其结构形式可分为整体式、组合式和短枕式，如图2-5所示。

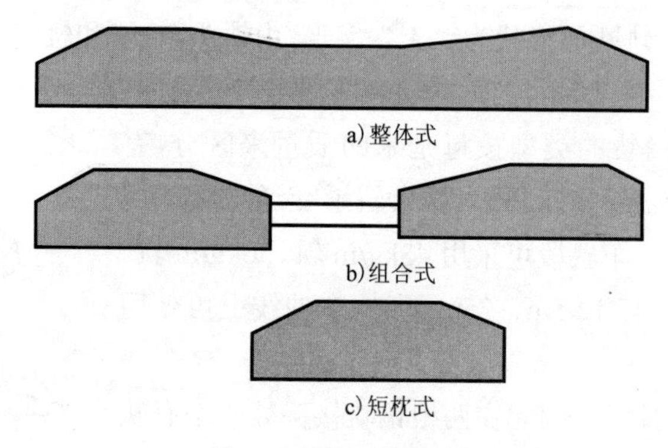

图2-5　钢筋混凝土轨枕

钢筋混凝土轨枕的优点：使用寿命长、稳定性高、养护工作量小，损伤率和报废率比木枕要低得多；在无缝线路上的稳定性比木枕高，因其自重大，更能有效地防止钢轨爬行，增加了轨道的稳定性，更适用于高速行驶的线路，因此在城市轨道交通线上得到了广泛的应用。

钢筋混凝土轨枕的缺点：造价昂贵，而且笨重，不便搬运；另外，若轨道常有重载列车行驶的话，会使轨枕容易断裂。

轨枕按铺设位置可分为用于区间线路的普通轨枕、用于道岔的岔枕、用于桥梁的桥枕；按结构可分为横向和纵向轨枕、短轨枕、长轨枕和宽轨枕。

地面线路采用国家标准轨枕铺设，隧道等如果采用钢筋混凝土短轨枕式混凝土整体道床时，短轨枕宜在工厂预制，混凝土强度等级宜采用 C50，底部宜伸出钢筋以加强与混凝土整体道床的连接；如果采用连续支承混凝土整体道床时，应采用整体灌注式。每千米铺设轨枕的标准按照《地铁设计规范》（GB 50157—2013）规定要求进行铺设。

（3）连接零件

连接零件分为接头连接零件和中间连接零件。

①接头连接零件。接头连接零件由夹板、螺栓和垫圈等组成，它们把钢轨连接起来，使钢轨接头部分具有和钢轨一样的整体性以抵抗弯曲和移位，并满足热胀冷缩的要求。

在城市轨道交通中已基本上采用无缝线路结构，钢轨接头零件数量大大减少，但在无缝线路的缓冲区、轨道电路的绝缘区、有道岔的线路区段中，接头连接零件还是必不可少的。

②中间连接零件。钢轨与轨枕的连接是通过中间连接零件实现的，这种连接零件即为扣件，其作用是将钢轨固定在轨枕上以保持轨距，并阻止钢轨相对于轨枕的横向、纵向移动。扣件必须具有足够的强度、耐久性和一定的弹性，以有效的保持钢轨与轨枕的可靠连接。此外，扣件还应结构简单、便于安装和拆卸。

扣件由钢轨扣压件和轨下垫层组成，主要包括：弹性扣件，用来把钢轨紧扣在轨枕上；承托物，用来把扣件固定于轨枕上；弹性垫板，使钢轨与轨枕之间互相绝缘，避免钢轨漏电，减少杂散电流，并增加轨道弹性。弹性扣件如图 2-6 所示。

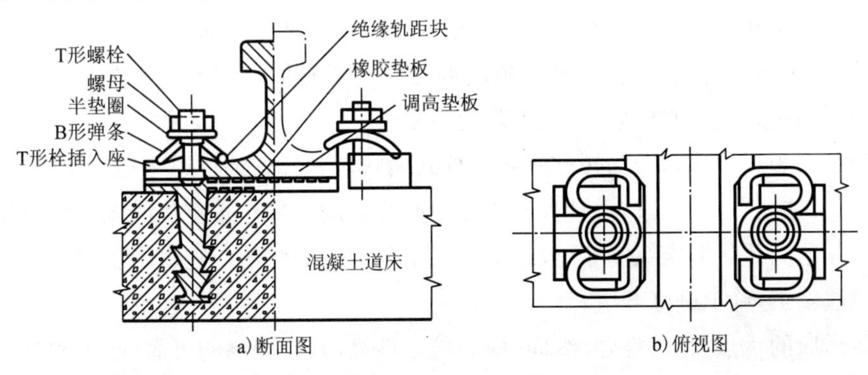

图 2-6 弹条式扣件

混凝土扣件按其结构分为扣板式、弹片式、弹条式等。城市轨道交通线路多采用弹条式扣件。弹条式扣件用锚固法把螺旋道钉固定在轨枕上预留的孔内，再装上弹条，拧上螺母，使弹条压紧轨底。在钢轨和承载台之间设绝缘减振垫层以减小车辆振动，降低噪声，减少杂散电流。

(4)道床

道床的主要作用是支撑轨枕，把来自轨枕上部的巨大荷载均匀分布在路基面上，以减少路基的变形。道床依靠本身和轨枕间的摩擦起到固定轨枕位置，阻止轨枕纵向、横向移动的作用。

①道床的作用具体表现为如下五点。

a. 扩散压力。将来自于轨枕的巨大荷载分散并传于路基，使路基面的应力均匀并小于其容许强度。

b. 保持轨距。提供道床阻力以约束轨道框架，保持轨道的方向和高低等几何形位。

c. 减振。提供轨道所需要的弹性和阻尼，衰减列车通过时产生的振动，避免过大的振动作用力传到路基等下部结构上。

d. 排水。道床所使用的透水性材料，可提供良好的排水性能，对减轻轨道冻害及提高路基的承载能力有着重要的作用。

e. 方便维修养护。轨道在行车中产生的不平顺及方向不良可以通过一些道床维护方法加以整治。

②整体道床结构。城市轨道交通多采用整体道床结构，也有部分地面线路采用传统铁路的方式。

整体道床又称混凝土整体道床，也称无砟道床，是现代城市轨道交通中常用的道床形式。整体道床是指在坚实基底上直接浇筑混凝土以取代传统道砟层的轨下基础，常用于地下铁路隧道内和无砟轨道桥梁上。整体道床又可分无枕式整体道床和轨枕整体道床两种，即道床内可预埋木枕、混凝土枕或混凝土短枕，也可在混凝土整体道床上直接安装扣件、弹性垫层和钢轨。

a. 枕式整体道床也称整体灌注式道床，它的建筑高度较小，主要采用就地连续灌注混凝土机床或纵向承轨台。一些国家和地区修建城市轨道交通隧道时常采用这种道床。这种道床结构简单，减振性能也较好，但冲击振动要比轨枕式整体道床大。此外，无枕式整体道床施工时需采用刚度较大的模架，施工工艺较为复杂。

b. 轨枕式整体道床可分为短枕式和长枕式两种。短枕式整体道床稳定、耐久、结构比较简单、施工方法简单、施工进度较快，一般设中心排水沟。长枕式整体道床设侧向排水沟，一般长轨枕预留圆孔让道床纵筋穿过，这就加强了与道床的联结。它适用于软土地基隧道，可采用排轨法施工，施工进度会快。

整体道床的优点：整体性强，纵向、横向稳定性高，具有较高的可靠性；平顺性和弹性好，乘坐更舒适；整体道床坚固稳定、耐久，使用寿命长；维修工作量和维修成本较低；表面整洁；建筑高度较小，减少了隧道净空，节省投资，综合经济效益好；无砟道床上的无缝线路不会发生胀轨跑道，高速行车时不会有石渣飞溅起来造成伤害。整体道床的缺点：造价高昂，且要求较高的施工精度，特殊的施工沉陷导致修补极为困难。

（5）防爬设备

列车运行时通常常产生作用在钢轨上的纵向力使钢轨作纵向移动，有时甚至带动轨枕移动，这种纵向移动称为爬行。列车速度越高、轴重越大、爬行就越严重。

线路爬行往往引起接缝不匀、轨枕歪斜等现象，对线路的破坏性很大，甚至造成胀轨跑道，危及行车安全，因此必须采用有效措施来防止爬行。目前，采用的方法除了加强轨道的其他有关组成和部分以外，还采用防爬器和防爬撑来防止线路爬行。我国广泛采用的穿销式防爬器由带挡板的轨卡及穿销组成，这种防爬器每个可承受 30kN 的爬行力。为充分发挥爬行器的作用，通常在轨枕之间还安装防爬撑，防爬撑把 3 ～ 5 根轨枕联系起来共同抵抗钢轨爬行，如图 2-7 所示。

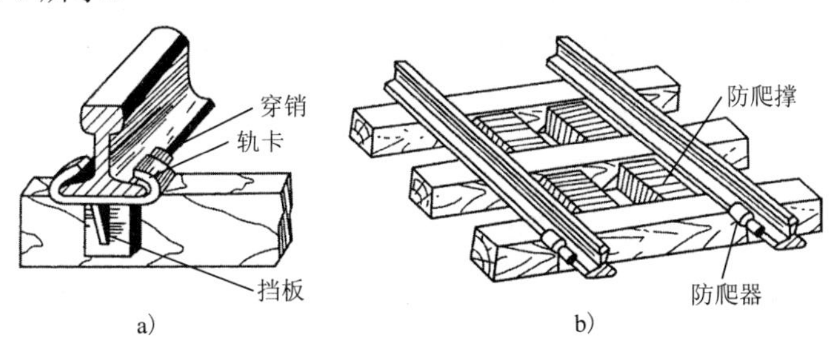

图 2-7　防爬器和防爬撑

（6）道岔

道岔是一种线路连接设备，它用来使车辆从一条股道转向另一条股道。常见的线路连接有单开道岔、对称道岔、三开道岔、交分道岔四种。

①单开道岔。单开道岔是最常见、最简单的线路连接设备，约占全部道岔的 90% 以上。普通单开道岔由转辙器部分、辙叉及护轨部分，连接部分组成。单开道岔如图 2-8 所示。

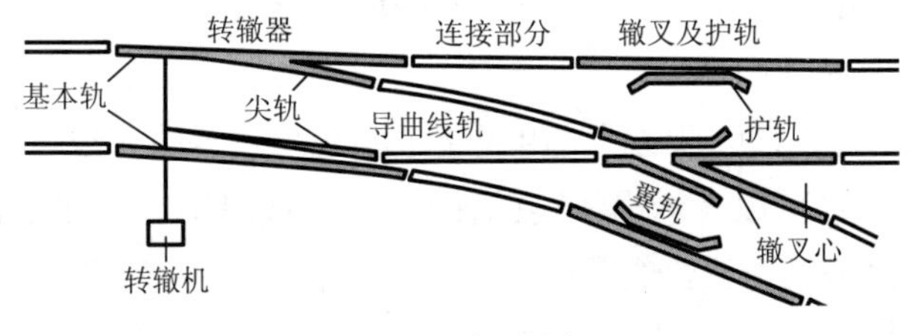

图 2-8　单开道岔

a. 转辙器部分包括两根尖轨、两根基本轨和转辙机械。尖轨是转辙机的主要部件，通过连接杆与转辙机机械相连，操纵转辙机可以改变尖轨的位置，确定道岔的开通方向。单开道岔的主线为直线，侧线由主线向左、向右岔出，分为左开和右开两种形式。

b. 辙叉及护轨部分包括辙叉心、两根翼轨及两根护轮轨。从翼轨最窄处到辙叉实际尖端之间存在着一段轨段中断的间隙，称为辙叉的有害空间，当机车车辆通过辙叉的有害空间时，轮缘有走错而引起脱轨的危险，因此必须设置护轨，对车轮的运行方向实行强制性引导。

道岔的有害空间是限制列车过岔速度的一个重要原因。为了提高道岔的通过速度，除了可以采用辙叉号数较大的道岔外还可以采用活动心轨道岔，它从根本上消除有害空间，适应列车高速运行需求。

c. 连接部分包括两根直轨和导曲线轨。它把转辙机和辙叉部分连接起来，使之成为一组完整的道岔。由于导曲线部分不设缓和曲线和外轨超高，列车通过道岔时如果速度过高，产生的离心力就很大。特别是当侧向通过时，车轮对尖轨、护轨都产生冲击，速度过大，冲击力就很大，这样不仅会造成很大程度的摇晃使乘客感到不适，而且威胁行车安全，因此必须限制列车的过岔速度。

②对称道岔。对称道岔由主线向两侧分为两条线路，道岔各部位均按转辙机叉角平分线对称排列，两条连接线路的曲线半径相同，且无直向和侧向之分，因此两侧线的运行条件相同。除此之外，在车场等线路比较多的地方还会出现三开道岔、菱形交叉、复式交分道岔等，道岔号数可用道岔辙叉角 α 的余切来表示，见式(2-1)。

$$N=\cot\alpha=\frac{FE}{AE} \tag{2-1}$$

式中：N——道岔号数；

FE——辙叉跟端长(m)；

AE——辙叉跟端之距(m)。

由此可见，道岔号数 N 与辙叉角 α 的关系为 N 越大，α 越小，导曲线半径也越大，列车通过道岔时越平稳，允许的速度也越高。所以逐步采用强度更高的大号码道岔对于行车是有利的，但大号道岔占地较多。

目前，我国铁路的主要线路上通常使用的单开道岔有 8 号、9 号、12 号、18 号、30 号、38 号道岔，对称道岔有 6 号、9 号，三开道岔有 7 号，交分道岔有 12 号、9 号。地铁正线一般铺设 9 号道岔，车场线一般铺设 7 号道岔。地铁道岔的号码较小，这是由于地铁的行车速度不高，车场作业区速度较低，同时可以少占地，节约投资。

(7)线路的平面及纵断面

经过选定的地铁线在空间的位置是用线路中心线来表示的。线路中心线在水平面上的投影称为线路的平面，它可以表示出线路的曲直变化；线路中心线在垂直面上的投影，称为线路的纵断面，它可以表示出线路的坡度变化。

①平面及其要素。

地铁线路的平面由于受地形地物的影响不可能全线设计成直线，必要时须转弯，因此直线与曲线就组成了线路的平面要素。

圆曲线线路。在转弯处所设的曲线为圆曲线。当列车通过曲线时，由于离心力的作用，外侧车轮轮缘紧压外轨，使摩擦增大；同时由于内测车轮与外侧车轮的滚动长度不同，车轮存在较大滑行，给运营中的列车造成曲线附加阻力。

由于曲线半径越小，曲线附加阻力越大，所以小半径曲线地段需要适当限速运行。同时加速行驶还会加重车轮与钢轨的侧面磨耗，加大维修养护工作量。为了使列车按规定速度安全平稳运行，需要根据行车速度、车辆轮对有关尺寸等因素来规定线路曲线的最小半径，曲线半径最小值是地铁主要技术指标之一。

《地铁设计规范》（GB 50157—2013）还规定，在正线与辅助线中圆曲线最小长度不宜小于 20m，在困难情况下不得小于一个车辆的全轴距。

缓和曲线线路。直线与圆曲线往往不是直接相连的，中间要加一段缓和曲线。由于缓和曲线的半径与超高由所衔接的直线一端起，半径由无穷大渐变到它所衔接的圆曲线半径 R、超高由 0 渐变到它所衔接的超高 H，所以列车从直线到曲线的过渡时离心力将逐渐变化，因此不会发生运行列车突然变化的强烈冲击，这对于改善运营条件、保证行车安全和平顺都有很大的作用。

夹直线。由于列车连续通过缓和曲线起、终点所产生的冲击振动频率与车辆自振频率吻合会发生振动的叠加或共振，为了保证运营安全，提供平稳的行车条件，线路不宜设置多个连续的曲线，并且在曲线之间必须保证足够长度的夹直线。

《地铁设计规范》（GB 50157—2013）规定，在正线与辅助线上夹直线长度不应小于 20m，在车场线夹直线不应小于 3m。

②纵断面及其组成要素。

地铁线路的纵断面由于受车站埋深的支配，以及地下管线与地下结构以及地质条件与技术条件的影响，不可能全线设计为平道，因此平道与坡道就成了线路纵断面的组成因素。

③坡度。

地铁线路尽可能采用较平缓的坡度。最大坡度的确定必须考虑各类车辆在最大坡道上的停车时的启动与防溜，同时考虑必要的安全系数。最大坡度也是地铁主要技术指标之一。

《地铁设计规范》（GB 50157—2013）规定，正线的最大坡度宜采用 30‰，困难地段采用 35‰，辅助线的最大坡度宜采用 40‰。

地铁隧道线路因考虑排水需要，正线最小坡度不宜小于 3‰，困难地段在确保排水的条件下可采用小于 3‰ 的坡度。由于停车及站台面平缓要求，车站站台线路宜设置在 3‰ 的坡道上，困难条件下可设置在 2‰ 或不大于 5‰ 的坡道上，但是要确保排水坡度不小于 3‰，以利于排水畅通。隧道内的折返线与存车线应布置在面向车挡的下坡道上，其坡度宜为 2‰。

地面及高架桥上的车站站台线路因不受排水影响，宜设在平坡上，车场线可设在不大于 1.5‰ 的坡道上。

竖曲线为了保证列车运行的平顺与安全，当相邻两坡段的坡度代数差大于 2‰ 时应以竖曲线相连接，并要求线路纵向坡段长度不宜小于远期列车计算长度。同时应满足相邻竖曲线间的夹直线要求，其夹直线长度不宜小于 50m。

3. 轨道上两股钢轨的相互位置

（1）轨距

轨距为两股钢轨轨头内侧之间的距离。我国铁路规范规定，直线地段的轨距在钢轨头部内侧顶面下 16mm 处测量为 1435mm，轨距误差不得超过 +6mm、−2mm。

机车车辆走行部中只能保持平行而不能做相对运动的车轴中心线间的最大距离称为固定轴距。由于机车车辆具有固定轴距，在曲线上运行时转向架的纵向中心线与曲线轨道中心线并不一致，因而引起转向架前一轮对的外侧车轮轮缘和后一轮对的内侧车轮轮缘加压钢轨的情况发生，如图 2-9 所示，故小半径曲线轨距应适当加宽。

《地铁设计规范》（GB 50157—2013）规定，辅助线与车场线半径≤ 200m 的曲线地段轨距应按表 2-1 所示加宽辅助线的曲线轨距，加宽应在缓和曲线范围内或在直线段递减，车场线的轨距加宽应在直线段递减。

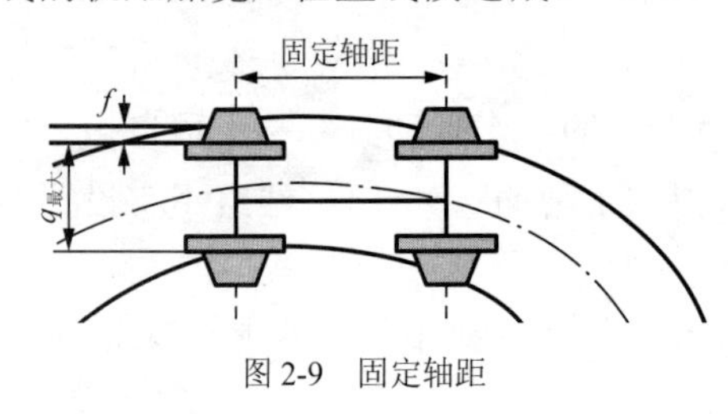

图 2-9　固定轴距

辅助线与车场线曲线加宽值　　表 2-1

曲线半径(m)	加宽值(mm)	曲线半径(m)	加宽值(mm)
151 ~ 200	5	80 ~ 100	15
101 ~ 150	10		

（2）两股钢轨顶面的相对水平位置。

车辆在曲线上运行时，由于受到离心力的作用，曲线外轨承受了较大的压力，因而造成两股钢轨磨耗不均匀，并使旅客感到不舒适，严重时还可能造成列车颠覆事故，因此通常要将外轨抬高，起到平衡离心力的作用。外轨比内轨高出的部分称为超高，超高值为 H（mm）= $11.8v^2/R$（v 为列车运行平均速度）。《地铁设计规范》（GB 50157—2013）规定，最大超高为 120mm，混凝土整体道床的曲线超高采取外轨抬高超高值的一半、内轨降低超高值一半的办法设置；地面线与高架线的曲线超高采取外轨抬高值的办法设置。

在直线正线地段，轨道上两股钢轨的顶面应当保持同一水平，其相对高低误差不得大于 4mm。如前所述，在曲线地段外轨应设超高。

4. 独轨交通

（1）独轨的轨道结构

独轨交通是一种把单轨铺设在高架桥上的新型铁路，其轨道一般以混凝土制作，比普通钢轨宽很多。单轨主要分成两类：一是跨坐式，车辆跨坐在轨道梁上行驶，车体两旁盖过路轨；另一类是悬挂式，是指车辆悬挂在轨道梁下方行驶。

高架独轨的优点是结构简单，易于建造，可以适应复杂地形的要求，建设工期短；其工程建筑费用只有地下铁路建筑费用的 1/3。其缺点是必须另外兴建特制轨道；独轨使用的转辙器令车辆有短暂时间必须悬空，故有出轨的可能，如果出现紧急情况，车上的乘客逃生很困难。

①跨坐式独轨的轨道结构。跨坐式独轨由轨道梁、道岔、支柱和基础构成。跨坐式独轨的轨道通常为支柱上端的预应力钢筋混凝土轨道梁，其上铺设钢轨，车轮自车厢的下部支承于钢轨上。轨道梁的作用是引导列车运行，它直接承受车轮传来的巨大压力，并将压力通过立柱传递到基座上。支柱的作用是支撑轨道梁，承受由轨道梁传递的车辆荷载。轨道梁的

上表面是车辆走行的行使路面，两个侧面是水平导向轮的导轨，也是水平稳定轮的支撑。轨道梁在两侧中部设有刚性滑触式导电轨，在梁内两顶角处设有信号系统ATP/ATO感应环线，梁体底部设有供电和通信以及信号系统电缆托架，梁下托架在桥墩处设支架绕过支座。跨坐式独轨车辆的走行装置跨坐在走行轨道上，其车体重心处于走行轨道的上方，车辆以车身包围路轨，因此不容易出轨。

②悬挂式独轨铁路的轨道结构。悬挂式独轨铁路与跨坐式独轨铁路的轨道结构比较相似，有共同的优点。所不同的是，悬挂式独轨铁路的车辆控制装置和空调设备等不是装在车地板下面，而是装在车顶部位。悬挂式独轨的轨道梁由具有一定跨距的钢支柱或钢筋混凝土支柱架在空中，车辆悬挂在轨道梁下运行。它的特点是轨道梁为钢制断面，底部有开口，充气轮胎组成的转向架在轨道内走行，车体悬挂在转向架的下面，车辆走行平稳、噪声低。

（2）独轨交通道岔

跨坐式轨道道岔是由一定长度的道岔梁组成，道岔梁一端可以移动，整个梁与梁下方的支撑台车固定在一起，由台车上的电动机驱动。其道岔分为两类：一类是柔性铰接型，可使道岔梁连续弯成曲线；另一类为简易铰接型，转辙时道岔梁在转辙点前方保持一定距离的直线。与普通铁路道岔一样，独轨铁路根据连接线路的形式，其道岔可分单开道岔和交叉道岔。

跨坐式单轨交通的道岔有单开、双开、三开及五开等多种，依据行车组织的要求，组合成单渡线，交叉渡线等多种不同的形式。

5. 轨道系统设备的维修

线路设备不间断地受列车动荷载作用和气候的影响会逐渐产生变形与损坏，轨道系统几何尺寸太难以保持不变，因此运营维修部门要按照“预防为主、防治结合、修养并重”的原则加强线路的维修养护工作，以达到保持线路设备的完整与质量均衡良好，确保列车能以规定的最高速度安全、平稳不间断运行并且延长线路轨道系统各部件的使用寿命，延缓或防止病害发生。

（1）日常维护与紧急补修

坚持预防为主的原则，对轨道系统按计划进行全面的巡检、维修和保养工作。

定期巡道工作的任务是巡视钢轨、道岔及其连接件有无缺损，隧道结构与道床和路基有无病害的发展，线路标志是否完好，线路是否有侵限物体。同时还要进行小补修工作。地铁线路根据其运营特点，应安排每天的全线巡道工作，特殊情况宜安排两天一次的巡道工作。

钢轨探伤。定期进行钢轨探伤可以发现钢轨内部的裂纹与隐伤，预防钢轨因突然断裂而发生车辆脱轨、倾覆等重大事故。地铁线路正线均铺设无缝线路，因此钢轨与焊缝的探伤工作尤其重要。一般正线钢轨每月进行一次探伤，车场线钢轨可适当延长探伤周期，无缝线路探伤还应安排半年至一年进行一次，同时按要求进行伤损部位现场标记，完善伤损台账、定期进行观察和跟踪检查。

日常养护。根据线路维修工班结合月度检查结果，安排重点维护和全面的养护工作。

养护工作必须执行有关规范和问题标准，并严格进行当天作业后的质量回检和验收，对无缝线路的养护还必须在规定的锁定轨温条件下进行，养护工作必须抓好“检查、计划、作业、验收”四个环节的管理。

紧急补修（故障维修）是指在日常巡检与保养中，针对个别地点线路质量超过允许误差而进行的维修工作。其目的是及时克服超限点，确保轨道系统始终状态良好。

（2）综合维修

综合维修要求按计划对系统设备进行重点病害的综合整治，要求全面改善轨道弹性、全面调整轨道几何状态、全面整修和部分更换设备零部件，使轨道系统恢复完好的技术状态。

地铁一般设在地下，大多数为整体道床，车场线往往行驶速度低，且作业量除少数线路外都比较小，因此综合维修周期除地面正线与频繁使用的车场线考虑每年进行一次，其他线路可考虑适当延长综合维修周期。

（3）定期与不定期维修相结合

随着高速铁路与地铁的发展，在定期对轨道系统进行静态检查的同时还需定期与不定期地进行轨检车的动态检查，并将检查结果及时反馈以指导线路维修工班开展相关维修工作。同时利用轨道打磨车定期与不定期对钢轨进行保养与修复性打磨，及时消除轨面波磨并修正钢轨。

廓型能有效改善轮轨接触关系，保持良好的轮轨运行状态，延长轮轨的使用寿命。

第二节　信号、通信设备

一、“故障 – 安全”原则

“故障 - 安全（Fail-Safe）”是信号设计的基本原则。它要求行车时一旦信号设备或系统发生故障后，应具有自动导向安全一侧，防止出现危险性后果，以确保行车安全的功能。

“故障 - 安全”技术是具有层次性的。传统技术方式是依靠器件的故障率不对称型来构成一个“故障 - 安全”信号系统，例如在安全型继电器的失效状态中，采用接点落下位置对应安全侧、吸起位置对应危险侧的方式来获得“故障 - 安全”功能。

由于传统“故障 - 安全”技术的实现必须具备信号系统的功能要求并不具备这种单调性，因此国际上自 20 世纪 50 年代末开拓了对“故障 - 安全”的研究领域，提出了二值逻辑、三值逻辑和双轨逻辑等理论，试图从结构上实现完善的“故障 - 安全”系统。到 20 世纪 70 年代，计算机容错计算（Fault-Tolerant Computing）技术的研究开始发展，并逐步运用到信号设备和系统中，使“故障 - 安全”和容错之间产生了许多相互包容的内涵。

二、信号机

（一）信号机工作原理及运用

信号机是用于指挥列车运行的信号设备，其显示为开放信号时，允许列车通过进路显示为关闭信号时，禁止列车进入进路。开放信号是括室外信号机点亮绿灯（黄灯或白灯），关闭信号是指室外信号机点亮红灯（蓝灯）。有关进路的定义将在本书的第二章第二节中描述。

1. 信号机工作原理

信号机一般由点灯单元（含灯丝转换）、灯座和灯泡（或发光盘）及其机构等组成，其组成及工作原理如图 2-10 所示。

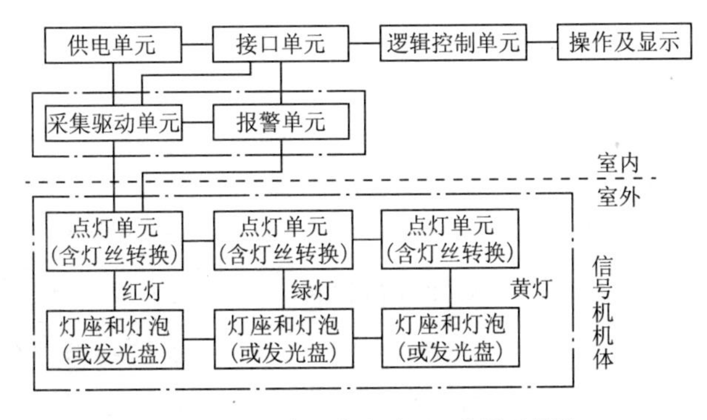

图 2-10　信号机一般组成及工作原理框图

信号机系统刚启动时，采集驱动单元通过常态闭合开关接通供电单元，向室外信号机的红灯点灯单元供电，使室外信号机点亮红灯（信号机关闭状态）。

当室外的信号机为开放信号时，可以通过操作及显示工作站选择相关信号机及进路，并把相关信息传送给逻辑控制单元。如果满足信号开放条件，逻辑控制单元通过接口单元向采集驱动单元发出开放信号命令，采集驱动单元立即接通供电单元向室外信号机的绿（黄）灯点灯单元供电，同时切断红灯点灯单元的供电，室外信号机点亮绿（黄）灯（信号机开放状态）。此时，如果想关闭信号机，也可以通过操作及显示工作站选择相关信号机，并把相关信息传送给逻辑控制单元，逻辑控制单元通过接口单元向采集驱动单元发出关闭信号命令，采集驱动单元立即切断供电单元向室外信号机绿（黄）灯点灯单元的供电回路，同时通过常态闭合接点接通供电单元向红灯点灯单元供电，室外信号机点亮红灯（信号机关闭状态）。

2. 信号机显示颜色的含义

城市轨道交通信号机显示采用的颜色主要有红色、绿色、黄色、蓝色和白色等，根据不同的颜色显示可以表示不同的行车信息，用于指挥列车的运行。

红色——代表停车信号，列车必须在信号机前停车。

绿色——代表列车可以通过信号机，且进路中的所有道岔开通直股（只用于正线显示，车辆段一般不设绿色显示）。

黄色——代表列车可以通过信号机，且进路中的道岔至少有一组开通弯股（用于正线显示）。用于车辆段显示时，只代表列车可以通过信号机，不含道岔开通情况。

蓝色——代表禁止调车信号（用于车辆段显示），列车必须在信号机前停车。

白色——代表允许调车信号（只用于车辆段），列车可以通过信号机进行调车作业。

另外，还有一种组合显示，红色＋黄色的显示代表引导信号，列车可以按照25km/h的速度通过信号机。

但是，如果信号系统为移动闭塞系统时，可以使用蓝色显示或灭灯信号来代表自动列车信号，此时自动列车可以通过显示为蓝色或灭灯的信号机，而非自动列车必须在此显示的信号机前停车。

3. 信号机的分类

（1）按用途分类

在正线上可以分为出站信号机、道岔防护信号机、防淹门防护信号机和尽头信号机四种。在车辆段可以分为列车信号机、调车信号机两种。

（2）按结构分类

它分为两灯位机构、三灯位机构和四灯位机构信号机三种。其中，在正线上基本是采用用三灯位机构的信号机，只在尽头型线路采用两灯位机构的信号机，但在移动闭塞系统也有采用四灯位机构的信号机。在车辆段，列车信号机采用三灯位机构的信号机，调车信号机采用两灯位机构的信号机。

（3）按光源分类

它可以分为白炽灯透镜式色灯信号机与LED色灯信号机两种。目前，地铁使用的信号机基本为固定的色灯信号机。本节将针对这两种固定色灯信号机进行详细介绍。

4. 信号机的命名

关于信号机的命名，如X0502，在不同的城轨信号系统会有所不同，但一般会按照以下的规则来命名。

（1）正线信号机的命名

对于在正线上的信号机，主要遵循以下的规则来命名：

①信号机的编号共有五位，第一位为字母（S和X），后四位为数字。

②第一位字母为S和X代表方向，S（汉语拼音第一个字母）代表上行方向，X（汉语拼音第一个字母）代表下行方向。

③第二、第三位为数字，代表车站编号，如01代表第1个车站，16代表第16个车站。

④第四、第五位为数字，代表设备编号，单数为站台上行区域设备，双数为站台下行区域设备，并按照列车到达方向从小到大的顺序进行编号，离站台最远的设备编号为第一个，如01代表为站台上行区域设备且离站台最远，如02代表为站台下行区域设备且离站台最远。

所以，信号机编号 X0502 的意思是第 5 个车站下行区域的第 1 个信号机，方向为下行方向。

（2）车辆段内信号机的命名

对于在地铁车辆段内的信号机的命名，主要遵循以下的规则来命名：

①信号机的编号共有两位或三位，第一位为字母(D、S 和 X)，后一位或两位为数字或字母。

②第一位字母为 D、S 和 X 代表调车和列车信号机，D 代表调车信号机，S 代表上行方向的列车信号机，X 代表下行方向的列车信号机。

③第二位或二、三位为数字或字母，代表设备编号，如果第一位为字母 D（调车信号机）且第二位或二、三位为数字，则单数为停车库上行咽喉区域设备，双数为停车库下行咽喉区域设备，并按照列车到达方向从小到大的顺序进行编号，距离停车库最远的设备编号为第一个，如 1 代表为停车库上行咽喉区域设备且距离停车库最远，而 2 代表为停车库下行咽喉区域设备且离站台最远。如果第一位为字母 D（调车信号机）且第二位或二、三位为字母或数字和字母，则第二位或二、三位是按实际的停车库股道号来命名，如停车库第一股道调车信号机的编号为 D1C。如果第一位为字母 S 或 X（列车信号机)，则第二位或二、三位是按实际的停车库股道号来命名，如停车库第一股道列车信号机的编号为 S1 或 X1。

所以，信号机编号 D11 的意思是停车库上行咽喉区域的第六个调车信号机，S11 的意思是停车库第十一股道上行方向的发车列车信号机，XR 的意思是入段线下行方向的列车信号机。

5. 信号机的设置

（1）信号机显示的距离要求

信号机的显示均应使其达到最远，即使是在曲线上的信号机，也应使接近的列车尽量不间断地看到显示。信号机的显示距离应满足以下要求：

①正线上各类信号机的显示距离原则上不得小于 300m。

②车辆段各类信号机的显示距离原则上不得小于 200m。

③不满足显示距离要求的小半径曲线区段的信号机应使其达到最远显示距离。

④最小显示距离计算方法。从最大行车速度开始减速直到列车停下所行驶的距离再加上约 50m 的人和系统反应时间的列车行驶距离，计算中使用的加速度为 $-1m/s^2$。

（2）信号机的设置原则

目前，轨道交通使用的信号机一般为固定的色灯信号机，对于固定的色灯信号机在正线上的设置主要遵循以下原则：

①在每一站台的正常运行方向都应设置出站信号机。

②在道岔前都应设置道岔防护信号机。

③在防淹门前都应设置防淹门防护信号机。

④在线路的尽头都应设置尽头信号机。

⑤对于反向进路，始终端信号机之间的距离尽量控制在两个区间以内。

⑥信号机应设在列车运行方向的右侧，特殊情况可设于列车运行方向的左侧或其他位置。

⑦一般采用三灯位四显示信号机，只在尽头型线路采用两灯位两显示信号机。

（二）透镜式信号机

透镜式色灯信号机，因其结构简单，安全方便，控制电路所需电缆芯线少，所以得到广泛采用。透镜式色灯信号机有高柱和矮型两种类型，高柱信号机的机构安装在钢筋混凝土信号机柱上，矮型信号机的机构安装在信号机水泥基础上。高柱透镜式色灯信号机如图 2-11 所示，它由机柱、机构、托架、梯子等部分组成。机柱用于安装机构和梯子。机构的每个灯位配备有相应的透镜组和单独点亮的灯泡，给出信号显示。托架用来将机构固定在机柱上，每一机构需上、下托架各一个。梯子用于给信号维修人员攀登及作业。

矮型透镜式色灯信号机如图 2-12 所示。它用螺栓固定在信号机基础上，没有托架，更不需要梯子。

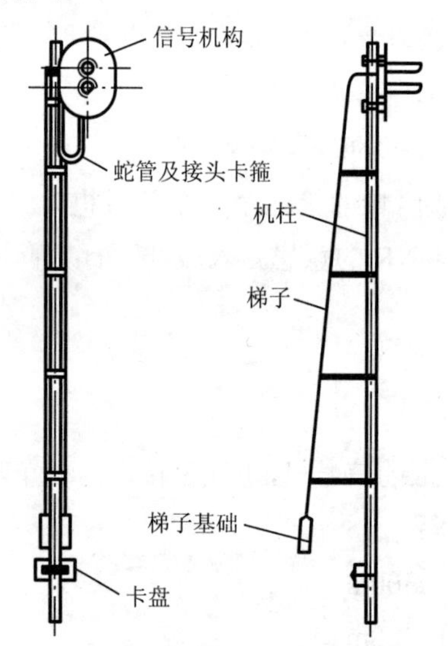

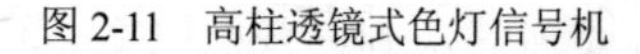
图 2-11　高柱透镜式色灯信号机

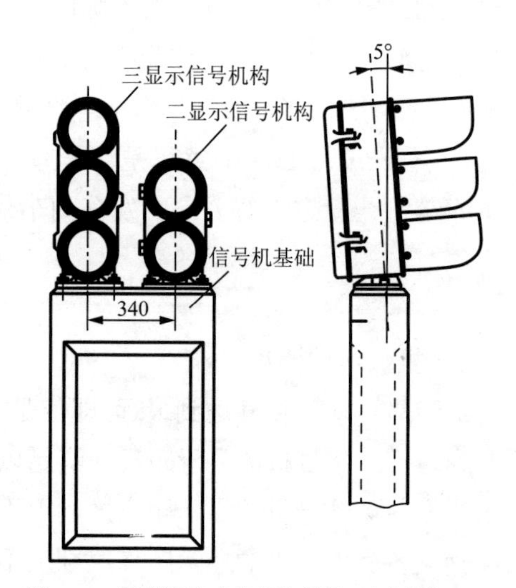

图 2-12　矮型透镜式色灯信号机（尺寸单位：mm）

高柱和矮型透镜式色灯信号机又各有单机构和双机构之分。单机构只有一个机构，色灯信号机可构成二显示、三单示和单显示信号机。

（三）透镜式色灯信号机的机构

透镜式色灯信号机的每个灯位由灯泡、灯座、透镜组、遮檐和背板等组成，如图 2-13 所示。

灯泡是色灯信号机的光源，采用直线双丝地铁信号灯泡。

灯座用来安放灯泡，采用定焦盘式灯座，在调整好透镜组焦点后固定灯座，更换灯泡时无须再调整。

透镜组装在镜架框上，由两块带棱的凸透镜组成，里面是有色带棱外凸透镜，外面是无色带棱内凸透镜。之所以采用两块透镜组成光学系统，是利用光的折射和反射原理，将光源发出的光线集中射向所需要的方向，即增强该方向的光强度。这样，就能满足信号显示距离远而且具有很好的方向性的要求。信号机构的颜色取决于有色透镜，可根据需要选用。

遮檐用来防止阳光等光线直射时产生错误的幻影显示。

背板是黑色的，构成较暗的背景，可衬托信号灯光的亮度，改善瞭望条件。只有高柱信号机才有背板。一般信号机采用圆形背板。

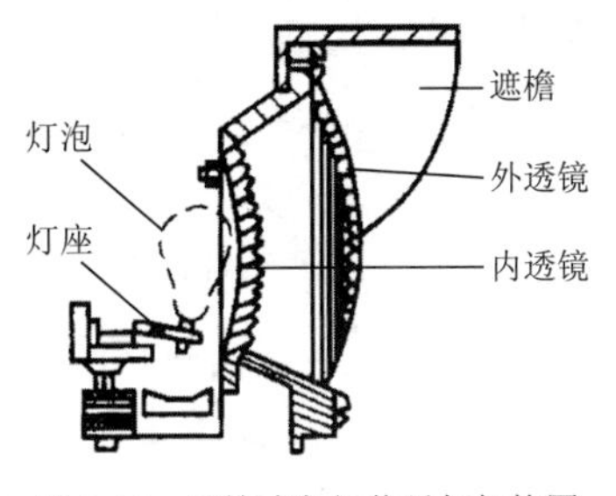

图 2-13　透镜式色灯信号机机构图

（四）组合式色灯信号机

组合式色灯信号机是为了改善曲线区段信号显示连续性而研制的新型信号机机构，适用于瞭望困难的线路。其特点是增加了反光镜和偏散镜，采用非球面镜，构成合理的光系统。每个机构只有一个灯室，使用时根据信号显示分别组装成二显示、三显示。壳体采用铝合金。

（五）LED 色灯信号机

LED 色灯信号机有两灯位、三灯位和四灯位机构三种，主要由点灯变压器、超高亮度 LED 矩阵（发光盘）、光学透镜、固定框架等组成。

1. LED 色灯信号机的点灯变压器和发光盘

LED 色灯信号机点灯变压器和发光盘的工作原理如图 2-14 所示。因 LED 发光管是低能耗的高效发光器件，在满足相关光学指标的前提下，LED 信号光源的功率不足 25 W，约为双灯丝灯泡的 1/4，仅 6 W 左右，如果直接采用交流 220 V 向点灯变压器和发光盘供电，则会造成点灯回路中的电流过小而无法满足 JZXC-H18 等型号灯丝继电器工作的要求。所以，供电电路一般会采用低压供电方式，即将信号点灯电源输出由交流电压 220 V 降低为交流电压 110 V，再向点灯变压器和发光盘供电。

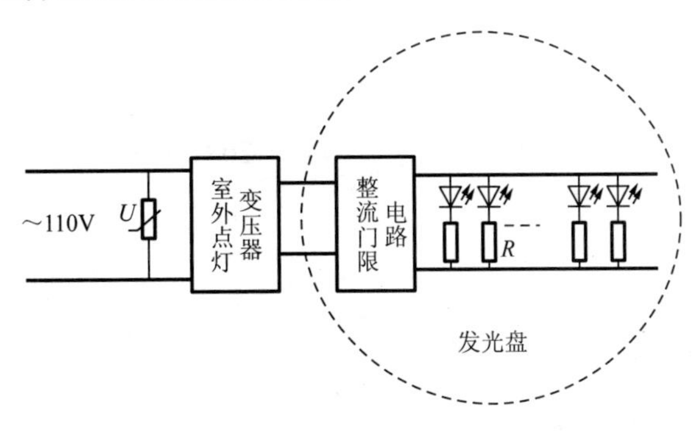

图 2-14　LED 色灯信号机室外工作原理图

点灯变压器可以起到电隔离作用，同时为发光盘提供合适的电源电压。

发光盘（含整流门限电路）的内部电路为串并联结构，每条支路由若干个 LED 和电阻 R 组成，LED 均匀地分布在发光盘圆面内，构成发光点阵。支路中的电阻 R 起限流作用，限定电流在规定范围之内。为提高LED信号光源的抗干扰能力，在LED信号光源内均设有抗干扰门限电路。门限设定为线路输入电压60V，如果输入电压低于门限值，门限关闭，光源灭灯。当外部接上正向直流电源时，LED点阵便发出相应颜色光，经光学集光透镜后产生由多个光轴组成近似于平行的信号灯光。

2. LED色灯信号机的主要特点

（1）使用寿命长。LED理论使用寿命超过100000 h，是信号灯泡的100倍，可免除经常更换灯泡的麻烦，且有利于实现免维修，降低运营成本。

（2）可靠性高。发光盘是用上百只LED和数十条支路并联工作的，在使用过程中，即使个别LED或支路发生故障，也不会影响信号的正常显示，提高了信号显示的可靠性。

（3）节省能源。单灯LED光源功率小于8 W，不到传统25 W信号灯泡的1/3。

（4）聚焦稳定。发光盘的聚焦状态在产品设计与生产中已经确定，并能始终保持良好的聚焦状态，现场安装与使用不需再调整。

（5）显示效果好。发光盘除有轴向主光束外，还有多条副光束，有利于增强主光束散角之外以及近光的显示效果。

（6）无冲击电流。点灯时没有类似传统25W信号灯泡冷丝状态的冲击电流，有利于延长供电装置的使用寿命，并减少对环境的电磁污染。

3. LED色灯信号机主要技术参数

（1）LED发光管额定工作电流：20mA。

（2）光源额定输入电流：160mA。

（3）光源额定输入电压：直流39.5V。

（4）光源额定功率：<8 W。

（5）光源供电电源调压范围：交流43 ～ 52V。

（6）电快速瞬变脉冲群抗干扰：3级。

（7）静电放电抗扰度：3级。

（8）光源发光强度：符合《铁路灯光信号发光强度》（TB/T 2353—1993）

（9）光谱色温：符合《铁路信号灯光颜色》（TB/T 2081—2016）

（10）环境温度：-40 ～ 70℃。

（11）相对湿度：<90%（25℃）。

（六）定焦盘式地铁信号灯座

与直丝信号灯泡配套的灯座是定焦盘式信号灯座。定焦盘灯座三维（上下、左右、前后）可调，并可调整光源位置，使主灯丝位于透镜组的焦点上，获得最佳显示效果。定焦盘灯座具有以下特点；

（1）灯泡和灯座是平面接触，可以基本上保证光中心高度的一致性。

（2）灯头冲压成翻边结构，一般不会变形，从而提高了灯泡和灯座的配合精度。

(3)防止电接触片受过载电压后造成的变形或弹力减小,从而避免电接触片与灯泡的接触不良或发热、熔化等故障。

(4)灯座与灯泡的连接,用内六方螺栓固定,灯口不易移位。

(5)更换灯泡时,一般不用重新调整显示,信号显示比较稳定。

因此,定焦盘灯座对提高信号显示的稳定性和减少维修工作量起到积极作用。

(七)信号装置的显示距离

信号装置一般分为信号机和信号表示器两类。

信号机按类型分为色灯信号机、臂板信号机和机车信号机,按用途分为进站信号机、出站信号机、通过信号机、进路信号机、预告信号机、接近信号机、遮断信号机、驼峰信号机、驼峰辅助信号机、复示信号机、调车信号机。

信号表示器分为道岔表示器、脱轨表示器、进路表示器、发车表示器、发车线路表示器、调车表示器及车挡表示器。

各种信号机及表示器,在正常情况下的显示距离:

(1)进站信号机、通过信号机、接近信号机、遮断信号机,不得小于1000m。

(2)高柱出站信号机、高柱进路信号机,不得小于800m。

(3)预告信号机、驼峰信号机、驼峰辅助信号机,不得小于400m。

(4)调车信号机、矮型出站信号机、矮型进路信号机、复示信号机,容许、引导信号及各种表示器,不得小于200m。

在地形、地物影响视线的地方,进站信号机、通过信号机、接近信号机、预告信号机、遮断信号机的显示距离,在最不利的条件下,不得小于200m。

(八)信号显示

1. 基本要求

(1)信号是指示列车运行及调车作业的命令,有关行车人员必须严格执行。

各种信号机和表示器的灯光排列、颜色和外形尺寸,必须符合国家标准、铁路行业标准及中国铁路总公司规定的标准。地区性联系用的手信号,由铁路部门批准。

(2)铁路信号分为视觉信号和听觉信号。

视觉信号的基本颜色:

①红色——停车。

②黄色——注意或减低速度。

③绿色——按规定速度运行。

听觉信号:号角、口笛、响墩发出的音响和机车、自轮运转特种设备的鸣笛声。

(3)视觉信号分为昼间、夜间及昼夜通用信号。在昼间遇降雪、暴风雨雪及其他情况,致使停车信号显示距离不足1000m,注意或减速信号显示距离不足400m,调车信号及调车手信号显示距离不足200m时，应使用夜间信号。

隧道内只采用夜间或昼夜通用信号。

铁路沿线及站内，禁止设置妨碍确认信号的红、黄、绿色的装饰彩布、标语和灯光。如已装有妨碍确认信号灯光的设备时，应拆除或采取遮光措施。

在规定的信号显示距离内，不得种植影响信号显示的树木。对影响信号显示的树木，其处理办法由铁路部门规定。

(4)进站信号机、出站信号机、进路信号机、调车信号机、驼峰信号机、驼峰辅助信号机均以显示停车信号为定位，线路所的通过信号机以显示停车信号为定位，其他通过信号机以显示进行信号为定位。

接近信号机、进站预告信号机、非自动闭塞区段通过信号机的预告信号机及通过臂板，以显示注意信号为定位。

遮断信号机、遮断预告信号机、复示信号机以无显示为定位。

在自动闭塞区段内的车站(线路所)，如将进站、正线出站信号机及其直向进路内的进路信号机转为自动动作时，以显示进行信号为定位。

在自动闭塞区段内的车站(线路所)，如将进站、正线出站信号机及其直向进路内的进路信号机转为自动动作时，以显示进行信号为定位。

(5)信号机的关闭时机规定如下：

①集中联锁车站的进站信号机、进路信号机、出站信号机，当机车或车辆第一轮对越过该信号机后自动关闭。

②调车信号机在调车车列全部越过调车信号机后自动关闭；当调车信号机外方不设轨道占用检查装置或虽设轨道占用检查装置而被占用时，应在调车车列全部出清调车信号机内方第一轨道区段后自动关闭，根据需要也可在调车车列第一轮对进入调车信号机内方第一轨道区段后自动关闭。

③引导信号应在列车头部越过信号机后及时关闭。

④非集中联锁车站的进站信号机及线路所通过信号机，在列车进入接车线轨道区段后自动关闭，出站信号机应在列车进入出站方轨道区段后自动关闭。

⑤非集中联锁车站，由手柄操纵的信号机：进站信号机在确认列车全部进入接车线警冲标内方，出站信号机在列车全部越过最外方道岔并确认列车全部进入出站方轨道区段后，恢复手柄，关闭信号。

特殊站(场)执行上述规定有困难时，由铁路部门规定。

(6)进站、出站、进路和通过信号机的灯光熄灭、显示不明或显示不正确时，均视为停车信号。

进站预告信号机或接近信号机的灯光熄灭、显示不明或显示不正确时，均视为进站信号机为关闭状态；非自动闭塞区段通过信号机的预告信号机的灯光熄灭、显示不明或显示不正确时，视为通过信号机为关闭状态。

(7)新设尚未开始使用及应撤除尚未撤掉的信号机,均应装设信号机无效标志,并应熄灭灯光;如为臂板信号机,并须将臂板置于水平位置。

信号机无效标为白色的十字交叉板。高柱色灯信号机的无效标志装在机柱上,矮型色灯信号机的无效标志装在信号机构上,臂板信号机的无效标志装在臂板上。

在新建铁路线上,新设尚未开始使用的信号机(进站信号机暂用作防护车站时除外),可撤下臂板或将色灯机构向线路外侧扭转90°,并熄灭灯光,作为无效。

2. 固定信号

1)进站色灯信号机显示

(1)三显示自动闭塞、半自动闭塞、自动站间闭塞区段进站色灯信号机

①一个绿色灯光:准许列车按规定速度经正线通过车站,表示出站及进路信号机在开放状态,进路上的道岔均开通直向位置。

②一个绿色灯光和一个黄色灯光:准许列车经道岔直向位置,进入站内越过次一架已经开放的信号机准备停车。

③一个黄色灯光:准许列车经道岔直向位置,进入站内正线准备停车。

④一个黄色闪光和一个黄色灯光:准许列车经18号及以上道岔侧向位置,进入站内越过次一架已经开放的信号机且该信号机防护的进路经道岔直向位置或18号及以上道岔侧向位置。

⑤两个黄色灯光:准许列车经道岔侧向位置(但不满足上述第④项条件)进入站内准备停车。

⑥一个红色灯光:不准列车越过该信号机。

(2)四显示自动闭塞区段进站色灯信号机

①一个绿色灯光:准许列车按规定速度经道岔直向位置进入或通过车站,表示运行前方至少有三个闭塞分区空闲。

②一个绿色灯光和一个黄色灯光:准许列车按规定速度经道岔直向位置进入站内,表示次一架信号机经道岔直向位置开放一个黄灯。

③一个黄色灯光:准许列车按限速要求经道岔直向位置进入站内正线准备停车。

④一个黄色闪光和一个黄色灯光:准许列车经18号及以上道岔侧向位置,进入站内越过次一架已经开放的信号机且该信号机防护的进路经道岔直向位置或18号及以上道岔侧向位置。

⑤两个黄色灯光:准许列车按限速要求越过该信号机,经道岔侧向位置(但不满足上述第④项条件)进入站内准备停车。

⑥一个红色灯光:不准列车越过该信号机。

2)进站及接车进路、接发车进路色灯信号机的引导信号显示

一个红色灯光及一个白色灯光:准许列车在该信号机前方不停车,以不超过20km/h速度进站或通过接车进路,并须准备随时停车。

3）出站色灯信号机显示

（1）半自动闭塞或自动站间闭塞区段

①一个绿色灯光：准许列车由车站出发。

②两个绿色灯光：准许列车由车站出发，开往次要线路。

③一个红色灯光：不准列车越过该信号机；

④在兼作调车信号机时，一个月白色灯光：准许越过该信号机调车。

（2）三显示自动闭塞区段

①一个绿色灯光：准许列车由车站出发，表示运行前方至少有两个闭塞分区空闲。

②一个黄色灯光：准许列车由车站出发，表示运行前方有一个闭塞分区空闲。

③两个绿色灯光：准许列车由车站出发，开往半自动闭塞或自动站间闭塞区间。

④一个红色灯光：不准列车越过该信号机。

⑤在兼作调车信号机时，一个月白灯光：准许越过该信号机调车。

（3）四显示自动闭塞区段

①一个绿色灯光：准许列车由车站出发，表示运行前方至少有三个闭塞分区空闲。

②一个绿色灯光和一个黄色灯光：准许列车由车站出发，表示运行前方有两个闭塞分区空闲。

③一个黄色灯光：准许列车由车站出发，表示运行前方有一个闭塞分区空闲。

④两个绿色灯光：准许列车由车站出发，开往半自动闭塞或自动站间闭塞区间。

⑤一个红色灯光：不准列车越过该信号机。

⑥在兼作调车信号机时，一个月白色灯光：准许越过该信号机调车。

4）进路色灯信号机的信号显示

（1）接车进路及接发车进路色灯信号机的显示与进站色灯信号机相同。

（2）三显示自动闭塞、半自动闭塞、自动站间闭塞区段。

①一个绿色灯光：准许列车由车站经正线出发，表示出站和进路信号机均在开放状态。

②一个绿色灯光和一个黄色灯光：准许列车越过该信号机，表示该信号机列车运行前方次一架信号机在开放状态。

③一个黄色灯光：准许列车运行到次一架信号机之前准备停车。

④一个红色灯光：不准列车越过该信号机。

（3）四显示自动闭塞区段信号显示如下：

①一个绿色灯光：表示该信号机列车运行前方至少有两架信号机经道岔直向位置在开放状态。

②一个绿色灯光和一个黄色灯光：表示该信号机列车运行前方次一架信号机经道岔直向位置在开放状态。

③一个黄色灯光：准许列车运行到次一架信号机之前准备停车。

④一个红色灯光：不准列车越过该信号机。

⑤接车进路、发车进路及接发车进路色灯信号机兼作调车信号机时，一个月白色灯光：准许越过该信号机调车。

5）通过色灯信号机显示的信号显示

（1）半自动闭塞及自动站间闭塞区段

①一个绿色灯光：准许列车按规定速度运行。

②一个红色灯光：不准列车越过该信号机。

（2）三显示自动闭塞区段

①一个绿色灯光：准许列车按规定速度运行，表示运行前方至少有两个闭塞分区空闲。

②一个黄色灯光：要求列车注意运行，表示运行前方有一个闭塞分区空闲。

③一个红色灯光：列车应在该信号机前停车。

（3）四显示自动闭塞区段

①一个绿色灯光：准许列车按规定速度运行，表示运行前方至少有三个闭塞分区空闲。

②一个绿色灯光和一个黄色灯光：准许列车按规定速度运行，要求注意准备减速，表示运行前方有两个闭塞分区空闲。

③一个黄色灯光：要求列车减速运行，按规定限速要求越过该信号机，表示运行前方有一个闭塞分区空闲。

④一个红色灯光：列车应在该信号机前停车。

6）线路所防护分歧道岔的色灯信号机开放经道岔侧向位置的进路时显示

①一个黄色闪光和一个黄色灯光：表示分歧道岔为18号及以上，开往半自动闭塞或自动站间闭塞区间，或开往自动闭塞区间且列车运行前方次一闭塞分区空闲。

②不满足上述第1项条件时，显示两个黄色灯光。

防护分歧道岔的线路所通过信号机，其机构外形和显示方式，应与进站信号机相同，引导灯光应予封闭。该信号机显示红色灯光时，不准列车越过。

7）容许信号显示

一个蓝色灯光：准许列车在通过色灯信号机显示红色灯光的情况下不停车，以不超过20km/h的速度通过，运行到次一架通过信号机，并随时准备停车。

8）遮断色灯信号机显示

一个红色灯光：不准列车越过该信号机；不点灯时，不起信号作用。

9）遮断信号机的预告信号机显示

一个黄色灯光：表示遮断信号机显示红色灯光；不点灯时，不起信号作用。

其他预告色灯信号机显示下列信号：

①一个绿色灯光：表示主体信号机在开放状态。

②一个黄色灯光：表示主体信号机在关闭状态。

10）接近色灯信号机显示

①一个绿色灯光——表示进站信号机开放一个绿色灯光或一个绿色灯光和一个黄色灯光。

②一个绿色灯光和一个黄色灯光——表示进站信号机开放一个黄色灯光。

③一个黄色灯光——表示进站信号机在关闭状态,或表示进站信号机显示两个黄色灯光或一个黄色闪光和一个黄色灯光。

11)遮断及其预告信号机

遮断及其预告信号机采用方形背板,并在机柱上涂有黑白相间的斜线,以区别于一般信号机。

12)调车色灯信号机显示

①一个月白色灯光:准许越过该信号机调车。

②一个月白色闪光灯光:装有平面溜放调车区集中联锁设备时,准许溜放调车。

③一个蓝色灯光:不准越过该信号机调车。

不办理闭塞的站内岔线,在岔线入口处设置的调车信号机,可用红色灯光代替蓝色灯光。

起阻挡列车运行作用的调车信号机,应采用矮型三显示机构,增加红色灯光或用红色灯光代替蓝色灯光。当该信号机的红色灯光熄灭、显示不明或显示不正确时,应视为列车的停车信号。

13)驼峰色灯信号机及其复示信号机显示

①一个绿色灯光:准许机车车辆按规定速度向驼峰推进。

②一个绿色闪光灯光:指示机车车辆加速向驼峰推进。

③一个黄色闪光灯光:指示机车车辆减速向驼峰推进。

④一个红色灯光:不准机车车辆越过该信号机或指示机车车辆停止作业。

⑤一个红色闪光灯光:指示机车车辆自驼峰退回。

⑥一个月白色灯光:指示机车到峰下。

⑦一个月白色闪光灯光:指示机车车辆去禁溜线或迂回线。

驼峰色灯信号机的复示信号机平时无显示;当办理驼峰推送进路后,其显示方式与驼峰色灯信号机相同。

14)驼峰色灯辅助信号机及其复示信号机显示

一个黄色灯光:指示机车车辆向驼峰预先推送;当办理驼峰推送进路后,其灯光显示均与驼峰色灯信号机显示相同。

驼峰色灯辅助信号机平时显示红色灯光,对列车起停车信号作用。

驼峰色灯辅助信号机的复示信号机平时无显示;当办理驼峰推送进路或驼峰预先推送进路后,其显示方式与驼峰色灯辅助信号机相同。

15)色灯复示信号机分类

(1)进站信号机、接车进路信号机、接发车进路信号机的色灯复示信号机

①两个月白色灯光与水平线构成 60° 角显示:表示主体信号机显示经道岔直向位置向正线接车的信号。

②两个月白色灯光水平位置显示:表示主体信号机显示经道岔侧向位置接车的信号。

③无显示:表示主体信号机在关闭状态。

进站信号机、接车进路信号机、接发车进路信号机的色灯复示信号机采用灯列式机构。

（2）出站及发车进路信号机的色灯复示信号机显示

①一个绿色灯光：表示主体信号机在开放状态。

②无显示：表示主体信号机在关闭状态。

（3）调车色灯复示信号机显示

①一个月白色灯光：表示调车信号机在开放状态。

②无显示：表示调车信号机在关闭状态。

进站信号机、出站信号机、进路信号机、驼峰及调车色灯复示信号机均采用方形背板，以区别于一般信号机。

16）移动信号显示

（1）停车信号

昼间：表面有反光材料的红色方牌。

夜间：柱上红色灯光。

（2）减速信号

①表面有反光材料的黄底黑字圆牌，标明列车限制速度。

②施工及其限速区段，在减速信号牌外方增设的特殊减速信号牌为表面有反光材料的黄底黑“T”字圆牌。

（3）减速防护地段终端信号

表面有反光材料的绿色圆牌。在单线区段，司机应看线路右侧减速信号牌背面的绿色圆牌。

在有 1 万 t 或 2 万 t（含 1.5 万 t）货物列车运行的线路增设的 1 万 t、2 万 t（含 1.5 万 t）减速防护地段终端信号牌为表面有反光材料的绿底黑“W”字（1 万 t）或黑“L”字（1.5 万 t 和 2 万 t）圆牌。

17）防护信号显示

在站内线路上检查、修理、整备车辆或进行装卸作业时，应在两端来车方向的左侧钢轨设置带有脱轨器的固定或移动信号牌（灯）进行防护，前后两端的防护距离均应不小于 20m；不足 20m 时，应将道岔锁闭在不能通往该线的位置。

旅客列车在到发线上进行车辆技术作业时，用红色信号旗（灯）进行防护，可不设脱轨器。红色信号旗（灯）的设置：

（1）机车摘挂相关作业时，在机车客车非站台侧设置。

（2）技术检查作业时，在机车客车前端非站台侧和尾部客车后端站台侧设置。车辆乘务员单班单人值乘列车，在无客列检车站进行站折技术检查作业时，仅在来车端一位客车前端站台侧设置。

（3）处理车辆故障时，在故障车辆站台侧设置。

18）紧急停车信号显示

响墩爆炸声及火炬信号的火光，均要求紧急停车。停车后如无防护人员，机车乘务人员应立即检查前方线路，如无异状，列车以在瞭望距离内能随时停车的速度继续运行，但最高不得超过20km/h。在自动闭塞区间，运行至前方第一架通过（进站）信号机前，如无异状，即可按该信号机显示的要求执行；在半自动或自动站间闭塞区间，经过1km后，如无异状，可恢复正常速度运行。

3. 信号表示器及标志

道岔表示器的显示方式如下。

（1）昼间无显示；夜间为紫色灯光：表示道岔位置开通直向。

（2）昼间为中央画有一条鱼尾形黑线的黄色鱼尾形牌；夜间为黄色灯光：表示道岔位置开通侧向。

（3）在调车区为集中联锁时，进行连续溜放作业的分歧道岔应有道岔表示器，平时无显示，当进行溜放作业时，其显示方式如下。

①紫色灯光：表示道岔开通直向。

②黄色灯光：表示道岔开通侧向。

1）脱轨表示器的显示方式

（1）带白边的红色长方牌及红色灯光：表示线路在遮断状态。

（2）带白边的绿色圆牌及月白色灯光：表示线路在开通状态。

2）进路表示器的显示方式

进路表示器在其主体信号机开放时点亮，用于区别进路开通方向或双线区段反方向发车，不能独立构成信号显示。

（1）两个发车方向，当信号机在开放的条件下，分别按左、右两个白色灯光，区别进路开通方向。

（2）三个发车方向，其显示方式如下。

①信号机在开放状态及表示器左方显示一个白色灯光：表示进路开通，准许列车向左侧线路发车。

②信号机在开放状态及表示器中间显示一个白色灯光：表示进路开通，准许列车向中间线路发车。

③信号机在开放状态及表示器右方显示一个白色灯光：表示进路开通，准许列车向右侧线路发车。

（3）四个及其以上发车方向，进路表示器按灯光排列表示。

四个发车方向（A、B、C、D方向）显示方式如下。

①信号机在开放状态及表示器左方横向显示两个白色灯光：表示进路开通，准许列车向左侧A方向线路发车。

②信号机在开放状态及表示器左方斜向显示两个白色灯光：表示进路开通，准许列车向左侧B方向线路发车。

③信号机在开放状态及表示器右方斜向显示两个白色灯光：表示进路开通，准许列车向

右侧 C 方向线路发车。

④信号机在开放状态及表示器右方横向显示两个白色灯光：表示进路开通，准许列车向右侧 D 方向线路发车。

五个发车方向（A、B、C、D、E 方向）显示方式如下。

①同四个发车方向的第①项：表示进路开通，准许列车向左侧 A 方向线路发车。

②同四个发车方向的第②项：表示进路开通，准许列车向左侧 B 方向线路发车。

③信号机在开放状态及表示器中间竖向显示两个白色灯光：表示进路开通，准许列车向中间 C 方向线路发车。

④同四个发车方向的第③项：表示进路开通，准许列车向右侧 D 方向线路发车。

⑤同四个发车方向的第④项：表示进路开通，准许列车向右侧 E 方向线路发车。

六个发车方向（A、B、C、D、E、F 方向）显示方式如下。

①信号机在开放状态及表示器左方竖向显示两个白色灯光：表示进路开通，准许列车向左侧 A 方向线路发车。

②信号机在开放状态及表示器左方横向显示两个白色灯光：表示进路开通，准许列车向左侧 B 方向线路发车。

③信号机在开放状态及表示器左方斜向显示两个白色灯光：表示进路开通，准许列车向左侧 C 方向线路发车。

④信号机在开放状态及表示器右方斜向显示两个白色灯光：表示进路开通，准许列车向右侧 D 方向线路发车。

⑤信号机在开放状态及表示器右方横向显示两个白色灯光：表示进路开通，准许列车向右侧 E 方向线路发车。

⑥信号机在开放状态及表示器右方竖向显示两个白色灯光：表示进路开通，准许列车向右侧 F 方向线路发车。

七个发车方向（A、B、C、D、E、F、G 方向）显示方式如下。

①同六个发车方向的第①项：表示进路开通，准许列车向左侧 A 方向线路发车。

②同六个发车方向的第②项：表示进路开通，准许列车向左侧 B 方向线路发车。

③同六个发车方向的第③项：表示进路开通，准许列车向左侧 C 方向线路发车。

④信号机在开放状态及表示器中间竖向显示两个白色灯光：表示进路开通，准许列车向中间 D 方向线路发车。

⑤同六个发车方向的第④项：表示进路开通，准许列车向右侧 E 方向线路发车。

⑥同六个发车方向的第⑤项：表示进路开通，准许列车向右侧 F 方向线路发车。

⑦同六个发车方向的第⑥项：表示进路开通，准许列车向右侧 G 方向线路发车。

（4）在双线区段仅用于区分反方向发车时，其显示方式如下。

①信号机在开放状态且表示器不点亮：准许列车正方向发车。

②信号机在开放状态且表示器显示一个白色灯光：准许列车反方向发车。

3）发车线路表示器的显示方式

发车线路表示器在线群出站信号机开放后显示一个白色灯光：准许该线路上的列车发车。

不许发车的线路，所属该线路的发车线路表示器不能点亮。

发车线路表示器可用于驼峰调车场，作为调车线路表示器，显示一个白色灯光：准许调车。

4）发车表示器显示方式

发车表示器常态不显示；显示一个白色灯光：表示车站人员准许发车。

5）调车表示器的显示方式

（1）向调车区方向显示一个白色灯光：准许机车车辆自调车区向牵出线运行。

（2）向牵出线方向显示一个白色灯光：准许机车车辆自牵出线向调车区运行。

（3）向牵出线方向显示两个白色灯光：准许机车车辆自牵出线向调车区溜放。

6）车挡表示器显示方式

车挡表示器设置在线路终端的车挡上，昼间为一个红色方牌；夜间显示一个红色灯光。

安全线及避难线可不设置车挡表示器。

7）线路标志与信号标志的内容

线路标志包括：公里标、半公里标，曲线标，圆曲线和缓和曲线的始终点标，桥梁标，隧道（明洞）标，坡度标，以及铁路局、工务段、线路车间、线路工区和供电段的界标。

信号标志包括：警冲标，站界标，预告标，引导员接车地点标，司机鸣笛标，电气化区段的电力机车禁停标，断电标、合电标，接触网终点标，准备降下受电弓标、降下受电弓标、升起受电弓标，作业标，减速地点标，补机终止推进标、机车停车位置标，四显示机车信号接通标，四显示机车信号断开标，轨道电路调谐区标志，级间转换标，通信模式转换标，以及除雪机用的临时信号标志等。

8）线路标志与信号的设置

线路、信号标志应设在其内侧距线路中心不小于3.1m处（警冲标除外）。

（1）线路标志，按计算公里方向设在线路左侧。双线区段须另设线路标志时，应设在列车运行方向左侧。

①公里标、半公里标，设在一条线路自起点计算每一整公里、半公里处。

②曲线标，设在曲线中点处，标明曲线中心里程、半径大小、曲线和缓和曲线长度。

③圆曲线和缓和曲线的始终点标，设在直缓、缓圆、圆缓、缓直各点处，标明所向方向为直线、圆曲线或缓和曲线。

④桥梁标，设在桥梁两端桥头处，标明桥梁编号、中心里程和长度。

⑤隧道（明洞）标，直接标注在隧道（明洞）两端洞门端墙上，标明隧道号或名称，中心里程和长度。

⑥坡度标，设在线路坡度的变坡点处，两侧各标明其所向方向的上、下坡度值及其长度。

⑦铁路局、工务段、线路车间、线路工区和供电段的界标，设在各该单位管辖地段的分界点处，两侧标明所向的单位名称。

(2)信号标志，设在列车运行方向左侧(警冲标除外)。双线区段的轨道电路调谐区标志设在线路外侧。

①警冲标，设在两会合线路线间距离为4m的中间。线间距离不足4m时，设在两线路中心线最大间距的起点处。在线路曲线部分所设道岔附近的警冲标与线路中心线间的距离应按限界的加宽而增加。

②站界标，设在双线区间列车运行方向左侧最外方顺向道岔（对向出站道岔的警冲标）外不少于50m处，或邻线进站信号机相对处。

③预告标，设在进站信号机及线路所通过信号机外方900m、1000m及1100m处，但在设有预告或接近信号机及自动闭塞的区段，均不设预告标。在双线区间，退行的列车看不见邻线的预告标时，在距站界外1100m处特设一个预告标。

④引导员接车地点标，列车在距站界200m以外，不能看见引导人员在进站信号机或站界标处显示的手信号时，须在列车距站界200m外能清晰地看见引导人员手信号的地点设置。

⑤司机鸣笛标，设在道口、大桥、隧道及视线不良地点的前方500～1000m处。在非限鸣区域，司机见此标志须长声鸣笛；在限鸣区域内，司机见此标志应开启灯显示警设备，除遇危及行车安全等情况外，限制鸣笛。

⑥电力机车禁停标，设在站场、区间接触网不同供电臂间的电分段两端，电力机车在该标志提示的禁停区域内不得停留。

⑦在电气化区段接触网电分相前方，分别设断电标、禁止双弓标。对于最高运行速度大于120km/h的旅客列车、特快货物班列及最高运行速度为120km/h的货物列车、快速货物班列运行的线路，在断电标的前方增设特殊断电标。在接触网电分相后方设合电标。在双线电气化区段，在“合”“断”电标背面，可分别加装“断”“合”字标，作为反方向行车的“断”“合”电标使用。

⑧接触网终点标，设在接触网边界。

⑨在电气化线路接触网故障降弓地段前方，分别设准备降下受电弓标、降下受电弓标；对于最高运行速度大于120km/h的旅客列车、特快货物班列及最高运行速度为120km/h的货物列车、快速货物班列运行的线路，在降下受电弓标的前方增设特殊降弓标。在降弓地段后方，设升起受电弓标。

⑩作业标，设在施工线路及其邻线距施工地点两端500～1000m处。司机见此标志须长声鸣笛，注意瞭望。

⑪减速地点标，设在需要减速地点的两端各20m处。正面表示列车应按规定限速通过地段的始点，背面表示列车应按规定限速通过地段的终点。

⑫补机终止推进标、机车停车位置标，设置位置由铁路局规定。

⑬四显示机车信号接通标（机车信号接通标）：涂有白底色、黑竖线、黑框的反光菱形板及黑白相间的立柱标志。

⑭四显示机车信号断开标：涂有白底色、中间断开的黑横线、黑框的反光菱形板及黑白

相间的立柱标志。

⑮轨道电路调谐区标志：

Ⅰ型为反方向区间停车位置标，涂有白底色、黑框、黑“停”字、斜红道，标明调谐区长度的反光菱形板标志。

Ⅱ型为反方向行车困难区段的容许信号标，涂有黄底色、黑框、黑“停”字、斜红道，标明调谐区长度的反光菱形板标志。

Ⅲ型用于反方向运行合并轨道区段之间的调谐区或因轨道电路超过允许长度而设立分隔点的调谐区，为涂有蓝底色、白“停”字、斜红道，标明调谐区长度的反光菱形板标志。

以上三种调谐区标志均使用黑白相间的立柱。

⑯级间转换标：在 CTCS-0/CTCS-2 级转换边界一定距离前方的级间转换应答器组对应的线路左侧设级间转换标志。该标志采用涂有白底色、黑框、写有黑“C0”“C2”标记的反光菱形板及黑白相间的立柱。

⑰通信模式转换标：在始发站列车停车标内方或需要转换通信模式的相应地点设机车综合无线通信设备通信模式转换提示标志，标志牌顶边距轨面 2.5m。该标志标面采用涂有白底色、黑框、写有黑“通信转换”字样的方形板。

9）通知操纵除雪机人员的临时信号标志

（1）除雪机工作阻碍标：表示前面有道口、道岔、桥梁等建（构）筑物，妨碍除雪机在工作状态下通过。

（2）除雪机工作阻碍解除标：表示已通过阻碍地点。

10）铁路线路安全保护区

铁路线路安全保护区的范围按《铁路安全管理条例》的规定执行。线路安全保护区标桩分为 A、B 型两种。

（1）型标桩为基本型，沿铁路线路安全保护区边界每 200m 左右设置一个，特殊地段可增加或减少设置数量，人烟稀少地区可不设置。

（2）型标桩为辅助型，适于在人员活动频繁地段的道口、桥隧两端、公路立交桥附近醒目地点、居民区附近和人身伤害事故多发地段的铁路线路安全保护区边界设置。

标桩在铁路线路两侧规定距离设置时，应与线路另一侧标桩相错埋设。

11）警示、保护标志的设置

（1）在未全封闭的铁路桥梁、隧道两端的线路两侧，设严禁通过标。

（2）在铁路桥梁跨越河道上下游规定的地点，设严禁采砂标。

（3）在铁路信号、通信光（电）缆埋设地点，设电缆标。

（4）在电气化铁路接触网、自动闭塞供电线路和电力贯通线路等电力设施附近易发生危险的地方，设严禁进入标。

12）人行过道路障桩的设置

在铁路线路允许行人、自行车通过，禁止机动车通过的人行过道，应设置人行过道路障桩。

13）列车应根据其种类及运行的线路和方向，在头部和尾部分别显示不同的列车标志。列车标志的显示方式，昼间与夜间相同，但昼间不点灯，其显示方式如下：

（1）列车在双线区段正方向及单线区段运行时，机车前端一个头灯及中部右侧一个白色灯光。列车尾部两个侧灯，向后显示红色灯光，向前显示白色灯光；挂有货物列车列尾装置时，为列尾装置向后显示红白相间的反射标志和一个红色闪光灯光。

（2）列车在双线区段反向运行时，机车前端一个头灯及中部右侧一个红色灯光；列车尾部标志与第（1）项相同。

（3）列车推进运行时，列车前端两个侧灯，向前显示红色灯光，向后显示白色灯光；挂有货物列车列尾装置时，为列尾装置向前显示红白相间的反射标志和一个红色闪光灯光。机车后端中部左侧一个红色灯光。

列车在双线区段正向推进运行时，列车前端向前显示左侧一个红色灯光，右侧一个白色灯光，向后显示左侧一个白色灯光；挂有货物列车列尾装置时，为列尾装置向前显示红白相间的反射标志和一个红色闪光灯光。

（4）列车后端挂有补机时，机车后端标志与第（3）项相同。

（5）单机在双线区段正方向及单线区段运行时，机车前端标志与第（1）项相同；后端标志与第（3）项相同。

（6）单机在双线区段反方向运行时，机车前端标志与第（2）项相同，后端标志与第（3）项相同。

（7）调车机车及机车出入段时，机车前端标志与第（2）项相同；机车后端中部左侧一个白色灯光。

（8）轨道车运行时，前端一个白色灯光，后端一个红色灯光。

三、轨道电路

（一）概述

轨道电路是为了使列车与信号装置或列车与发送速度命令装置直接发生联系。它利用两条钢轨作为导体组成电气回路，用来反映线路和道岔区段是否有车或钢轨是否完整。轨道电路主要由送电、受电、传输线及电气隔离器件所组成。

当轨道上无车时，终端的轨道电源（送电）由钢轨（传输线）向轨道继电器（受电）供以工作电源，轨道继电器吸起，使防护区段的信号机显示列车运行信号。

当轨道电路上有车时，电源电流被列车轮轴分路，使轨道继电器衔铁释放。防护该区段的信号机显示停车信号（红灯）。

轨道电路是地铁信号系统的重要基础设备，它的性能直接影响行车安全和运输效率。轨道电路是利用钢轨线路和钢轨绝缘构成的电路。它用来监督线路的占用情况，以及将列车运行与信号显示等联系起来，即通过轨道电路向列车传递行车信息。

对于城市轨道交通，轨道电路不仅用来检测列车是否占用，更重要的是要传输 ATP（Automatic Train Protection，列车自动防护）信息。因此，除车辆段内可采用 50Hz 相敏轨道电路外，正线需要采用音频轨道电路。为便于牵引电流流通，提高线路性能，方便维修，故音频轨道电路是非绝缘的。音频轨道电路多采用数码调制方式，数码调制与模拟信号调制相似，也是用较高频率的正弦信号作为载波，但调制信号是数字基带信号。音频国道有数字振幅调制、数字频率调制、数字相位调制三种，通常多采用高可靠性、多信息量的数字编码式音频轨道电路。

（二）轨道电路的基本原理

轨道电路是以铁路线路的两根钢轨作为导体，两端加以机械绝缘（或电气绝缘），接上送电和受电设备构成的电路。最简单的轨道电路如图 2-15 所示。

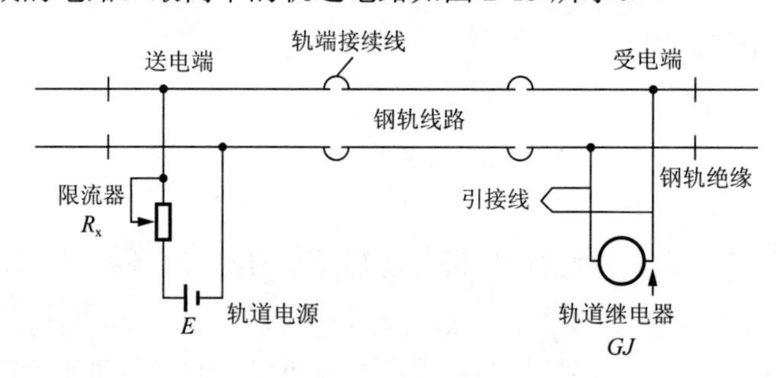

图 2-15　轨道电路

轨道电路的送电设备设在送电端，由轨道电源 E 和限流电阻 R_x 组成，限流电阻的作用是保护电源不致因过负荷而损坏，同时保证列车占用轨道电路时，轨道继电器能够可靠落下。接收设备设在受电端，一般采用继电器，称为轨道继电器，由它来接收轨道电路的信号电流。

送、受电设备一般放在轨道旁的变压器箱或电缆盒内，轨道继电器设在信号楼内。送、受电设备由引接线（钢丝绳）直接接向钢轨或通过电缆过轨后由引接线接向钢轨。

钢轨是轨道电路的导体，为减小钢轨接头的接触电阻，增设了轨端接续线。

钢轨绝缘是为分隔相邻轨道电路而装设的。

两绝缘节之间的钢轨线路，称为轨道电路的长度。

当轨道电路内钢轨完整，且没有列车占用时，轨道继电器吸起，表示轨道电路空闲。轨道电路被列车占用时，它被列车轮对分路，轮对电阻远小于轨道继电器线圈电阻，流经轨道继电器的电流大大减小，轨道继电器落下，表示轨道电路被占用。

（三）轨道电路的作用

轨道电路的第一个作用，是监督列车的占用。利用轨道电路监督列车在区间或列车和调车车列在站内的占用，是最常用的方法。由轨道电路反映该段线路是否空闲，为开放信号、建立进路或构成闭塞提供依据，还同时利用轨道电路的被占用关闭信号，把信号显示与轨道电路是否被占用结合起来。

轨道电路的第二个作用是传递行车信息。例如在轨道电路中传送的行车信息，为ATS（Automatic Train Supervision，列车自动监控）系统直接提供控制列车运行所需要的前行列车位置、运行前方信号机状态和线路条件等有关信息，以决定列车运行的目标速度，控制列车在当前运行速度下是否减速或停车。

（四）轨道电路的分类

轨道电路有较多种类，也有多种分类方法。

（1）按所传送的电流特性分类，轨道电路可分为工频连续式轨道电路和音频轨道电路，音频轨道电路又分为模拟式轨道电路和数字编码式轨道电路。

工频连续式轨道电路中传送连续的交流电流。这种轨道电路的唯一功能是监督轨道的占用与否，不能传送更多信息。

模拟式音频轨道电路采用调幅或调频方式，用低频调制载频，除监督轨道的占用外，可以传输较多信息，主要是反映前方三个或四个闭塞分区的占用与否。

数字编码式音频轨道电路采用数字调频方式，但它采用的不是单一低频调制频率，而是一个若干比特的一群调制频率，根据编码去调制载频，编码包含速度码、线路坡度码、闭塞分区长度码、纠错码等，可以传输更多的信息。

（2）按分割方式，轨道电路可分为有绝缘轨道电路和无绝缘轨道电路。

有绝缘轨道电路用钢轨绝缘将轨道电路与相邻的轨道电路互相隔离，大部分轨道电路是有绝缘的。一般称轨道电路即是有绝缘轨道电路。

钢轨绝缘在车辆运行的冲击力、剪切力作用下很容易破损，使轨道电路的故障发生率较高。绝缘节的安装，给无缝线路带来一定的麻烦，有时需锯轨，降低线路的轨道强度，增加线路维护的复杂性。电气化铁路的牵引回流不希望有绝缘节，为使牵引回流能绕过绝缘节，必须安装扼流变压器或回流线。因此，无缝线路和电气化铁路最好采用无绝缘轨道电路。

无绝缘轨道电路在其分界处不设钢轨绝缘，而采用电气隔离的方法予以处理。电气隔离式又称谐振式，利用谐振槽路，采用不同的信号频率，谐振回路对不同频率呈现不同阻抗，来实现相邻轨道电路间的电气隔离。

无绝缘轨道电路与有绝缘轨道电路相比较，具有较明显的特点和优点。由于去掉了故障率高的轨端机械绝缘，因而大大地提高了轨道电路的可靠性。在长轨区段安装不用锯轨，在电化区段降低了轨道电路的不平衡系数，改善了钢轨线路的运营质量等。

（3）按使用处所分类，轨道电路分为区间轨道电路和车辆段内轨道电路。

区间轨道电路主要用于正线，不仅要监督各闭塞分区是否空闲，而且要传输有关行车信息。一般来说，区间要求轨道电路传输距离较长，要满足闭塞分区长度的要求，轨道电路的构成也比较复杂。

车辆段内轨道电路，用于段内各区段，一般只有监督本区段是否空闲的功能，不能发送其他信息。

（4）按轨道电路内有无道岔分类，车辆段内轨道电路分为无岔区段轨道电路和道岔区段轨道电路。

无岔区段轨道电路内钢轨线路无分支，构成较简单，一般用于检车线、停车线等以及尽头调车信号机前方接近区段、两差置调车信号机之间。

在道岔区段，钢轨线路有分支，故道岔区段的轨道电路称为分支轨道电路或分歧轨道电路。在道岔区段，道岔处钢轨和杆件增加绝缘的同时，还要增加道岔连接线和跳线。当分支超过一定长度时，还必须设多个受电端。

（5）按结构分类。轨道电路分为闭路式轨道电路、开路式轨道电路；按信号电流的种类分为直流轨道电路、交流轨道电路和脉冲轨道电路；按分支轨道电路接受电端的多少，分为一送一受轨道电路和一送多受轨道电路。此外，还有无绝缘轨道电路等。

①闭路式轨道电路：由轨道电路一端的发送设备、限流装置及连接导线和另一端的接收设备组成。 在轨道电路区段空闲时，从轨道电源发送一定强度的信号电流，经钢轨线路送至轨道电路的接收端。接收设备的继电器在一定强度的电路作用下励磁，使接收设备的前接点闭合，后接点断开，即发出轨道电路区段空闲的信息。在轨道电路被机车车辆占用时，从轨道电路电源发出来的信号电流因机车车辆车轴的分流，而只有很少一部分信号电流送至轨道电路的接收设备。接收设备的继电器因电流不足而不能励磁，使接收设备的前接点断开，后接点闭合，即发出轨道被占用的信息。闭路式轨道电路的特点是电路任何部分出现故障时，接收设备的继电器都不能励磁，而发出轨道电路区段被占用的信息，这是符合铁路信号“故障 - 安全”原则的。我国和大多数国家的铁路都采用闭路式轨道电路。

②开路式轨道电路：这种电路的接收设备的电磁继电器等串接在发送端的电源电路内。在线路没有机车车辆占用时，接收继电器处于失磁状态；在有机车车辆占用时，接收继电器处于励磁状态，并发出这段轨道电路区段被占用的信息。开路式轨道电路的特点是动作反应快，但不能自动检查出轨道电路各个组成部分的故障。这种轨道电路只在部分国家铁路上，用于驼峰编组场和道口。

③直流轨道电路：采用一次电池或蓄电池作为电源的轨道电路。这种轨道电路的特点是电源可靠，电路和元件结构简单；但电源维护工作量大，抗迷流干扰的能力差，受轨道电路电容性蓄电效应的影响时分流效果不好，因此应用较少。

④交流轨道电路：采用交流电作为电源的轨道电路。这种轨道电路的特点是电源波动的调整性能好，能在各种不同和复杂的条件下工作，应用广泛。交流轨道电路按轨道电流的频率不同可分为工频轨道电路和非工频轨道电路。

a. 工频轨道电路：采用工业电流频率作为轨道电路的电流频率。这种电路可由工业电网供电，广泛应用在蒸汽、内燃和直流电力牵引区段。中国铁路车站轨道电路主要采用工频轨道电路，如整流式轨道电路和50Hz二元型相敏轨道电路均属这种类型。

b.非工频轨道电路：采用同工业电流频率不同的交流电源供电的轨道电路。这种电路抗干扰能力强，但需要专用的电源设备。因此，一般在交流电力牵引区段的车站采用，如75Hz交流轨道电路，25Hz相敏轨道电路，移频轨道电路和亚音频轨道电路。

⑤脉冲轨道电路：向钢轨中发送按规定频率和编码的断续电流，接收端只有在收到这种规定的脉冲电流时，轨道继电器才动作的电路。这种轨道电路具有长度大、分路灵敏度高和能防止迷流干扰等优点。编码的脉冲轨道电路又称电码轨道电路。

⑥一送一受轨道电路：在车站内有分支的钢轨线路上，只设有一个接收设备。其基本结构同交流轨道电路。

⑦一送多受轨道电路：在车站内，钢轨有分支的线路上，钢轨线路的每个分支端都设有接收设备。这种电路同一送一受轨道电路比较，在线路的分支端有较高的分路灵敏度。由于使用的设备较多，一般只在衔接到发线的道岔区段轨道电路采用。

（五）轨道电路历史发展

为了检查列车占用钢轨线路状态，美国人鲁滨孙于1870年发明了开路式轨道电路，1872年研制成功了闭路式轨道电路，并于1873年首先在宾夕法尼亚铁路试用，从此诞生了铁路自动信号。我国铁路在新中国成立前采用的轨道电路传输信息少，分布也极不平衡，从20世纪50年代中期开始，轨道电路技术在我国有了长足的发展，不仅传输的信息量增加，而且它的使用已遍及全国铁路各线，构成了我国铁路信号技术发展的基础。

1924年，我国首先在大连—金州间、沈阳—苏家屯间建成自动闭塞，采用的是交流50Hz二元三位式相敏轨道电路，这是我国最早采用的轨道电路。

1.直流轨道电路

京奉铁路在联锁闭塞设备中自动控制出站信号机恢复定位，最早用的水银轨道接触器。1925年首先在秦皇岛及南大寺两站装设了直流闭路式轨道电路，取代了水银轨道接触器，这是我国最早使用的一种直流轨道电路，轨道电路器材采用的是英国麦堪和荷兰的两家公司的产品。1942年，在济南站中修建了进路操纵手柄式继电电气集中联锁，轨道电路是直流闭路式的，器材为日本产品。1952年，衡阳站建成进路操纵继电式电气集中联锁，轨道电路也是直流闭路式的，器材是上海华通、新安电机厂、新成电器厂的仿美产品。

在20世纪50年代初，从苏联引进了HP-2型直流轨道电路，曾用在蒸汽牵引区段的小站联锁设备中。由于它抗干扰性能差，继电器不能集中管理，所以使用较少，现已逐步被交直流轨道电路所取代。直流轨道电路没有绝缘破损防护功能，抗干扰性能差，受直流电气牵引电流的干扰，不能正常工作。

1960年，我国在宝鸡—凤州段建成了第一条单相工频交流电气化铁路。为防止牵引电流的干扰，根据苏联资料仿制成一种单轨条式直流轨道电路，曾在宝凤段各站的站线上使用过。

2. 直流脉冲式轨道电路

原铁道部科学研究院从1952年起便开始研究电冲轨道电路。初期在现场试验的轨道继电器为桥式磁系统的偏极继电器，它的衔铁材质性能差，接点弹力容易变化，继电器工作不够稳定，以后改为极性保持式轨道继电器。1958年，首先在沈山线锦州—高台山间，共182km的双线区段上装设了以TY-58型电冲轨道电路为基础的架空线式电冲自动闭塞。1959年又将电冲分为正、负电冲及无电冲三种信息，于是实现了无架空线式电冲自动闭塞，即极性电冲自动闭塞。该种轨道电路结构简单，传输距离较运，但抗干扰能力差。

20世纪60年代，原铁道部科学研究院曾研究利用电冲信息实现与本制式相配套的机车信号，未获成功。因为原铁道部要求自动闭塞必须有与本制式相配套的机车信号，所以从此电冲轨道电路便逐步被交流计数电码轨道电路所代替。

电冲轨道电路从20世纪50年代初期开始研制，到20世纪60年代初期得到广泛应用，为运输生产发挥了很好的作用。它是我国第一个自己研制的用作传输自动闭塞信息的轨道电路。从这时起，我国才有直流脉冲轨道电路。电冲轨道为发展脉冲式轨道电路提供了宝贵的经验，是我国轨道电路技术的一个较大的进步。

1968年初，原铁道部科学研究院与沈阳、北京等铁路局协作，开展了极性频率脉冲轨道电路的研究，到1972年初，采用不同方案的极性频率脉冲轨道电路作为基础设备，修建了666km的双线自动闭塞。极性频率脉冲轨道电路在试用中曾发生过以下问题：邻线干扰；两线一地输电线干扰；断轨检查性能差。为此提出了采用低压脉冲传输的设想。

1974年，完成了统一方案试验，统一方案集各铁路局的成熟经验，采用了热机备用的冗余技术，并着重解决了轨道电路的调整、分流及断轨状态所存在的问题，同时也解决交流侵入、邻线干扰及高压线路接地干扰等问题，经试用后，于1980年通过原铁道部初步技术鉴定，以后便得到了进一步推广。

3. 交直流轨道电路

满铁从1925年开始，在长大线主要车站修建了电气集中联锁，轨道电路用采用N-8型交直流轨道电路和二元二位式轨道电路。交直流轨道电路装在站内道岔区段上，这是中国最早使用的一种交直流轨道电路，它的器件是日本产品。

新中国在20世纪50年代中期开始引进信号技术，这时由沈阳信号工厂仿制出KHP-5型和HBP型交直流轨道电路器材。这种轨道电路，在非电化区段的中、小站色灯电锁器联锁和小站电气集中联锁中得到应用。

1959年，我国第一个采用大插入继电器的590型组合式电气集中，在北京站建成并交付使用。站内采用HBTⅢ-200型交直流轨道电路，这种轨道电路与HBP-250型交直流轨道电路相似，器材是沈阳信号工厂仿苏产品。

1964年我国研制成功AX系列安全型继电器，1969年利用安全型继电器设计的JZXC-480型交直流轨道电路，首先在南翔站使用，此后JZXC-480型交直流轨道电路在非电化区段的车站上迅速大量推广，取代了所有其他制式的交直流轨道电路，从而使我国的交直流轨道电路的制式得到统一。

4. 驼峰轨道电路、阀式轨道电路、25Hz 长轨道电路

JW-2 型驼峰轨道电路，应变速度较慢，调整困难，不适合驼峰轨道电路的技术要求。1969 年研制成功了驼峰轨道电路用的 JZXC-2.3 型交直流轨道电路。

我国早在 1960 年，有些铁路局为了节省电缆，在牵出线、接近区段，就安装了一种阀式轨道电路，到 20 世纪 70 年代中期，因平交道口事故有所增加，部分铁路局又开始使用阀式轨道电路设计道口信号。原北京铁路局科研所和天津铁路运输学校合作，于 1982 年研制成功使用阀式轨道电路的道口信号，同年通过部级鉴定。

为了解决在继电半自动闭塞区间自动检查列车是否完整到达，原铁道部科学研究院参照苏联和日本 25Hz 轨道电路的工作经验，开展了 25Hz 长轨道电路的研究。1978 年，在原齐齐哈尔铁路局昂昂溪电务段的协助下，试制出一套样机。1979 年，在成都北站与天回镇站间电化区段安装试用。1983 年通过了原铁道部鉴定。与此同时，原齐齐哈尔铁路局仿效日本电路在本局非电化区段也进行了 25Hz 长轨道电路的试验，并于 1980 年 10 月通过铁路局鉴定。

5. 相敏轨道电路

1924 年满铁在大连—金州间和沈阳—苏家屯间修建的自动闭塞，轨道电路采用二元三位式相敏制，这是我国最早使用的轨道电路，器材用的是美国产品。到 1942 年，长大线全线建成自动闭塞，器材是日本仿美制品。二元三位式轨道电路工作稳定，直至 1984 年在长大线的沈阳—四平段仍然留有这种轨道电路制式的自动闭塞。轨道继电器接点有三个位置，所以以它为基础修建的自动闭塞无须架空线，就可实现三显示自动闭塞。

我国从 1925 年开始在长大线主要车站上修建了电气集中联锁。在这些车站的到发线上，采用 50Hz 交流二元二位式轨道电路。1937 年后，在京奉铁路个别车站上也安装有 50Hz 交流二元二位式轨道电路。

在 20 世纪 50 年代，从苏联引进了 50Hz 二元二位式轨道电路。1954 年由原铁道部科学研究所、电务设计事务所及天津铁路管理局组成的试验小组，在京山线具有迷流干扰的古冶地区和道床电阻很低的北塘盐碱地段，进行了不同类型轨道电路的特性比较及电气参数测试和采集，以便为这种地区的轨道电路设计提供依据。

为配合修建交流电气化铁路，考虑到站内没有合适的轨道电路制式，从 1978 年开始研制双轨条 25Hz 相敏轨道电路，它实质上也是二元二位式轨道电路，不同点是信号频率为 25Hz。

25Hz 相敏轨道电路是由原铁道部通信信号公司研制的，1980 年首先在联平关站站内安装试点，同年又在石家庄枢纽安装并投入试用。经过两年的试用和改进，于 1982 年通过原铁道部鉴定。

6. 交流计数电码轨道电路

我国为了解决与自动闭塞相配套的机车信号和得到较好的轨道电路传输特性，于 1958

年从苏联引进了交流电码轨道电路，1959 年开始在北京—南仓间修建的 50Hz 交流计数电码自动闭塞工程中使用，器材是由苏联进口的。1963 年我国按照苏联改进的 R-36 型译码器的原理制成了 63 型译码器，在长大线沈阳—鞍山、京广线广武—南阳寨间的自动闭塞工程中安装并投入运用。轨道电路器材是沈阳信号工厂生产的。

1960 年在宝鸡—凤州段建成中国第一条单相工频交流电气化铁路。信号设备安装了单线调度集中，其中的轨道电路为了防止牵引电流干扰，采用了 75Hz 交流计数电码轨道电路。

7. 移频轨道电路

1966 年原铁道部科技委在北京召开了自动闭塞选型会议，会议提出研制一种能够适应地上和地下、电化与非电化区段通用的自动闭塞制式，确定了以移频作为主攻方向，于 1967 年在成峨段青龙场—彭山间 11km 装设了第一个试验区段，1975 年通过原铁道部技术鉴定，决定非电化移频自动闭塞作为一种自动闭塞制式推广使用。

我国电化移频轨道电路的研制工作几乎是与非电化移频轨道电路的研制工作同时进行的。1967 年试制成功交流电化移频自动闭塞和机车信号样机各一套。

8. 计轴设备

我国早在 1966 年就开始探索用计轴方式来检查分界点间线路空闲状态，1978 年开始研制与半自动闭塞相配套的计轴设备，同年研制出一套样机在现场进行了初步试验。在研制非电化区段用计轴设备的基础上，从 1981 年开始研制电化区段用的计轴设备，1983 年经原铁道部通信信号公司和西安铁路局组织了技术鉴定，决定进一步扩大试用。

9. ZPW–2000A 无绝缘轨道电路

ZPW-2000A 型轨道电路是在我国引进法国的 UM71 轨道电路的基础上改进后的一种轨道电路制式。这种轨道电路是利用并联在钢轨两端的 LC 谐振槽路和一小段钢轨电感利用相邻区段发送不同频率，构成的电气绝缘节。它不但可以检测列车，而且可由钢轨线路向超速防护系统发送速度级别信息。

（六）轨道电路基本工作状态

轨道电路的基本工作状态分为调整状态、分路状态和断轨状态三种。轨道电路在各种工作状态下，会受到许多外界因素的影响，其中轨道电阻、钢轨阻抗和电源电压的影响最大。这三个参数对各种工作状态造成的影响又各不相同。

（1）轨道电路的调整状态，就是轨道电路完整和空闲，接受设备（如轨道继电器）正常工作时的状态。

在调整状态，对轨道继电器来说，从钢轨上接收到的电流越大，它的工作就越可靠。但这个电流值将随着道砟电阻、钢轨阻抗、发送电压的变化而变化。调整状态的最不利条件是：发送电压最低、钢轨阻抗最大、道电阻最小，同时轨道电路长度为极限长度。在最不利条件下，轨道电路接受设备应能可靠工作，反映轨道电路的空闲状态。

（2）轨道电路的分路状态，就是当轨道电路区段有车占用时，接收设备（如轨道继电器）

应被分路而停止工作的状态。

当列车占用轨道时，它的轮对在两轨之间形成的电阻，按着一般电路的分析，可看成是短路作用。但轨道电路是低电阻电路，所以列车占用时，只能看成两钢轨间跨接的一个分路电阻，故称分路状态。

分路状态的最不利条件是：发送电压最高、钢轨阻抗最小、道床电阻最大、列车分路电阻也最大（车轻、轮对少、车轮与钢轨接触面不洁）。在分路状态的最不利条件下，轨道电路接受设备应能可靠的停止工作，反映轨道电路区段有车占用。

（3）轨道电路的断轨状态，是指轨道电路的钢轨在某处折断时的情况，此时钢轨虽已折断但轨道电路仍可通过大地构成回路，接收设备中还会有一定值的电流流过。为了确保安全，断轨时，接收设备应不能工作。

断轨状态的最不利条件是：断轨时轨道电路的参数变化使轨道接收设备中获得最大电流。它除了与钢轨阻抗模值最小、发送电压最大有关外，断轨地点和道电阻的大小也对其有一定的影响。有一个使接收设备中电流最大的最不利数值——临界断轨地点和临界道砟电阻。

（七）50Hz 单轨条轨道电路

直流电力牵引区段 50Hz 交流二元二位轨道电路。因为有绝缘节，电力牵引回流将不能通过。设置牵引回流线正是为了使牵引回流通过。同一区段只有一根钢轨上有牵引回流通过，故称为单轨条直流牵引。

轨道继电器采用的是二元二位继电器，故称该轨道电路为二元二位轨道电路。该继电器可以防止直流牵引回流的谐波对轨道电路的干扰。无车时，轨道电源通过钢轨传输到轨道继电器的两端，继电器吸起，使防护该区段的信号机点允许灯光。当有车时，轨道电源被轮轴分路，继电器得不到工作电源而使得衔铁释放，使防护该区段的信号机点禁止灯光。设置局部电源是因二元二位继电器工作特性所需。在轨道区段的两端设置绝缘节，是为了防止相邻区段的轨道电源使该区段的轨道继电器误动，造成信号灯光错误显示，影响行车安全。

有绝缘的轨道电路，由于绝缘节的存在，使因绝缘节破损而造成的轨道电路失效概率大大上升，对于使用长钢轨的区段来说，因设置绝缘节而增加了钢轨的分割点，对高速列车的安全、平稳行驶是很不利的因素。在电力牵引区段，绝缘节的存在对牵引回流的输送带来了一定的困难。因而上海地铁 1 号线干线上应用无绝缘的音频轨道电路。除了在联锁车站，均不用绝缘节来分割轨道电路。而轨道电路的分段将由调谐的阻抗连接变压器来完成。

（八）轨道空闲检测设备的一些基本概念

1. 死区段

有绝缘轨道电路的两组轨道绝缘，因故不能设在同一坐标点，而需要错开安装，这两组绝缘间的区段就是死区段，其长度规定不大于 2.5m。

2. 超限绝缘

有绝缘轨道电路在道岔区段，因线路布置关系，轨道绝缘安装在警冲标内方小于3.5m处的位置称为超限绝缘。

3. 列车分路电阻

列车分路电阻是指列车占用轨道电路时，轮对跨在两根钢轨上形成的电阻。它由车轮和车轴本身的电阻以及轮缘与钢轨顶部的接触电阻组成。由于轮缘与钢轨的接触面很小，因此车轮和车轴本身的电阻比轮缘与钢轨的接触电阻小得多，可以忽略不计，所以列车分路电阻实际上就是轮缘与钢轨的接触电阻。列车分路电阻的大小与轨道上分路的车轴数、车辆的载重情况、列车的运行状态、轮缘的装配质量和磨损程度、钢轨顶部的洁净程度等因素有关。

4. 分路效应

分路效应是指列车分路使轨道电路接受设备中电流减少，并处于不工作状态。在分路状态最不利条件下，有列车分路时，要保证轨道继电器的端电压不大于其可靠释放值或可靠不吸合值。分路效应在很大程度上决定了轨道电路的质量。

5. 分路灵敏度

分路灵敏度是指在轨道电路的钢轨线路上，用一个电阻在轨道的某一点，对轨道进行分路，此时恰好能够使轨道继电器线圈中的电流减少到可靠释放值，则这个分路电阻值就称为轨道电路在该点的分路灵敏度。轨道电路的分路灵敏度在各点是不一样的。分路灵敏度用电阻值（Ω）来表示。

6. 标准分路灵敏度

标准分路灵敏度是指轨道电路各点的分路灵敏度中的最小值。标准分路灵敏度是衡量轨道电路分路效益优劣的标准，在分路状态最不利的条件下，电阻值为标准分路灵敏度的电阻线在任何地点分路，轨道电路的接收设备都必须停止工作。我国规定一般轨道电路标准分路灵敏度为0.06Ω。

7. 极性交叉

在有绝缘的轨道电路区段，为了防止相邻轨道电路间的绝缘节破损引起轨道继电器错误动作，要求绝缘的两侧轨面电压具有不同的极性或相反的相位，这就是轨道电路的极性交叉（图2-16）。

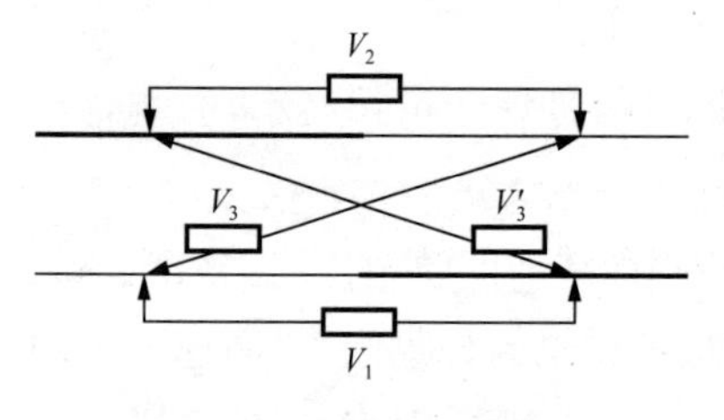

图2-16　极性交叉测试图

（九）轨道电路设置原则

（1）信号机的内、外方应划分为不同的轨道电路区段。

（2）凡是能平行运行的进路，应用钢轨绝缘将它们隔开，形成不同的轨道电路区段。

（3）在一个轨道电路区段内，单动道岔最多不超过三组，复式交分道岔不得超过两组；否则，道岔组数过多，轨道电路难以调整。

（4）有时为了提高咽喉使用效率，把轨道电路区段适当划短，使道岔能及时解锁，立即排列别的进路。但若列车速度较高时，为了保证机车信号的连续显示，又不希望轨道电路区段过短。

（十）钢轨绝缘的设置原则

（1）安装在警冲标内方的钢轨绝缘，除渡线外，应安装在距警冲标计算位置不小于3.5m、距警冲标实际位置不大于4m处。当不得已必须装于警冲标内方小于3.5m处时，应按照侵入限界考虑。

（2）轨道电路两钢轨绝缘应设于同一坐标处，以避免产生死区段。当无法并列安装时，错开的距离（死区段）不得大于2.5m。

（3）轨道电路两相邻死区段或死区段与相邻轨道电路的间隔一般不小于18m；当死区段的长度小于2.1m时，上述间隔允许小于18m，但不得小于15m。

（4）设于信号机处的轨道电路钢轨绝缘应与信号机坐标相同，当不可能设在同一坐标处时，应符合下列要求：进站、接车进路和单线双方向自动闭塞区间的并置通过信号机处的绝缘可安装在信号机前、后方各1m的范围内；出站（包括出站兼调车）和自动闭塞区间的单置通过色灯信号机的钢轨绝缘，可安装在信号机前方1m至后方6.5m的范围内。

（5）半自动闭塞区段的电气集中车站，预告信号机处的钢轨绝缘，宜安装在预告信号机前方100m处。

（6）异型钢轨接头处，因槽形绝缘等尺寸不一样，不得安装钢轨绝缘。

（7）在平交道口公路路面处，不得安装钢轨绝缘。

四、转辙机

在车站上铺设有许多条线路时，线路之间用道岔联结。列车在车站内运行的路径称为进路，它由道岔位置决定。道岔的转换和锁闭，是直接关系行车安全的关键设备。道岔由多种类型的转辙机转换。转辙机是重要的信号基础设备，它对于保证行车安全，提高运输效率，改善行车人员的劳动强度，起着非常重要的作用。

道岔的转换与锁闭装置直接关系着轨道交通的行车安全及行车效率。道岔的操纵有单独操纵和进路操纵两种方式。单独操纵是行车作业人员通过按压按钮或点击鼠标的方式根据需要进行选择道岔位置的作业，该作业方式一般多在道岔设置检修、检查时采用。进路操纵是行车作业人员或中央行车控制人员通过排列进路的方式，由控制电路或联锁软件根据所选择的进路自动选择道岔位置的作业，该作业方式多运用于日常正常的行车组织，可同时控制多组道岔，大大提高效率。转辙机是道岔的转换设备，目前轨道交通使用较多的转辙机有：ZYJ系列电液转辙机，ZDJ9系列转辙机，ZD6系列转辙机，部分城市的轨道交通线路也有使用S700K系列转辙机的。

转辙机是信号控制系统的执行机构之一，用于控制道岔的转换与锁闭，并实时监督道岔所处的位置和状态。道岔转辙机装置的核心和主体是转辙机，除转辙机外还有各类杆件、安装装置，分动外锁闭道岔还有外锁闭装置等，它们共同完成道岔的转换与锁闭。

（一）转辙机的作用

（1）转换道岔的位置，根据需要转换至定位或反位。

（2）道岔转至所需位置而且密贴后，实现锁闭，防止外力转换道岔。

（3）正确地反映道岔的实际位置，道岔的尖轨密贴于基本轨后，给出相应的表示。

（4）道岔被挤或因故处于“四开”（两侧尖轨均不密贴）位置时，及时给出报警及表示。

（二）对转辙机的基本要求

（1）作为转换装置，应具有足够大的拉力，以带动尖轨做直线往返运动；当尖轨受阻不能运动到底时，应随时通过操纵使尖轨回复原位。

（2）作为锁闭装置，当尖轨和基本轨不密贴时，不应进行锁闭；一旦锁闭，应保证不致因车通过道岔时的振动而错误解锁。

（3）作为监督装置，应能正确反映道岔的状态。

（4）道岔被挤后，在未修复前不应再使道岔转换。

（三）转辙机的分类

（1）按动作能源和传动方式分类，转辙机可分为电动转辙机、电动液压转辙机和电空转辙机。

电动转辙机由电动机提供动力，采用机械传动的方式。电动液压转辙机简称电液转辙机，由电动机提供动力，采用液力传动的方式。ZY（J）系列转辙机即为电液转辙机。

电空转辙机由压缩空气作为动力，由电磁换向阀控制。ZK 系列转辙机即为电空转辙机。

（2）按供电电源种类，转辙机可分为直流转辙机和交流转辙机。

直流转辙机采用直流电动机，工作电源是直流电。ZD6 系列电动转辙机就是直流转辙机，由直流 220V 供电。ZY 系列电液转辙机也是直流转辙机，亦由直流 220V 供电。电空转辙机则由 24V 直流电供电。直流电动机的缺点是：由于存在换向器和电刷，易损坏，故障率较高。

交流转辙机采用三相交流电源或单相交流电源，由三相异步电动机或单相异步电动机（现大多采用三相异步电动机）作为动力。交流转辙机采用感应式交流电动机，不存在换向器和电刷，因此故障率低，而且单芯电缆控制距离远。

（3）按锁闭道岔的方式，转辙机可分为内锁闭转辙机和外锁闭转辙机。

内锁闭转辙机依靠转辙机内部的锁闭装置锁闭道岔尖轨，属于间接锁闭的方式。ZD6 系列等大多数转辙机均采用内锁闭方式。该方式锁闭可靠程度较差，列车对转辙机的冲击大。

外锁闭转辙机虽然内部也有锁闭装置，但主要依靠转辙机外的外锁闭装置锁闭道岔，将密贴尖轨直接锁于基本轨，斥离尖轨锁于固定位置，属于直接锁闭的方式。该方式锁闭可靠，列车对转辙机几乎无冲击。

（4）按是否可挤，转辙机分为可挤型转辙机和不可挤型转辙机。

可挤型转辙机内设挤岔保护（挤切或挤脱）装置，道岔被挤时，动作杆解锁，保护了整机。不可挤型转辙机内不设挤岔保护装置，道岔被挤时，挤坏动作杆与整机连接结构，应整机更换。电动转辙机和电液转辙机都有可挤型和不可挤型。

此外，各种转辙机还有不同转换力和动程的区别。

ZD6 系列电动转辙机是我国铁路使用最广泛的电动转辙机。

ZD6-A 型是 ZD6 系列转辙机的基本型，其他型号 ZD6 型转辙机都是以 ZD6-A 型为基础改进、完善而发展起来的。

道岔按其锁闭方式可分为内锁闭和外锁闭两种类型。

①内锁闭是当道岔由转辙机带动转换至某个特定位置后，在转辙机内部进行锁闭，由转辙机动作杆经外部杆件对道岔实现位置固定。例如 ZD6 型转辙机就是由其内部的锁闭齿轮的圆弧面和齿条块的削尖齿实现锁闭的。实质上，内锁闭方式锁闭道岔是对道岔可动部分进行间接锁闭。

内锁闭转换设备的特点是：

a. 结构简单，便于日常维护保养，且转换比较平稳，属定力锁闭。

b. 道岔的两根尖轨由若干根连接杆组成框架结构，使尖轨部分的整体刚性较高，而且框式结构造成的反弹力和抗劲较大。

c. 由于两尖轨由杆件连接，当杆件受到外力冲击时，如发生弯曲变形，会使密贴尖轨与基本轨分离，严重威胁行车安全。

d. 当列车通过道岔产生冲击时，其冲击力经过杆件将直接作用于转辙机内部，使转辙机部件易于受损，挤切销折断，移位接触器跳开等。

②当道岔由转辙机带动转换至某个特定位置后，通过本身所依附的锁闭装置，直接把尖轨与基本轨或心轨与翼轨密贴夹紧并固定，称为道岔的外锁闭。即道岔的锁闭主要不是依靠转辙机内部的锁闭装置，而是由转辙机外部的锁闭装置实现的。

由于外锁闭道岔的两根尖轨之间没有连接杆，在道岔转换过程中，两根尖轨是分别动作的，所以又称为分动外锁闭道岔。

分动外锁闭道岔转换设备的特点：

a. 改变了传统的框架式结构，使尖轨的整体刚性大幅度下降。

b. 尖轨分动后，转换启动力小，而且一根尖轨的变形不影响另一根尖轨，由此造成的反弹、抗劲等转换阻力均减小很多。

c. 两根分动尖轨在外锁闭装置作用下，无论是在启动解锁，还是密贴锁闭过程中，所需的转换力均较小，避开了两根尖轨最大反弹力的叠加时刻。

d. 同时承担两根尖轨弹性力的过程是在密贴尖轨解锁以后到斥离尖轨锁闭之前这一较短的时间内，而此时正是电动机功率输出的最佳时刻，使电气特性和机械特性得到良好的匹配。

e. 外锁闭装置一旦进入锁闭状态，车辆过岔时，轮对对尖轨和心轨产生的侧向冲击力基本上传不到转辙机上，即具有隔力作用，有利于延长转辙机及各类转换部件的使用寿命。

f. 由于两尖轨间无连接杆，所以密贴尖轨很难在外力作用下与基本轨分离，可靠地保证了行车安全。

g. 由于密贴尖轨与基本轨之间由外锁闭装置固定，克服了内锁闭道岔靠杆件推力或拉力使尖轨与基本轨密贴易造成 4mm 失效的较大缺陷。

（四）ZDJ9 转辙机

ZDJ9 型系列电动转辙机（以下简称转辙机）是一种能适应交、直流电源的新型转辙机。它有着安全可靠的机内锁闭功能，因此既可适用于联动内锁道岔，又可适用于分动外锁道岔；既适用于单点牵引，又适用于多点牵引；安装时，既能角钢安装，又能托板安装。

ZDJ9 转辙机主要由电动机、减速器、摩擦联结器、滚珠丝杠、推板套、动作板、锁块、锁闭铁、接点座组成、动作杆、锁闭（表示）杆等零部件组成，结构采用模块化设计，便于维护和维修。

（五）道岔转换部分的结构

1. 转辙器

转辙器主要由两根尖轨、两根基本轨及各种连接零件所组成，它是单开道岔的前部转换部分，如图 2-17 所示。在复式交分道岔的前部侧为双转辙器，由四根尖轨和四根基本轨及各种连接零件所组成。

2. 尖轨

（1）尖轨按钢轨断面分为两种，一种是由普通断面钢轨经过刨切制成，形成爬坡式尖轨。这种尖轨取材容易，在我国各号道岔中广泛使用。为了提高尖轨的刚度，在尖轨轨腰两侧均安装补强板。另一种是由特种断面钢轨制成。特种断面钢轨需专门轧制，断面粗壮，刚度稳定性比普通断面钢轨高。我国采用的特种断面钢轨高度比基本轨矮，故称矮型特种断面钢轨，简称 AT 轨。用这种钢轨制成的尖轨使用寿命长。

（2）尖轨按跟部结构分为两种，一种是间隔铁式尖轨，如图 2-18 所示。此种结构简单，尖轨灵活，与基本轨的连接可靠，尖轨跟端不能固定，形成活接头。由于尖轨跟部是活接头，间隙大，使得在列车经过时，车轮冲击尖轨跟部的冲击力比较大，从而使车辆振动也大。因此，间隔铁式尖轨缺点是尖轨使用寿命较短，优点是尖轨的转换阻力比较低，另一种是弹性可弯式尖轨，如图 2-19 所示。这种尖轨跟端固定，用普通鱼尾板与后部导轨相连，在跟端前部的适当位置，将尖轨轨底两侧边缘切掉，以减少断面刚度，尖轨转换依靠这一削弱部分的弹性变形来实现。为了便于尾部与60kg/m钢轨连接，将AT尖轨尾部轧制成60kg/m钢轨的断面。弹性可弯式尖轨优点是构造坚固，零件少，由于跟端固定，列车经过时振动小，尖轨使用寿命长；缺点是弹性弯曲尖轨转换阻力较大，为了使尖轨后部顺利通过车轮，尖轨动程也较大，一般为180mm。

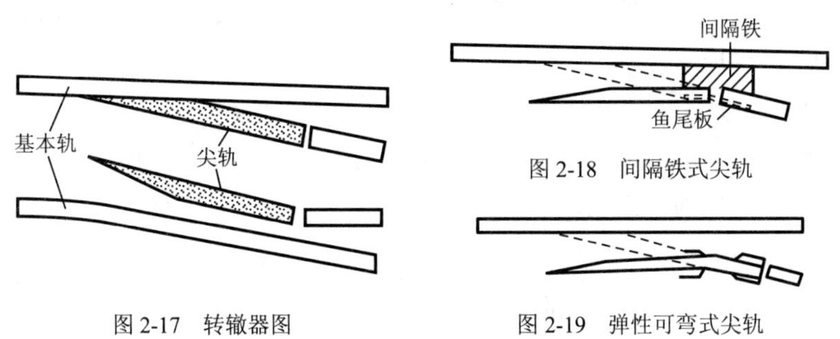

图2-17　转辙器图

图2-18　间隔铁式尖轨

图2-19　弹性可弯式尖轨

3. 可动心轨

一般单开道岔中辙叉是固定的，如图2-20所示。从辙叉咽喉至叉心实际尖轨端间一段轨距中断，称为"有害空间"。列车经过辙叉"有害空间"时会引起剧烈振动，加速辙叉的损坏。并且车轮由翼轨向叉心方向运行时，由于轨线的引导，有可能偏移原来运动方向，轻则会导致轮缘撞击叉心尖端，重则轮缘可能进入异侧轮缘槽，发生脱轨事故。因此，需要采取设置护轨等防止"有害空间"所造成的危害。同时"有害空间"也限制了道岔速度的提高。

为了使直线过岔速度提高到与线路通过速度相等，采用了弹性可弯的可动心轨，如图2-21所示。利用心轨弯曲与翼轨相靠，以消除"有害空间"。该种辙叉优点是减轻车轮对翼轨、心轨的冲击，适用于高速运行的道岔，即列车通过运行速度高于110km/h。目前在广州地铁四号线高架线路上有一组可动心轨单开道岔。

图2-20　固定式辙叉

图2-21　可动心轨型辙叉

五、继电器

继电器是自动控制系统中常用的电器，它用于接通和断开电路，用以发布控制命令和反映设备状态，以构成自动控制和远程控制电路。各个领域的自动控制系统无一不采用继电器。地铁信号系统技术中广泛采用继电器，称为信号继电器（简称继电器），通常作为自动控制系统的接口部件。继电器的可靠性直接影响到地铁信号系统的可靠性和安全性。

（一）继电器的基本原理

继电器是特殊的开关。它的类型很多，性能各不相同，结构形式各种各样，但大都由电磁系统和接点系统两大主要部分组成。

（1）基本组成

继电器由电磁系统（由线圈、固定的铁心和轭铁以及可动的衔铁组成）和接点系统（由动接点和静接点组成）构成。

（2）基本工作原理

在线圈中通入一定数值的电流后，由电磁作用或感应方法产生电磁吸引力，吸引衔铁，衔铁带动接点系统，通过改变其状态来反映输入电流的状况。

最简单的电磁继电器如图 2-22 所示。它就是一个带接点的电磁铁，其动作原理也与电磁铁相似。给线圈中通以一定数值的电流后，在衔铁和铁心之间就产生一定数量的磁通，该磁通经铁心、衔铁、轭铁和气隙形成一个闭合磁路，铁心对衔铁就产生了吸引力。吸引力大小取决于所通电流的大小。当电流增大到一定值，吸引力增大到能克服衔铁向铁心运动的阻力时（主要是衔铁自重），衔铁就被吸向铁心。由衔铁带动的动接点（随衔铁一起动作的接点）也随之动作，与动合接点（以下称前接点）接通。此状态称为继电器励磁吸起。

吸引力随电流的减小而减小，当吸引力减小到不足以克服衔铁重力时衔铁靠自重落下（称为释放），衔铁带动动接点与前接点断开，与动断接点（以下称后接点）接通。此状态称为继电器失磁落下（以下简称落下）。

因此，继电器具有开关特性，可利用它的接点通、断电路，构成各种控制和表示电路。例如可构成如图 2-22 中的信号点灯电路，前接点接通时点亮绿灯，后接点接通时点亮红灯。

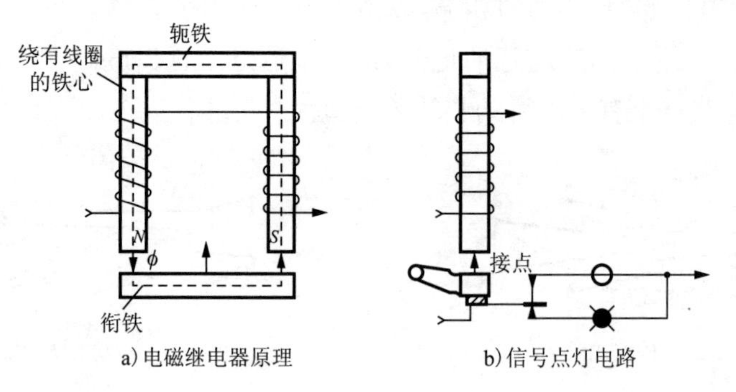

a）电磁继电器原理　　b）信号点灯电路

图 2-22　电磁继电器的基本原理

（二）继电器的继电特性

继电器的特性是当输入量达到一定值时，输出量发生突变，如图 2-23 所示。继电器线圈回路为输入回路，继电器接点所在回路为输出电路。当线圈中电流 I_x 增加到某一定值时，继电器衔铁被吸引，接点闭合。此后，若线圈中电流 I_x 继续增大，由于接点回路中阻值不变，I_y 保持不变。当线圈中电流 I_x 减小到一定值时，继电器衔铁释放，输出电流 I_y 突然减小到

0。此后，线圈中电流再减小，I_y 保持为 0 不变。

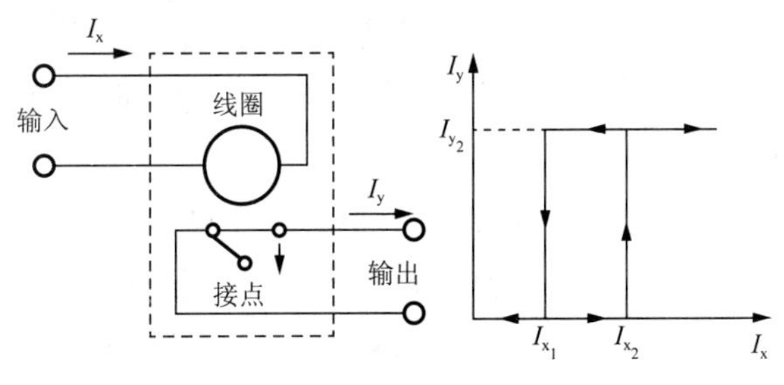

图 2-23 继电器的继电特性

(三)继电器的作用

继电器由于具有继电特性，能以极小的电信号来控制执行电路中相当大的对象，并能控制数个对象和数个回路，以及远距离的对象。信号继电器在以电子元件和微型计算机构成的系统中，经常作为其接口部件，将系统主机与信号机、轨道电路、转辙机等执行部件结合起来。

(四)地铁信号系统对继电器的要求

信号继电器作为信号系统中的重要器件，它在运用中安全、可靠与否，直接影响各种信号设备是否能够正常运作。为此，信号系统对继电器提出了极其严格的要求：

(1)动作必须可靠、准确。

(2)使用寿命长。

(3)有足够的闭合和断开电路的能力。

(4)有稳定的电气特性和时间特性。

(5)在周围介质温度和湿度变化很大的情况下，均能保持很高的电气绝缘强度。

(五)信号继电器分类

继电器类型繁多，信号继电器种类也不少，可按不同方式分类如下。

(1)按动作原理分类，可分为电磁继电器和感应继电器。

电磁继电器是通过继电器线圈中的电流在磁路的气隙（铁心与衔铁之间）中产生电磁力，吸引衔铁，带动接点动作的。此类继电器数量最多。

感应继电器是利用电流通过线圈产生的交变磁场与另一交变磁场在翼板中所感应的电流相互作用产生电磁力，使翼板转动而动作的。

(2)按动作电流分类，可分为直流继电器和交流继电器。

直流继电器是由直流电源供电的，它按所通电流的极性，又可分为无极、偏极和有极继电器。直流继电器都是电磁继电器。交流继电器是由交流电源供电的，它按动作原理又分为电磁继电器和感应继电器。

整流式继电器虽然用于交流电路中，但它用整流元件将交流电整流为直流电，所以其实质上是直流继电器。

（3）输入量的物理性质分类，可分为电流继电器和电压继电器。

电流继电器反映电流的变化，它的线圈必须串联在所反映的电路中。该电路中必有所被反映的器件，如电动机绕组、信号灯泡等。

电压继电器反映电压的变化，它的线圈励磁电路单独构成。

（4）按动作速度分类，可分为正常动作继电器和缓动继电器。

正常动作继电器衔铁动作时间为 0.1 ～ 0.3s，大部分信号继电器属于此类。

缓动继电器分为缓吸、缓放。衔铁动作时间超过 0.3s。时间继电器是利用脉冲延时电路或软件设定使之缓吸。

（5）按工作可靠程度分类，可分为安全型继电器和非安全型继电器。

安全型继电器（N 型）：主要依靠衔铁自身释放，故又称重力式继电器。它无须借助于其他继电器，亦无须对其接点在电路中的工作状态进行监督检查，其自身结构即能满足一切安全条件的继电器，其特点如下。

①当线圈断电时，衔铁可借助于自身质量释放，从而使前接点可靠断开。

②选用合适的接点材料，构成非熔接性前接点，或采用能防止接点熔接的特殊结构（例如接熔断器、接点串联）。

③当一组不应闭合的后接点仍然闭合时，结构上能防止所有前接点闭合。

非安全型继电器（C 型）：必须监督检查接点在电路中的工作状态，以保证安全条件的继电器。C 型继电器主要依靠弹簧弹力释放衔铁，故又称弹力式继电器，其特点如下。

①由于继电器在使用时已检查了衔铁的释放，因此不必采用非熔接性接点材料。

②当一组不应闭合的前接点仍然闭合时，结构上能保证所有后接点不闭合。

（六）继电器的主要技术参数

（1）继电器额定值：继电器工作在运行状态时，所接入的电源系统的电压或电流。AX 系列继电器的额定电压为 24V。

（2）灵敏度：是指继电器动作所需的最小功率。

（3）缓吸时间：向继电器线圈通以规定值的电压（电流），到全部前接点闭合所需时间，称为继电器的缓吸时间。

（4）缓放时间：向继电器线圈通以规定数值的电压（电流）后切断电源，从断开电源时起至全部动接点离开前接点时止的时间，称为继电器的缓放时间。

（5）返还系数：是指继电器的释放值与工作值之比，比值越大，在额定电源下继电器工作越稳定。此值一般在 0.20 ～ 0.99 之间，城市铁路信号用 AX 型系列的返还系数在 0.2 ～ 0.5 之间。返还系数高，标志着继电器的落下越灵敏。通常规定普通继电器的返还系数不小于 0.3，缓放型继电器不小于 0.2，轨道继电器不小于 0.5。

（6）安全系数：是指继电器额定值与工作值之比。

（7）工作值：向继电器线圈通电，直到衔铁止片（钉）与铁心接触，全部动合接点闭合并满足规定接点压力时，所需要的最小电压（或电流）值，称为继电器的工作值。通常工作值不大于额定值的70%；反向工作值，不大于工作值的120%。

（8）释放值：向继电器线圈通电达到充磁值，然后再逐渐降低电压（或电流）到全部动合接点断开时的最大电压（或电流）值，称为继电器的释放值。

（9）充磁值：为了测试释放值或转极值，预先使电磁系统磁化，向继电器线圈通以几倍的工作值或转极值，称为充磁值。

（10）接点压力：当继电器的衔铁处于释放或吸合状态时，闭合接点互相间的压力，称为接点压力。

（11）临界不转极电压值：极性保持继电器在转极瞬间，因衔铁受阻力作用，而不能转极的最小电压值，称为临界不转极电压值。

（12）可靠性：是指在一定的动作次数内和规定的使用条件下，继电器能维持正常工作的能力。

（13）接触电阻：是指在接点间或插片间通以规定的电流时，在接触处所呈现的电阻。

（14）使用寿命：是指继电器接点的寿命，包括电寿命和机械寿命。继电器的电寿命规定普通接点为20亿次，加强接点为20万次；有极继电器的加强定位、反位接点为100万次，断开为1000次。机械寿命为1000万次。

（15）时间特性：衔铁释放时间和吸合时间直接反映继电器的时间特性。改变继电器时间参数的方法主要有两种，一是改变继电器结构的方法，由制造厂完成；二是改变电路的方法，在使用现场进行调整，主要有：

①提高继电器的端电压，使继电器快吸。

②在继电器的线圈电路中，串联一个灯泡使继电器快吸。

③与继电器线圈串联RC并联电路，使继电器快吸。

④并联电阻或二极管，使继电器缓放。

⑤并联RC串联电路，使继电器缓放，并联RC串联电路又串联电阻，使继电器缓吸又缓放。

（七）安全型（AX）继电器的结构和工作原理

1. 安全型（AX）继电器工作原理

在轨道交通信号系统中，普遍采用的AX系列安全型继电器为直流24V重弹力式直流电磁继电器，基本结构由接点系统和电磁系统两部分组成。电磁系统由线圈、固定的铁心、轭铁以及可动的衔铁组成。接点系统由动接点、静接点构成，随同继电器衔铁起动的接点为动接点，俗称中接点。继电器衔铁吸合时与之闭合的接点为动合接点，俗称前接点。继电器衔铁释放后与之闭合的接点为动断接点，俗称后接点。

(1)特点

安全型继电器（N 型）无须借助于其他继电器，亦无须对其接点在电路中的工作状态进行监督检查，其自身结构即能满足一切安全条件的继电器。其特点是：

①当线圈断电时，衔铁可借助于自身质量释放，从而使前接点可靠断开。

②选用合适的接点材料，构成非熔接性前接点，或采用能防止接点熔接的特殊结构（例如接熔断器、接点串联）。

③当一组不应闭合的后接点仍然闭合时，结构上能防止所有前接点闭合。

(2)工作原理

安全型继电器的典型结构为无极继电器，其他各型继电器由无极继电器派生，因此绝大部分零件能够通用。

安全性继电器工作原理：当线圈中通入一定数值的电流后，由于电磁作用或感应方法产生电磁吸引力，吸引衔铁，由衔铁带动接点系统，改变其状态、从而反映输入电流的状况。

工作流程为：线圈通电→产生磁通（衔铁、铁心）→产生吸引力→克服衔铁阻力→衔铁吸向铁心→衔铁带动动接点动作→前接点闭合、后接点断开→线圈断电→吸引力下降→衔铁依靠重力落下→动接点与前接点断开、后接点闭合。

可见，继电器具有开关特性，利用其接点的通、断电路，从而构成各种控制和表示电路。

2. 安全型(AX)继电器的命名

安全型继电器用汉语拼音字母和数字表示，字母表示继电器种类，数字表示线圈的电阻值（单位 Ω）。

3. 安全型(AX)继电器结构

(1)电磁部分

安全型继电器的电磁部分是继电器的控制系统。在线圈两端加上一定的电压，线圈中就会流过一定的电流，从而产生电磁效应，衔铁就会在电磁力吸引的作用下克服返回弹簧的拉力吸向铁心；当线圈断电后，电磁的吸力也随之消失，衔铁就会在弹簧的反作用力返回原来的位置。电磁主要由线圈、固定的铁心、轭铁以及可动的衔铁组成。

(2)接点部分

继电器接点是继电器的执行机构，通过接点来反映继电器的状态，从而进行电路的控制。对于继电器接点要求较高，从接点材料到接点结构，从接点组数到接点容量。对频繁通断大电流的接点，还必须采取灭火花措施。

①对接点系统的要求；接点闭合时，接触可靠，接触电阻小而且稳定；接点断开时，要可靠分开，接点间电阻为无穷大，即有一定的间隙。接点闭合和断开过程中没有颤动，不发生熔接，耐各种腐蚀，导热率和导电率高，使用寿命长。

②接点参数；接触压力，接触一致性，接点间隙，接点滑程，节电。

③接点容量；即继电器接点所允许通过的最大电流。

④接点材料；一般继电器要求接点材料的电阻系数小，抗压强度低，而且选用不宜氧化

或其氧化物电阻率小。

⑤接点的接触形式：分为点接触、面接触、线接触三种，如 JWXC 型无极继电器的接点采用点接触方式；JYJXC-135/220 型加强接点有极继电器的接点采用面接触方式。

⑥接点灭火花电路：采用灭火花电阻与接点并联是最常用的方法，在接点断开瞬间，电感负载所产生的感应电流流经并联在接点上的电容和电阻串联电路，使接点上的电压降至击穿空气隙电压之下，而避免发生火花。此时，磁场能量消耗在回路电阻上。

⑦熄灭接点电弧：当电路中电流较大（大于产生电弧的临界电流）时，接点断开过程中，由于在强大电场作用下从负极发出的电子具有足够大的能量使气体分子电离，在接点间产生电弧，电弧温度很高，会引起接点材料的蒸发与喷溅，更增加了接点的电腐蚀，同时还引起接点的表面氧化。因此，必须设法熄灭接点电弧。磁吹弧的方向根据左手定则确定，此时要求通过接点电流的方向应符合使接点之间电弧向外吹的原则；否则，会向内吹弧，非但不会熄灭电弧，还会造成接点的损伤。加强接点上用磁吹弧的继电器都规定了接点的正、负极性，使用中要注意其方向。

（3）插座部分

城市轨道交通所运用的继电器插座基本以安全型（AX）继电器插座为主，时间继电器、二元二位继电器也属于安全型继电器，它们的插座原理与安全型（AX）继电器基本相同。下面以安全型（AX）继电器插座为例简单介绍。

插入式继电器需加装继电器插座板，利用继电器下部螺栓露出部分将继电器插座板插入，用螺母固定，然后用螺母紧固型别盖。紧固型别盖的作用是为了插入式继电器与插座插接时，保证不同类型继电器不致插错位置。

继电器有很多类型，为防止不同类型的继电器错误插接，在插座下部鉴别孔内铆以鉴别销。

插座的鉴别孔旁所注的接点编号系无极继电器的接点编号，其他各型号继电器的接点系统的位置及使用的编号与无极继电器不同，但实际使用的接点插座仅有一种。

4. 常用安全型继电器

常用安全型继电器有无极、无极加强接点、无极缓放、无极加强接点缓放、整流式、有极、有极加强、偏极等。它们的特性和线圈电阻值各不相同，在信号电路中有不同的作用。

（八）其他安全型继电器

（1）时间继电器

JSBXC-850 型和 JSBXC1-850 型时间继电器是一种缓吸继电器，借助电子电路，获得 3s、13s、30s、180s 四种延时，以满足信号电路的需要。时间继电器是由时间控制单元和 JWXC-370/480 型无极继电器组合而成的。

（2）交流二元二位继电器

交流二元二位继电器中的“二元”指的是有两个相互独立又相互作用的交变电磁系统，“二位”指继电器有吸起和落下两种状态。部分地铁车辆段的 50 Hz 相敏轨道电路采用了

50 Hz 的交流二元二位继电器。

灯丝转换继电器是交流继电器，用于信号点灯电路中，当信号灯泡的主灯丝断丝时通过它自动转换为副灯丝点亮，通过其接点构成报警电路。灯丝转换继电器有 JZJC 型、JZSJC 型、JZSJC1 型等。地铁主要使用 JZSJC 型灯丝转换继电器，它是弹力式继电器，采用插入式结构，便于现场维修和更换。

（九）信号继电器选用的一般原则

根据电路要求，按继电器的主要参数和指标进行选择，一般原则如下：

①安全、可靠。

②动作可靠、准确。

③使用寿命长。

④有足够的闭合和断开电路的能力。

⑤有稳定的电气特性和时间特性。

⑥保持良好的电气绝缘强度。

六、ATS 系统

列车自动监控（以下简称 ATS）系统是地铁信号系统的指挥中心，它负责监视和控制线路中所有列车的运行状态。ATS 系统是一个分布式系统，设备安装在控制中心、各集中车站和停车场内，中央和各集中站之间通过远程通信网络相互连接。在系统正常运行时，ATS 系统自动根据时刻表以及系统内置的调整策略对列车及信号设备进行监控，必要时，操作员可通过人机界面（以下简称 MMI）对系统运行进行干预。因此，ATS 系统极大地降低了工作人员的劳动强度，并且提高了系统的运行效率和自动化程度。

（一）ATS 重要性

随着城市轨道交通的发展，地铁日渐成为人们外出的首选交通工具。地铁列车多数情况下是在高载客量、高密度下运行的，列车之间的运行间隔时间越来越小，对这样的系统不可能完全采取人工方式进行调度和管理。因此，工作人员对列车自动监控系统的依赖程度越来越高。

由于通信技术的发展，ATS 系统的功能也越来越强，已不仅仅是传统意义上的“列车自动监控”，ATS 系统正在向集成化方向发展。轨道交通系统的其他子系统，如无线通信系统、公共广播系统、闭路电视系统、环控系统、电力监控系统、火灾报警系统、乘客信息系统等的监督和控制功能，都逐渐地与列车自动监控系统等功能集成在一个系统中。

通常，ATS 系统设备使用高可靠性的硬件，并采取冗余手段保证系统的安全可靠性，在控制中心和各个集中站，都有两套 ATS 系统同时工作。当其中的一个系统在线运行时，另一个热备系统也在不断更新其系统数据，随时准备接替当前系统的工作。在发生故障、系统自动切换时，ATS 系统会在很短时间内完成对轨旁信息的扫描，保证系统中是最新的数据。

（二）ATS 系统结构介绍

ATS 设备主要分布在控制中心、主要设备站及车辆段。

控制中心设备主要有：服务器、通信前置机、工作站、大屏、大屏控制机、数据库服务器、打印机、通信设备等。

主要设备站有：车站服务器、MMI。

（三）ATS 功能介绍

列车描述功能，通过处理由信号和联锁系统发送的数据对网络中运行的所有列车的位置及识别号数据进行汇总。该功能通过动态模拟图进行列车运行综合图的数据处理，模拟显示图在操作员控制台彩色显示屏上显示的同时，也在模拟显示盘上显示。

列车描述模拟图由 ATS 获得的数据更新，把实时相关信息提供给线路操作员以便监控和操作列车的运行。

1. 自动进路设置（简称 ARS）

该功能允许自动控制进路，通过自动通过进路、自动调度进路及 ID 自动触发进路来进行自动进路的设置。

任何情况下，操作员都有可能为非计划列车和紧急列车运行人工控制进路。

2. 时刻表管理

时刻表定义了列车运行，完成一个运营日内正常运行条件下的运营。系统提供了 10 类基本时刻表。用户可选择其一作为工作日、周六、周日或假日时使用的时刻表。时刻表是由时刻表人机接口设备进行在线和离线管理的。

离线管理：时刻表工具通过一个图解用户界面，建立和修改时刻表。

在线管理：时刻表工具允许监控列车循环运行并调整和修改计划列车的运行（增加一趟车，取消一趟车，修改停车时间）。

3. 运行调整

列车的运行调整也就是运行图的调整：列车的运行时间应与时刻表中定义的列车运行的理论时间相一致。此时间用于列车的正常运行。

发车命令将通过每个站台的列车发车指示器传达给列车司机。

如果列车运行干扰较小时，ATS 运行调整功能自动调整停留时间和列车性能，或只调整两者之一，来恢复时刻表运行。

如果列车运行混乱时，ATS 运行调整功能向操作员提供人工方法，调整和修改计划内列车运行，从而恢复了便利的运营。

4. 线路监督和报警控制

该功能可监督信号设备状态并管理报警确认。

5. 人工控制

当有非计划列车、降级模式或有紧急情况时，该功能允许操作员人工控制进路和信号设备。操作员可扣车，并在任何时候结束扣车，也可决定跳停的车站。

6. 旅客信息系统

ATS 根据正在使用的时间表，向旅客信息系统提供实时数据。这些数据根据现行时刻表的更新情况而更新。这些信息来自管理运行时间表的中央 ATS。

7. 回放

回放功能可由操作员执行，来回放系统记录的事件、报警及以前的运行情况。操作员在维护工作站上启动回放软件，输入回放时间范围并启动回放，就可以在他的操作台上看到数据库的记录。系统能记录全天的运行数据。记录的回放数据可以转存到软盘或 CD-Rom 上，并提供不同的回放速度。

（四）主要设备站的功能

用于采集车站设备的信息和传送控制命令，并实现车站进路自动控制功能；信号人工控制；自动排列进路；报警管理。

（五）车厂 ATS 的功能

车厂 ATS 用于采集车厂内的线路列车占用情况及进出车厂的列车信号机及进路的状态。

七、通信设备

为地铁运营而设置的通信设备，不但一般公务联系密切频繁，而且还需要一套供行车专用的指挥系统，因而地铁通信必须是独立的完整的内部通信网。地铁通信是构成地铁各部门之间有机联系，实现运输集中统一指挥、行车调度自动化，提高运输效率的必备工具与手段。

对地铁通信系统的要求是迅速、准确、可靠地传递和交换各种信息。例如，将各站的客流量、沿线列车运行状况等信息传送到总调度所，而将总调度所发布的调度命令以及各种控制信号传送至各个车站，使地铁始终处于有条不紊的运行状态。

地铁通信按其用途，大致可分为地区自动通信、地铁专用通信，有线广播、闭路电视、无线通信以及子母钟报时系统、会议系统、传真及计算机通信系统，按信息传输的媒介可分有线通信和无线通信，按有线通信的传输媒介的结构可分为光缆和电缆通信。地铁通信是既能传输语言，又能传输文字、数据、图像等各种信息的综合数字通信网。

（一）传输线

地铁通信用传输线沟通各通信设备之间的联系。传输线主要有：用于有线通信的光缆和电缆，用于无线通信的漏泄电缆，用于广播的屏蔽对称电缆，用于连接各类设备（如：无线电台、监视器、摄像机、广播喇叭、电话机、维修终端等）的射频电缆、对绞电线电缆、电源线、并行总线等。

考虑到地铁的防火要求，隧道内电缆和光缆的外护套均采用具有阻燃、低毒、低烟性能的材料制成。对于电缆，还特别加强屏蔽、接地等措施，以保证安全接地和防止迷流造成的侵蚀。

由于隧道内的维修空间所限，地铁通信在隧道内的电缆和光缆大多采用易于维护的充油填充方式。

地铁通信的传输线，分别在上下行两条隧道内敷设。考虑到电气化铁道的电磁干扰等因素，地铁的传输线主要采用了具有频带宽、容量大、抗干扰性强、耐腐蚀、质量轻和经济等优点的单模光纤传输线。

地铁通信系统中，分别在两条隧道内各敷设一条 12 芯的通信传输光缆，用于传输各类通信信号（包括语音、数据与控制信号、图像等）。而且一旦其中的一条光缆发生故障或中断时，就由另一条光缆担当通信信息的传输，起到了互为备用的作用，有效地保证了地铁通信的可靠性。

除了光纤外，地铁通信系统还分别在两条隧道内各铺设一条 30 对电缆，用于站间闭塞电话和备用。

无论是光缆还是干线电缆，都需敷设到各车站的光缆配线架或电缆主配线架，然后再与光电设备相连接。

在两条 30 对电缆中，在其中心位置还有一对 2 芯屏蔽线，用于控制中心对各车站进行广播时的语音信号传输。

为避免 30 对电缆在隧道区间内产生过多的接头，用于轨旁电话的电线单独从各通信机械室接出。而且地面上的轨旁电话也是采用此种方式接至各通信机械室内的程控交换机。

(二)光纤传输系统

随着通信技术的发展，地铁的传输系统已普遍采用 PCM 光纤通信方式。光纤传输系统主要是由电端机、光端机和光缆组成。电端机的作用一方面是将各车站的话音、数据、控制信号、图像信号等汇集起来，另一方面是将其他车站送来的汇总了的各类信号进行分路，以便送向本站的各类设备。光端机的作用一方面是将这些汇总了的电信号变换成光信号，并经光缆传输到所需送到的车站，另一方面是将其他光端机经光缆送来的光信号变换成电信号送到本车站的电端机。

光纤传输系统的组网应考虑以下四个因素：

(1)地铁通信设备的分布情况，对信道容量及可靠性的要求。

(2)地铁其他需要通信信道的设备的分布情况、接口要求以及对信道容量、可靠性的要求。

(3)传输设备与传输线路的配置是否经济合理。

(4)传输网的组成在考虑其应具有一定的可靠性的基础上,也应兼顾其经济性。

以上海地铁为例,上海地铁的光纤传输系统中的大量信道是被程控交换通信网的语音信号所占用。该传输系统还为通信无线语音信号、闭路电视监控系统和各站广播系统的控制信号提供信道。除此而外,上海地铁的光纤传输系统还为其他专业系统,如环控、防灾报警、信号、售检票、电力 SCADA 等的控制信号提供模拟接口的信道。

上海地铁光纤传输系统是由各站的 PCM(Pulse Code Modulation)三次群设备串接而成。本站的无线话音信号以及其他各类的通信、信号、环控、防灾报警、售检票、电力 SCADA 的控制信号均通过一个 30 路一次群复用设备汇总,经复用后生成一个 2Mb/s 的复用信号。

本站的程控交换设备将其出入中继业务的信令和话音信号也复用成一个 2Mb/s 的信号。

每个站点的 2Mb/s 的信号需被送达设于其他各个站点(包括车站或公司、控制中心以及车辆段信号楼)的通信设备。因而需要对这些信号所占用的信道进行分接,并在某些信道故障时进行信道快速转换或调整。

光纤传输系统具有以下优点:

(1)只通过维修终端的键盘而不需做任何机械安装工作,就可以根据需要,在几分钟内实现对终端所管辖的所有光传输系统所提供的信道重新进行配置,从而实现新的通信信道的组合。

(2)使模 / 数和数 / 模转换次数降至最低。从而使每个车站仅设置一个数 / 模、模 / 数转换设备(PCM 一次群设备)即可实现本站所有 PCM 传输信道的汇接、分接、直通等功能。

(3)信道的配置灵活,有利于日后车站数的增加。

(4)在车辆段的信号楼、控制中心和各个车站均可在键盘上实现对系统传输信道的调整。

(三)程控交换网

传输系统的主要作用是将众多用户的信号汇集在一起,从一个车站传到另一个车站;而交换网的作用则是将某个用户设备(如电话机)的信号根据该用户的要求(如拨出电话号码),送到目的地,即另一个用户设备。因此交换网中信号在站与站之间的传送依靠传输系统完成,而信号具体应转接到哪一个用户,则要依靠交换机所提供的功能来完成。

通信用交换机已从步进制和纵横制,发展到了体积小、容量大、噪声轻、功能强、扩容维护简便的程控交换机,并在种类通信网名上广泛采用,逐步取代其他制式的交换机。随着交换技术的巨大发展,地铁通信所需要的功能都可以由程控交换机来实现。因此国内地铁的交换网也普遍倾向采用程控交换机来组网。作为地铁程控交换网应根据以下三个因素选择其构网方式:

(1)各车站用户分布其接口要求和功能要求。

(2)与交换网相配合的传输系统是否经济合理。

(3)市话网组成情况。

（四）地铁专用电话系统

地铁专用电话系统的作用是为控制中心的调度员、车站值班员、车辆段信号楼值班员等提供直线电话服务功能和组呼功能，并为轨旁电话及一些专用内部电话提供自动交换功能，用于实现地铁运营所需的站间直线电话功能、调度电话功能、轨旁电话、地铁内部专用电话以及各站内集中电话机功能。

1. 站间直线电话功能

对于站间直线电话功能，只要拿起电话机而不必按键就可建立相互间的通话。站间直线电话的信号是特别地经由电缆芯线传输，以便相邻两车站值班员之间联系有关行车事务的电话。

2. 调度电话功能

调度控制台是使用带有功能键和液晶显示器的多功能数字电话机。而分机在设计上是使用带有功能键和液晶显示器的双音多频电话机。液晶显示器可以用于显示呼叫方的数字编号信息。当呼叫信号进入时，有一个可见可闻的指示信息。

为调度控制台提供的功能有：

（1）对所属分机进行组呼的会议功能。

（2）对所属分机进行全呼的会议功能。

（3）对所属分机进行单呼直线呼叫功能。

（4）对各调度台进行直线呼叫功能。

（五）集中电话机

各车站均设有集中电话机，另外在车辆段地区也另设有集中电话机，以便使各职能部门与本站或本地区下发单位能进行快捷的联系。集中电话机的控制台及其分机所采用的电话型号以及其功能的实现与调度电话系统大致相同。稍有不同的是无论是集中机的控制台还是分机均可自由地与其他任何电话分机建立联系，换言之作为集中电话机的分机，既可以通过拨号与其他分机建立联系，又可以通过在摘机后数秒内（可通过程序设置具体时长）不拨号而将该分机直接接入集中电话机。

（六）地铁内部专用电话

由于运营业务的需要，地铁各站点内某些专用电话分机应限制其拨打的范围和对象。

（七）无线通信系统

地铁有线通信在固定的场所为有关的工作人员提供十分方便的通信手段，而无线通信则为处于不断移动状态下的有关人员在地铁的工作范围内随时随地提供方便的通信手段，使这些工作人员能及时与相关的指挥调度部门取得联系，以适应地铁运营的快节奏要求。

1. 无线通信系统的组成

（1）安装在隧道内的漏泄同轴电缆。

（2）安装在车站内的天线及射频电缆。

（3）安装在各车站，用于列车调度和治安的基地台设备。

（4）安装在车辆段，具有供车辆段相关岗位使用的地面基地台设备，该基地台通过天线得以覆盖车辆段区域。

（5）安装在机车内的列车无线电设备、天线、控制板、电源及电缆。

（6）带有电池及充电器的便携式无线电台。

（7）安装在各个车站和车辆上的无线控制台。

2. 地铁无线通信系统的功能

控制中心的行车调度员通过控制台，与正在行驶的列车司机以及各车站处于移动状态的有关人员之间提供通信手段。

车辆段的车厂调度和信号楼值班员与车辆段地区内正在行驶的列车司机以及有关的处于移动状态的工作人员提供通信手段。

出现故障或出现其他紧急情况时，为有权使用上述无线通信系统的人员提供通信手段。

（八）时钟设备

时钟系统是城市轨道交通运行的重要组成部分之一，其主要作用是城市轨道交通工作人员和乘客提供统一的标准时间，并为其他各相关系统提供统一的标准时间信号，使各系统的定时设备与本系统同步，从而实现城市轨道交通全线统一的时间标准。

提供时间信息的系统分为一级母钟系统与二级母钟系统，一级母钟系统安装在控制中心，二级母钟系统安装在各车站和车辆段，用以驱动分布在站（段）内的子钟显示正确的时间。

城市轨道交通时钟系统所采用的标准时钟设备，在输出时间信号的同时，亦输出为通信设备提供的时钟同步信号，使各通信节点设备能同步运行。还可另行配置通信综合定时供给系统（BITS），单独提供时钟同步信号。

如上所述，城轨同步系统分为两类：一类是基于协调世界时间（以下简称 UTC）组建的时间同步系统；另一类是用于数字通信设备的时钟同步系统（或数字同步系统）。时间同步系统定时（例如每隔 1s 或 1min）输出标准时间（年、月、日、时、分、秒、毫秒）信号；而时钟同步系统则输出高稳定度、连续的正弦波或脉冲信号。

1. 系统简介

时钟系统由以下几部分组成：

标准时间管理中心（包括 GPS 校准系统，主备用一级母钟系统，自动切换及监控系统），二级母钟，子钟。

2. 标准时间管理中心

标准时间管理中心由以下几部分组成：

1)标准卫星时标信号接收器

标准卫星时标信号接收器是为了向时间系统提供高精度的时间基准面设置。其核心为全球卫星定位系统(以下简称 GPS)接收机，GPS 接收机是以目前组网形成的全球卫星定位系统的卫星信号传输网络为基础,接收并分析卫星信号进而获得时间信息,其时间信号是由地面工作站以高于 10×10 的精度向卫星输送,然后经卫星网发送给全球各地,这一时间信号的特点是覆盖面广,已经达全球任何角落,全球统一时间标准。经 GPS 接收机处理后,时间信号以两种方式向其他应用设备发送信号。

标准信号接收器含有以下配置:柱型卫星天线,尺寸为 150cm×120cm;质量 1kg;30m 馈线;GPS 接收机;信号中继器;备用电源。

2)一级母钟

一级母钟从标准卫星时标信号接收器中提取高精度的时间基准信息。该单元担负以下任务:

接收来自标准信号接收单元的标准时间信号,用以将自身的时间精度与标准信号同步,并将标准时间信号通过接口传送给监控计算机,通过 RS422 接口传送给其他相关设备,通过 PCM 通道向二级母钟发送,同时与之相关联设备的工作信息、指令也需经一级母钟信号处理单元处理后再进行相应的馈送、显示、动作等。

它是一个主、副机配置的系统单元,主、副机之间可实现自动或手动切换。

当卫星信号非正常情况下,该单元可以脱机运行,用自身的石英晶振提供一个精度为 10^{-7} 级的时间信号,指挥下级系统工作。

一级母钟与各二级母钟通信一般采用共线方式。

一级母钟由以下几部分组成:主用母钟(A 母钟),备用母钟(B 母钟),切换单元,交直流电源。

3)系统监控单元

监控及显示的基本内容如下:

(1)标准卫星时标信号接收器的工作状态。

(2)信号处理单元的工作状态。

(3)二级母钟工作状态。

(4)声光报警。

(5)故障时间、地点、类型的记录及输出。

(6)基本故障排除原则等帮助信息。

(7)为系统联网计算机提供时间基准接口和网卡。

(8)可对全系统每一个接点上的子钟进行状态监视。

4)监控单元配置

Compaq-CR333a 微型计算机(内存 64M,硬盘 8.4G,软驱、光驱各一个，15 寸彩色显示器,局域网卡一个)，HP 激光打印机,计算机监控软件包。

一级母钟发给二级母钟的信号中包含有地址信息、控制信息、标准时间信息。

3. 二级母钟

二级母钟由以下几部分组成：母钟，接口及显示电路，交直流电源。

二级母钟系统能够接收来自中心母钟的标准信号用以将自身系统时钟校准，二级母钟从接收到的一级母钟信号中提取的时间基准信息发给子钟。以校准后的信号指挥子钟运行，一旦中心母钟发生故障，二级母钟可脱机靠自身系统指挥子钟运行。

二级母钟发给一级母钟的信号中包含有地址信息、告警信息。

二级母钟发给予钟的信号中包含有地址信息、控制信息、标准时间信息。

4. 子钟

子钟的运行是靠子钟指挥系统自身的石英晶体振荡器进行，每 12h 判断一次子钟机芯的走时误差，并校准。通过二级母钟的校对，自动消除误差，子钟系统可脱离二级母钟自主运行，子钟的指示方式为时、分二针指示。

子钟发给二级母钟的信号中包含有地址信息、告警信息。

子钟接通电源后，将自动快走到复位点，然后正常走时，信号板每 5s 向机心发出一次走时信号，当与二级母钟通信正常时，可自动快走到与标准时间一致。

通过信号板上的“正拨”键正向快拨，“反拨”键反向快拨，也可通过“复位”键使之复位。

当子钟接收到二级母钟复位命令后，可自动复位，并向二级母钟发送相关状态信息。待接收到二级母钟校时命令后，自动追时。

（九）专用无线设备

城市轨道交通的无线集群通信系统为控制中心调度员、车辆段调度员、车站值班员等固定用户与列车司机、防灾部门、维修部门、安保部门等移动用户之间提供通信手段。系统必须满足行车安全、应急抢险的需要，并考虑“互联互通”的需要。

1. 无线集群通信

无线集群通信的应用始于 1970 年，它是一种智能化的无线频率管理技术。通常情况下，无线集群通信专门用于生产和运行管理；紧急情况下，用于处理突发事件，是当今最有效的调度指挥通信工具。集群系统的本质是允许大量用户共享少量通信信道和虚拟专网技术。其工作方式与移动电话系统相似，由一个交换控制中心根据需要，自动为用户指定无线信道。其不同点在于集群通信以组呼为主，用户之间有严格的上下级关系，用户根据不同的优先级占用或抢占无线信道，呼叫接续要快，且以单工、半双工通信为主要通信方式。

集群通信已从单基站发展到多基站、大范围的越区通信，尤其是在世界范围内推出数字无线集群通信后，其性能日趋完善。

2. 无线集群通信的主要特点

与公众蜂窝移动通信系统相比较，无线集群通信系统具有以下主要特点：

(1)呼叫接续速度快(300 ～ 500ms)。

(2)以组呼为主,同基站群组内用户共享下行无线频道。

(3)采用按键讲话(PTT)方式,进行单工或半双工呼叫。

(4)支持私密选呼与群组呼叫。

(5)组内呼叫和讲话时,需按住 PTT 键,同组被叫不需要摘机可直接接听。

3. 城市轨道交通的无线集群通信系统

城市轨道交通的无线调度通信曾采用专网或模拟集群,目前均被数字集群所替代。集群系统将各调度网的频点集中使用,做到了资源共享。

在城市轨道交通中的调度网通常包括行车调度网、车辆段调度网、维修调度网、环控调度网、公安调度网等无线调度专网。

在数字集群系统中,各调度网以虚拟专网的方式存在,互相独立,互不影响。各调度网共享频点和基站设备,提高了频率资源的利用率,节约了设备投资,并便于构成一个统一的城市轨道交通全线全程的无线调度通信网。城市轨道交通中的无线数字集群系统还为数传调度台提供传递列车状态信息及车载台信息显示所需的基于 IP 的数据传输链路。故在城市轨道交通无线调度通信中,数字集群系统充分体现了自身的特点。

无线集群通信分机间具有脱机对讲功能(相当于对讲机)。在司机与调度员不能正常通话的紧急情况下,利用该功能司机可直接呼叫车站值班员,起到应急通信的作用。

无线集群通信系统采用单工、半双工为主要通信方式,只有按 PTT 键讲话时才占用无线信道,节约了无线资源和终端耗电。该系统具有选呼、组呼、列车广播、优先呼叫、强拆、强插、调度通话录音、后台监听等功能。

八、电源设备

城市轨道交通通信系统的电源包括交流配电屏、直流供电系统、不间断电源系统(UPS)和蓄电池组,是整个城轨通信设备的重要组成部分。随着现代电子技术的迅速发展,通信设备对电源系统的要求越来越高。通信电源是通信系统各设备正常工作的重要保障,除了要消除电网对通信设备的损害,还要保证对设备的供电要求和质量。通信设备的接地系统,对确保人身、通信设备安全和通信设备的正常工作,起着十分重要的作用。

(一)电路

电路就是电流流经的基本途径。要使电流在电路中流动,就必须有产生电流的电源、消耗电能的用电器(负载),以及连接它们的导线和接通、断开电路的开关。因此,我们把由电源、用电器、导线和开关等元件组成的电流路径称为电路。

1. 负载

负载也称为负荷;在电路中消耗电能的装置统称负载。

根据供电的重要性、用电设备、生产性质和对可靠性的要求，我国将负荷分为三级。

(1)一级负荷：如停止供电会危及生命安全、设备严重损坏、大量产品报废、给国民经济造成重大损失等。此类用电应由两个独立电源供电，当任一电源因故障停电时，另一电源继续供电。如国家机关、炼钢厂、矿井下、地铁等。

(2)二级负荷：如停电时，不致危及生命、设备严重损坏，但将造成大量减产，工人和机械设备停止工作。此类负荷是否需要备用电源，应根据用户对国民经济的重要程度，一般考虑架设专线供电，如采用电缆供电时，则不得少于两根，如负荷较大，当地电源允许，也可从两处供电。如纺织厂、化工厂等。

(3)三级负荷：停止供电不会发生上述危险和后果。可根据负荷大小，采用专线和接公用线供电。如一般企事业单位等。

2. 通路

处处连通的电路为通路。在通路中，导线连接完好，电源开关、用电器开关都处于接通的状态，而且其用电器工作正常，电路中有电流流通。如家用照明电路中照明灯发光正常时，照明电路就处于接通状态。

通常负载(如电灯、电动机等)都是并联运行的。由于电源的端电压是几乎不变的，所以负载两端的电压也是几乎不变的。因此当负载增加（例如并联的负载数目增加）时，负载所用的总电流和总功率都增加，即电源输出的功率和电流都相应增加。也就是说，电源输出的功率和电流决定于负载的大小。

各种电气设备的电压、电流及功率等都有一个额定值。例如一盏电灯的电压是220V、功率是60W，这就是它的额定值。额定值是制造厂为了使产品能在给定的工作条件下正常运行而规定的正常容许值。当电压和电流远低于其额定值时，不仅得不到正常合理的工作状态，而且也不能充分利用设备的性能。反之当电压和电流大于其额定值时，用电设备会发热、绝缘材料损坏，最后导致用电设备烧坏。所以在通路回路的负载（用电设备）、电压和电流是不允许超出其所标明的额定值。正常的回路才是通路。

3. 断路

某处断开的电路为断路，也称开路。当电路形成断路时，电路中的电流无法通过，即电流强度为零，其中的用电设备因不能获得电能而无法工作。断路时外电路的电阻对电源来说等于无穷大，这时电源的端电压（亦称为开路电压或空载电压 U_O）等于电源电动势，电源不能输出电能。如把电灯的开关拉断或电路断线时，电路的开关断开，因而没有电流流经电灯的灯丝，电灯不发光，这时的电路就处于断路状态。断路按实际需要情况可分为希望发生和不希望发生。

4. 短路

1)直流电路

当电流由电源的正极出发、不经过任何用电设备、直接回到负极，称为短路。即电路里的电流不流经负载而直接从电源的一端流到另一端去，也为短路。短路时电路里的电流强度比正常时大许多倍，电源所产生的电能全被内阻所消耗，因而会破坏电路里的一切设备，如电源、用电器、导线和开关。例如某一蓄电池发生铁条短路（蓄电池的正、负极直接暴露在外面，容易发生短路）。此时蓄电池内的放电电流从正端大量涌出，通过铁条回到负极，铁条两端就像电焊一样牢牢地粘在正、负极上，铁条在电流的作用下发热，将铁条烧红，甚至熔化。一直要等到蓄电池内的电压值下降为零而停止。此时蓄电池已烧坏，再也不能恢复电能。

短路是我们所不希望发生的，因而连接电路时要特别注意。但是，有时由于某种需要，可以将电路的某一段短路（常称为短接）或进行某种短路试验。

2）交流电路

电力系统中相与相之间的短路、在中性线直接接地、系统中一相或多相接地，均构成短路。

最常见的短路类型有：三相短路、两相短路、单相短路、不同两点接地短路以及发电机、变压器绕组的闸间短路。

在中性点直接接地和不直接接地电力网中线路发生单相接地短路时（如输电线断线故障），电流将通过接电体向大地体以半球形式流散，并在接地点周围地面产生一个相当大的电场。电场强度随着距离增加而减小，电场强度与大地的电导率和土壤电阻率有关。试验资料标明：约有 68% 的电压降在距接地体 1m 之内的范围中；24% 的电压降在 2 ～ 10m 的范围内；8% 的电压降在 11 ～ 20m 的范围内。

如有人进入此范围内，两脚之间的电位差称为跨步电压。跨步电压触电时，电流仅通过身体下半部及下肢，基本上不通过人体的重要器官，故一般不会危及人体生命，但人体感觉相当明显，严重时会导致人体下肢肌肉强烈收缩，造成身体重心不稳跌倒地面，电流流过心脏而引起人身伤亡事故。

短路是电力系统中的一种故障现象。短路时将产生大量的短路电流，在电气设备中将产生机械力和热量，对发电机、变压器和其他电气设备的安全有严重影响，甚至可引起烧坏或爆炸等事故。所以要防止电气设备绝缘老化、外力破坏、人员误操作、带负荷拉刀闸、带地线合刀闸以及鸟兽之类跨接带点部分等情况发生。

为了防止短路事故的发生，通常在电路中接入熔断器或自动断路器（俗称自动空气开关），以便发生短路时，能迅速将故障电路自动切断。

5. 接地

接地方式有工作接地、保护接地、防雷接地、防静电接地、重复接地及事故接地。前五种是由于工作需要采取的保安措施；而后者因设备绝缘破坏等原因造成的故障接地，则是我们不希望发生的，因而需要采取必要措施，加以防止。

（1）工作接地：在正常或故障情况下为了保证电气设备可靠运行，必须把电力系统中某一点接地称为工作接地。如电网中变压器或发电机的中性点直接接地或经电阻、电抗器接地。接地电阻小于 4Ω。

（2）保护接地：将在故障情况下可能呈现危险的对地电压的金属外壳或构架等接地装置

与大地可靠连接，这种电气连接称为保护接地。接地电阻小于4Ω。

（3）防雷接地：将避雷针、避雷线、避雷网、避雷带的避雷装置的接闪器，引下线与接地装置组成防雷接地。接地电阻应不大于10Ω。

（4）静电接地：最简单的办法，只要将一段电线或铁链条放在地上，其接地电阻不大于1000Ω，静电的积累就不会产生。

（5）重复接地：将零线上的一处或多处通过接地装置与大地再次连接，称为重复接地。

（二）电源

在现代生活中，几乎都离不开电源。电子玩具、电灯、电冰箱、电饭煲、照相机、计算机等电器设备离开电源就失去其本身的意义。能将其他形式的能量转换成电能的设备称为电源。如发电机是将机械能转换成电能，蓄电池、电池是将化学能转换成电能，光电池是将光能转换成电能等。电源可分为直流电源和交流电源。

1. 直流电源

直流电源可采用单节干电池、蓄电池及微型电池作为电源。为了提高电源的效率、方便用电设备，也可将简单的直流电源以串联或并联的形式来提高直流电源的质量。

1）电源的串联

电源的串联如图2-24所示。

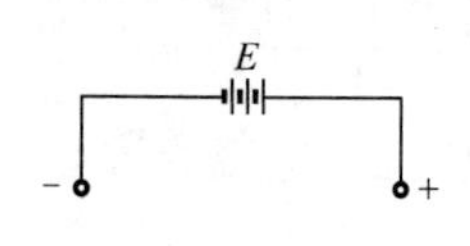

图2-24 电源的串联

把第一个电池的正极接到第二个电池的负极上，第二个电池的正极接到第三个电池的负极上，第三个电池的正极和第一个电池的负极体为接负载的两个端头，这种连接方法称为电源的串联。

串联电池的总电势(电压)等于各个电池的电势之和。

2）电源的并联

把电池的正极与正极连接起来，并引出一段接线端头为正极；再把电池的负极和负极连接起来也引出一段接线端头为负极，此两个端头接负载，这种连接的方法称为电源的并联，如图2-25所示。总电流等于各个电池所供给的电流之和。并联电压相等，电流增大。

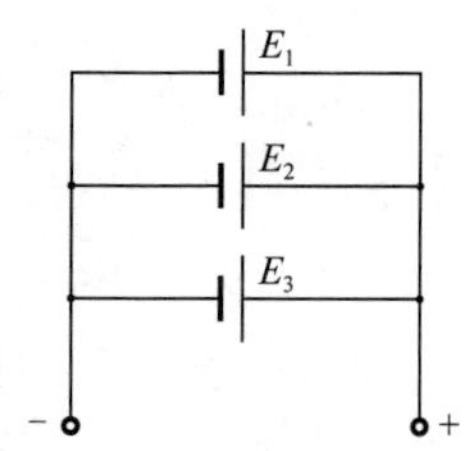

图2-25 电源的的并联

其中的电动势（电势）是指：在电源力的作用下，将导体内部的正负电荷推移到导体的两端，使其两端具有电位差，这个电位差即为电动势，用字母E表示，单位是伏特（V）。电压是指，当某一电源与负载接通后，电路中有电流产生，电源两端会产生电场力。在电场两点间的电位差为电压，用字母U表示，单位也是伏特(V)。

电动势和电压都是标量，但在分析电路时和电流一样，即它们也具有方向。电压方向规定为由高电位端指向低电位端，即为电位降低的方向。电源电动势的方向规定为在电源内部由低电位端指向高电位端，即为电位升高的方向。

3)稳定直流电源

随着社会的不断发展,家用电器不断更新,计算机的普及等,这些简单的直流电源已不能满足社会的需求。故各类直流电源也不断地扩充、完善,以配合社会的发展。如各类稳压电源、开关电源、UPS 电源、计算机电源以及各种设备的应急保护电源相继问世,并不断地发展。

稳压电源是保证输出电压值稳定不变的电源装置。稳压电源种类多样,如按其主要特性即稳定的结果可分为直流稳压器和交流稳压器;如果按稳定实现的方式可分为参数稳压器和反馈调整型稳压器;如果按稳压电路的连接方式可分为并联型和串联型稳压器;如按电路中主要元件的工作状态又可分为线性稳压器和开关稳压器。

2. 交流电源

交流电源是指电路中的电流、电压及电势的大小方向都随着时间做周期性变化。这种随时间按正弦规律变化的电流称为正弦交流电。

交流电源由发电厂利用火力、水力、风力、原子核反应堆、太阳能及柴油发电机等自然能源将水变为蒸汽,推动汽轮发电机等方法,由机械能转换为电能,作为交流电源。

目前我国交流输出电压最高为 50 万 V,由南桥发电厂供出。世界上交流输电电压已达 75 万 V。高压电源由发电厂利用输电线(大多为架空线)送往各地的供电所或大型企事业单位。地铁线路输入高压电源为 110 万 V,并经高压变压器将高压电源电压逐级下降,如 110 万 V 电压下降为 33 万 V 电压,再由 33 万 V 电压下降为 10 万 V 电压。

(三)通信电源系统

地铁通信电源设备是通信设备的重要组成部分,为保证地铁通信迅速、准确、可靠的传递和交换各种信息。通信电源设备定为一级负载。一级负载要求有两路独立的电源供电。如果某一路供电系统出故障时,另一路供电系统将在 0.5s 内自动投入供电,从而保证地铁通信设备的正常工作和畅通。

地铁通信电源设备是由多种设备组合而成,每一个设备内有两路自动切换交流电源柜,一套配外接电源柜的 UPS 和直流电源柜组成。

1. 通信设备对电源系统的要求

电源是整个通信设备的重要组成部分,随着现代电子技术的迅速发展,各种通信手段和相应的设备在不断地改进和更新,通信设备对电源系统的要求越来越高。否则,就会降低通信质量,甚至造成通信中断,影响正常通信。

通信设备对电源系统的基本要求是:可靠、稳定、小型、高效率。

1)可靠

为确保通信畅通和电子设备正常工作,除提高其本身的可靠性外,还必须提高电源系统的可靠性,实现对各通信设备的不间断供电。

2)稳定

各种通信设备都要求电源电压稳定,不能超出允许变动范围。直流脉动杂音要低于允许值，否则会使通信设备工作失常，影响通信质量。

3）小型

为适应通信设备小型化、集成化的发展，电源装置也必须实现小型化，以满足移动通信和电子技术发展的需要。

4）高效率

随着通信设备的容量日益增加。电源系统的负荷不断增大，为了节约电能，必须提高电源装置的效率。因此，各种类型开关稳压电源在通信系统中被广泛应用。有些通信设备（如微波中继通信设备，小型无线电收发信设备等）已开始采用太阳能电池。

近年来，通信系统对于蓄电池开始采用低恒压充电法，这样既可以节约电能，还可以减少维护工作量。

2. 通信电源系统的组成

电源系统一般由交流供电系统、直流供电系统和接地系统组成。

1）交流供电系统

交流供电系统包括市电交流电源（高压或低压市电）、油机发电机供给的自备交流电源。

通信站主用电源一般应由高压电网供给，不宜直接从低压用户线上接入，以减少受用户电压波动以及限电切断供电的影响。重要通信枢纽站，若条件具备可以引入两路高压专用线，一路主用，一路备用。

近年来，在卫星通信地面站等通信系统中，已开始采用静止型交流不间断电源。这种电源系统一般由蓄电池、整流器、逆变器和静态开关组成。市电正常时，经整流器和逆变器向通信设备供给交流电源。此时，蓄电池处于并联浮充状态。当市电中断，蓄电池通过逆变器供给交流电源，逆变器和市电的转换，由交流静态开关完成。

市电及油机发电机组一般为三相四线制。对于各种单相负荷，在各相之间要尽可能地均衡分配。

2）直流供电系统

通信设备的直流供电系统由整流器、蓄电池、直流变换器和直流配电屏等组成，蓄电池组的电压种类一般以 24V、60V（或 48V）两种电压为基础电源，当通信站需要多种不同数值的电压时，可以采用直流变换器将基础直流电源的电压变换为所需的电压，如 220V、130V、110V、±60V 等，从而简化了电源设备。

3）接地系统

为了提高通信质量，确保通信设备与人身安全，通信电源的交流和直流供电系统都必须有良好的接地装置。

（1）接地的作用

①在通信站（段）中，蓄电池组的一端接地可减少由于用户线路对地绝缘不良时引起的串扰，通信设备的金属外壳和电缆金属护套及隔离线的屏蔽接地，能减少电磁感应和杂音干扰。

②在电话和电报信号回路及直流远距离供电中，利用大地完成回路。

③在交流系统中，三相四线制的中性点接地，以便在发生接地故障时迅速将设备切断。

④将电源设备的不带电金属部分接地或接零，可防止设备故障时，发生维护人员触电事故，保证人身安全。

⑤装设防雷电保护接地，可防止因雷击产生的过电压危及人身安全和击毁设备。

(2)接地系统的构成

接地系统由地线系统和接地装置（或电极系统）构成，接地装置包括接地引入线和地下接地电极，地线系统则指地上连接的各种地线（包括接地母线、垂直主干地线和互相“搭接”的接地导线）。

(3)接地方式

目前，铁路通信站(段)接地方式存在“分”与“合”两种设计方式，“分”即在一个站(段)设置多组不同用途的地线，分别与所需要接地的设备相连，各类接地装置及引线互不相混；“合”即通信站(段)共用一个地网。当分设多个接地系统时，必须满足以下要求：

①各组接地装置要与各自地线系统的电特性相适应，并满足相应的接地电阻标准的要求。

②各组接地装置之间应相距 20m 以上。

③地上的地线系统要真正分开。

(四)信号电源系统

1. 信号电源屏的技术标准

轨道交通信号电源屏技术标准主要参照铁路标准先后有《信号电源屏技术条件》(TB 1528—1984)、《铁路信号电源屏通用技术条件》(TB/T 1528—1994)、《铁路信号电源屏》(TB/ T 1528—2000）等配套标准。目前为《铁路信号电源屏系列标准》(TB/T 1528. 1 ～ 7)、《铁路信号智能电源屏技术条件(暂行)》(运基信号〔2005〕458 号)。

1)输入电源

电源屏应有两路独立的交流电源供电，两路输入电源允许偏差范围，单相电压 AC 176 ～ 253V，三相电压 AC 304 ～ 437V，频率 49.5 ～ 50.5Hz，三相电压不平衡度≤ 5%，电压波形失真度≤ 5%。

2)输入电压供电方式及转换方式

(1)供电方式

①一主一备供电方式。可靠性较高的输入电源为主电源，另一路为备用电源。正常时由主电源向电源屏供电，当主电源断电时，备用电源自动投入运行。两路电源应能自动或手动相互转换。

②两路同时供电方式。两路电源同时向电源屏供电；当任一路电源断电时，另一路自动承担全部负荷供电。

(2)转换时间

无论何种供电方式，两路电源的切换时间(包括自动或手动)不大于 0.15s。

3）电气参数

（1）额定工作电压

电源屏常用的额定工作电压优选值为：输入回路 AC 220V，380V；

输出回路 AC 380V、220V、110V、24V、DC 24V、48V、220V。

（2）额定功率

电源屏常用的额定功率优选值为：2.5kV•A，5 kV•A，10 kV•A，15 kV•A，20 kV•A，25 kV•A，30 kV•A，50 kV•A，60kV•A。

（3）额定工作制

正常情况下，继电器电源、信号机点灯电源、轨道电路电源、道岔表示电源、稳定备用电源、不稳定备用电源为不间断工作制；电动转辙机电源为短时工作制；闪光电源为周期工作制。

4）悬浮供电及隔离供电

电源屏的交流、直流输出电源应采用对地绝缘的悬浮供电，输出电源端子对地绝缘电阻应符合要求。

电源屏采用隔离供电的方式，并应根据系统要求合理分束，分别提供各路供电电源。

5）三相电源供电及相序检测

电源屏供给各种负荷的容量应合理分配，当输入为三相交流电源时，各相的负荷应力应平衡。

当车站装有三相交流转辙机时，电源屏的三相交流输出电源供电，必须设置相序检测装置，在三相断相或错相时发出报警信号。

6）不间断供电

对于有不间断供电要求的场合，应设置不间断供电电源，一般要求为 30min。

7）过流、短路保护

（1）电源屏的各供电回路电源、各功能模块必须具有过流及短路保护功能。

（2）电源屏的雷电防护应满足以下要求：

①电源屏防雷元件的选择应考虑将雷电感应过电压限制到被电源屏的冲击耐压水平以下。

②防雷元器件不应影响被防护电源屏的正常工作。

③采用多级防护时，多级防护元件要合理配置。

④被保护电源屏与防护元件间的连线应尽量短，防护电路的配线与其他配线应分开，其他设备不应借用防雷元件的端子。

（3）电源屏防雷系统应统筹考虑，雷电防护器件可设在电源屏外。

8）保护接地

（1）电源屏的变压器铁芯、电流互感器的二次回路、电机以及其他金属外壳部件应在电气上相互连接，并连接至保护接地端子。

（2）电源屏的保护电路可由单独设置的保护导体或可导电的结构件构成，接地端子与各保护接地的接触电阻值应≤ 0.1Ω。

（3）所有电路元件的金属外壳须用金属螺钉与已经接地的金属构件良好搭接。

（4）保护导体应能承受设备的运输，安装时所受的机械应力，在短路故障时所产生的机械应力和热应力，其接地连续性不能破坏。

（5）保护接地端子应设置在便于接线之处，不得兼作他用，并且当外壳或任何可拆卸的部件移去时应保持电器与保护接地导体之间的连接，保护接地端子螺钉应不小于 M6，保护接地端子不允许连接到三相电源的中性线上。

9）温升

电源屏的绝缘、元器件、端子、操作手柄的温升不应超过规定的限值。

10）介电性能

（1）绝缘电阻。在温度为 15 ～ 35℃，相对湿度为 45% ～ 80% 的气候条件下，电源屏输入、输出端子对地的正常绝缘电阻应不小于 25MΩ。

（2）电源屏额定冲击耐受电压应按规定执行。

（3）工频耐压试验电压应按规定的要求进行。

11）噪声

在额定输入电压及额定负载的条件下，电源屏的整机噪声不超过 65dB。

12）指示灯、指示仪表、报警

（1）指示灯

①电源屏应设置清晰可见的指示灯，包括两路电源有电表示、两路电源中工作电源表示、主屏工作表示和备用屏电表示（采用主备屏工作方式的电源屏）、各种输出电源正常工作状态指示、输出电源故障指示。

②指示灯应安装在电源屏前面板或模块前面板显著位置。

③指示灯的颜色规定为：白色，输入回路工作、工作状态显示、输出回路工作；红色，输入有电、电源故障。

（2）指示仪表

电源屏应设置两路电源输入电压、整机输入电流、各主要回路输出电压电流的指示仪表。仪表应安装在电源屏前面板显著位置。仪表精度不低于 2.5 级。

（3）报警

电源屏应设灯光、音响报警。对于两路输入电压转换报警是向控制台提供主副电源工作状态。对输出电源故障、三相电源断相、三相电源错序（有相序要求的输出回路）、稳压（调压）装置故障设音响报警。

13）智能化检测

智能化电源屏应具备：电源屏实时测试数据，故障信息处理、事故追忆、声光报警及紧急呼叫，电源屏输入、输出电压变化的日、月、年曲线，日常报表管路及历史数据保存，监测系统的远程组网及故障诊断，模块工作状态等基本监测功能。

14）寿命和可靠性

电源屏内的关键部件，如接触器、继电器、断路器、开关等，其机械寿命和电寿命应符合《低压开关设备和控制设备》（GB/T 14048）中和相应产品标准的规定，变压器的电寿命应为 15 年。

15）冗余及维护

电源屏各供电电压必须设有备用，当任一模块回路出现故障或进行维修时，应能转换至备用供电回路，继续保持供电，可采用如下备用方式。

（1）1+1 主备方式：每一供电电压均设有一条备用回路。

（2）n+1 主备方式：n 个供电回路共用一条备用回路。

电源屏应便于维护，易于在线维修及更换故障部件。

2. 信号电源屏的发展

信号电源屏主要随着交流稳压器的改变而发展的。早期的电源屏曾采用过饱和电抗器、自耦压变压器式稳压器等交流稳压设备，它们或因稳压性能较差，或因可靠性不高，而于 20 世纪 70 年代改用感应调压器进行交流稳压。到 20 世纪 90 年代又采用参数稳压器、无触点补偿式稳压器，在稳压性能方面有所改进。

信号电源屏内采用的控制电路由最初的铁磁三倍频率器改用晶体管分立元件组成的差动放大电路，进而改用由集成运算放大器组成的比较放大电路。由交流接触器改为交流电源转换接触器、西门子或施耐德接触器，中间继电器改为电源屏用信号继电器。20 世纪 90 年代还用断路器代替熔断器，用隔离开关代替闸刀开关，大大提高了可靠性。电源屏在结构、工艺方面也不断有所改进。

最重大的发展是从 2000 年开始，出现了智能型电源屏。它采用微型计算机技术，完成对电源系统的自动监测，并可远程监控；引入高频电力电子技术，对各种输入、输出单元和交、直流电源进行模块化，提高了供电质量和可靠性，实现了无维修化，使信号电源技术有了突破性的发展，以满足不断发展的信号设备的供电需要。

（五）智能型信号电源屏

智能型信号电源屏是指运用计算机技术，具有对铁路信号电源设备系统的运行状态、运行故障、参数进行实时监测、显示、记录、存储、故障报警和管路功能的电源屏。

智能型信号电源屏的最主要技术特征是设有监测模块，具有自动监测功能，实现电源系统的实时状态和故障监测及远程监控和管理。

智能电源屏实现模块化，即将各种交、直流电源按用途设计成不同的模块，用户根据需要选择模块，构成供电系统。

智能型电源屏广泛采用电力电子技术（指由电子电路高频调制对电能进行变换的技术），包括无触点切换技术、逆变技术、锁相技术、软开关技术、功率因数补偿技术、并联均流冗余技术、安全防范技术等，以保证供电系统的可靠性。

智能型电源屏稳压方式，可分为不间断供电、分散稳压、集中与分散稳压相结合三种类型。

（1）不间断供电方式。

两路电源经转换、整理、滤波后为直流母线电源，然后通过直流 / 交流拟办和直流 / 直流开关电源分别向各交流、直流负载供电。直流母线电源同时给蓄电池充电，两路输入电源转换或停电时由蓄电池供电。对于计算机联锁的微机电源采用 UPS。其稳压在逆变器、开关电源、不间断电源（UPS）中实现。

该方式因有蓄电池，可基本实现输出电源的不间断供电，但造价高，并需经常维护。

（2）分散稳压方式。

两路电源经转换后对各模块供电，交流电源模块采用参数稳压器稳压，直流电压模块采用开关电源稳压，即稳压分散于各模块之中。

该方式的部分分散稳压提高了系统的可靠性，但参数稳压器功率因素低，空载时温升高，对于三相供电系统易发生共振，而且输出电压不易根据实际需要调整。

（3）集中与分散稳压相结合的方式。

两路电压经转换后对各模块供电，交流部分采用无触点补偿式稳压器稳压，再对各交流模块供电，直流电压模块采用由开关电源供电。

该方式交流部分集中稳压，效率高，功率因素低于 1；输出交流回路可根据实际需要调整，但对交流稳压器的可靠性有较高要求。

（六）UPS 基本工作原理

许多重要的用电设备，如计算机系统，对供电质量的要求非常高，要求不间断供电，而且电压稳定、频率稳定、波形无畸变，这就需要采用 UPS。

1. UPS 应用

UPS 主要应用在通信事业、办公室自动化、计算机网络系统的保护及地铁通信等高科技行业中，为确保数据库管理软件和图像处理的安全、准确、连续、稳定和可靠，都采用 UPS 不间断电源。

2. UPS 基本概念

（1）UPS（Uninterrupted Power Supply）是不间断电源英文缩写，其定义为能够实现两路电源之间，无间断地相互转换的电气装置。

（2）使用 UPS 的理由。

电网中存在各种电干扰，由于存在非线性负载使电压与电流不同步以及各种电器设备对电源的“污染”，故在电网中产生干扰，其电干扰有：噪声，电压变化（浪涌），频率变化，间断≤ 300ms（正弦波不连续），停电＞ 300ms（长期停电），谐波。

要改变以上电干扰可采用隔离变压器，但在大型设备中采用隔离变压器不可取，而 UPS 能消除以上干扰，隔离电网对负载的影响。

3. UPS 主要作用

（1）实现两路电源的无间断切换。

（2）实现电气隔离。

当负载产生干扰或电网产生干扰，由于直流存在，故都不会产生干扰。

（3）实现电压变换。

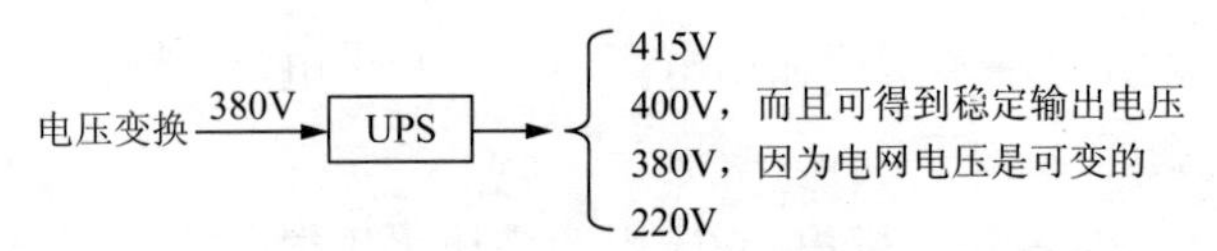

（4）频率变换，当输入为 50Hz 频率时，经 UPS 输出后，可产生 60Hz、40Hz 频率，如果是 50Hz 输出为稳频。

（5）提供一定的后备时间。其中（1）和（3）是保证供电连续性。（2）、（4）、（5）是保证供电质量。

九、CBTC 系统

（一）CBTC 系统介绍

随着计算机技术（Computer）、通信技术（Communication）和控制技术（Control）的飞跃发展，向传统的以轨道电路作为信息传输媒体的列车运行控制系统提出了新的挑战。综合利用 3C（Computer、Communication、Control）技术代替轨道电路技术，构成新型列车控制系统已成必然。用 3C 技术代替轨道电路的核心是通信技术的应用，目前计算机和控制技术已经渗透到列控系统中，称为“基于通信的列车运行控制系统”（CBTC，Communication Based Train Control）。随着地铁行驶速度不断提升，如何在高速环境下确保运营安全，缩短行车间隔，提高运营效率，这对地铁车辆、信号系统、通信系统等都提出了极高要求，从最初的固定闭塞到准移动闭塞，再到现在最先进的基于通信的列车控制 CBTC 移动闭塞系统的应用，信号系统的持续改进是推动列车提速、保障行驶安全的最关键技术。

与传统固定闭塞、准移动闭塞相比，基于无线通信的移动闭塞系统通过部署在列车上以及轨道旁的无线设备，实现了车、地间不中断的双向通信，控制中心可以根据列车实时的速度和位置动态计算和调整列车的最大制动距离，两个相邻列车能以很小的间隔同时前进，从而提高运营效率，目前所有国内新建地铁线均采用 CBTC 信号系统。

信号系统即列车控制系统。传统信号系统主要包括区间（站间）闭塞、车站联锁、机车信号、超速防护以及以调度集中（CTC）为主的中央调度控制系统。列车自动控制（ATC）系统为现代信号系统，主要包括列车自动防护（ATP）、列车自动监控（ATS）与列车自动运行（ATO）子系统，乃至无人驾驶（Driverless）列车控制新技术。

ATP 作为整个 ATC 系统的安全核心，负责列车间的安全间隔、超速防护及车门控制。主要包括轨旁联锁（车站与区间）、车载等设备。ATP 的系统制式有不同分类方式：按控制方式分，有台阶式、曲线式；按传输方式分，有点式、连续式；按闭塞方式分，有固定式、准移动式与移动式。

ATS 作为 ATC 系统的上层管理部分，负责监督、控制协调列车运行，根据客流与实际运行情况，选定并维护运行图，自动或人工调整停站或区间运行时间，并与管理信息系统和旅客向导系统接口。

ATS 子系统主要由中央计算机及相关显示、控制与记录设备以及车站 ATS 设备构成。

ATO 需在已装备 ATP 子系统的条件下使用，负责自动控制列车车速调整列车运行、形成平滑控制牵引力和制动力的指令、在一定精度范围内对位停车等。它有利于列车节能并提高旅客乘坐的舒适度和减轻司机的劳动强度。

（二）列车闭塞技术

列车运行间隔是轨道交通系统的重要指标，反映了系统的最大载客能力，并直接影响系统的设计标准与复杂程度，从而影响造价，同时还隐含系统的适应性或灵活性。列车运行间隔的控制是列车控制的核心，以故障—安全原则并对其进行量化、认证（包括硬件、软件及系统），确保系统的可靠性、安全性与可用度，达到安全与效率的统一。

行车闭塞方式可分为固定闭塞、准移动闭塞和移动闭塞。

1. 传统闭塞方式

传统的固定闭塞制式下，系统无法知道列车在分区内的具体位置，因此列车制动的起点和终点总在某一分区的边界。为充分保证安全，必须在两列车间增加一个防护区段，这使得列车间的安全间隔较大，影响了线路的使用效率。

2. 固定闭塞

固定闭塞的特点：

（1）线路被划分为固定位置、某一长度的闭塞分区，一个分区只能被一列车占用。

（2）闭塞分区的长度按最长列车、满负载、最高速度、最不利制动率等不利条件设计。

（3）列车间隔为若干闭塞分区，而与列车在分区内的实际位置无关。

（4）制动的起点和终点总是某一分区的边界。

（5）要求运行间隔越短，闭塞分区（设备）数也越多，列车最小运行间隔≥ 120s。

（6）采用模拟轨道电路，轮轴传感器，加点式或环线传输，信息量少。

3. 准移动闭塞

准移动闭塞在控制列车的安全间隔上比固定闭塞进了一步。它通过采用报文式轨道电路辅之环线或应答器来判断分区占用并传输信息，信息量大；可以告知后续列车继续前行的距离，后续列车可根据这一距离合理地采取减速或制动，列车制动的起点可延伸至保证其安全制动的地点，从而可改善列车速度控制，缩小列车安全间隔，提高线路利用效率。但准移动闭塞中后续列车的最大目标制动点仍必须在先行列车占用分区的外方，因此它并没有完全突破轨道电路的限制。

准移动闭塞的特点：

（1）线路被划分为固定位置、某一长度的闭塞分区，一个分区只能被一列车占用。

（2）闭塞分区的长度按最长列车、满负载、最高速度、最不利制动率等不利条件设计。

（3）列车间隔为若干闭塞分区，而与列车在分区内的实际位置无关。

（4）制动的起点可以延伸，但终点总是某一分区的边界（根据每个区段的坡道、曲线半径等参数，包含在报文中。

（5）要求运行间隔越短，闭塞分区（设备）数也越多，列车最小运行间隔≥ 100s。

（6）采用报文式数字轨道电路，辅之环线或应答器，信息量较大。

4. 移动闭塞

移动闭塞技术则在对列车的安全间隔控制上更进了一步。通过车载设备和轨旁设备不间断的双向通信，控制中心可以根据列车实时的速度和位置动态计算列车的最大制动距离。列车的长度加上这一最大制动距离并在列车后方加上一定的防护距离，便组成了一个与列车同步移动的虚拟分区。由于保证了列车前后的安全距离，两个相邻的移动闭塞分区就能以很小的间隔同时前进，这使列车能以较高的速度和较小的间隔运行，从而提高运营效率。

移动闭塞的特点：

（1）线路没有固定划分的闭塞分区，列车间隔是动态的，并随前一列车的移动而移动。

（2）列车间隔是按后续列车在当前速度下所需的制动距离，加上安全余量计算和控制的，确保不追尾。

（3）制动的起点和终点是动态的，轨旁设备的数量与列车运行间隔关系不大。

（4）列车最小运行间隔可做到≤ 80s。

（5）采用先进的通信的地—车双向传输，信息量大，易于实现无人驾驶。

移动闭塞的线路取消了物理层次上的分区划分，而是将线路分成了若干个通过数据库预先定义的线路单元，每个单元长度为几米到十几米之间，移动闭塞分区即由一定数量的单元组成，单元的数目可随着列车的速度和位置而变化，分区的长度也是动态变化的。线路单元以数字地图的矢量表示。线路拓扑结构的示意图由一系列的节点和边线表示。任何轨道的分岔、汇合、走行方向的变更以及线路的尽头等位置均由节点（Node）表示，任何连接两个节点的线路称为边线。每一条边线有一个从起始节点至终止节点的默认运行方向。一条边线上的任何一点均由它与起点的距离表示，称为偏移。因此所有线路上的位置均可由 [边线，偏移] 矢量来定义，且标识是唯一的。

移动闭塞系统中列车和轨旁设备必须保持连续的双向通信。列车不间断向轨旁控制器传输其标识、位置、方向和速度，轨旁控制器根据来自列车的信息计算、确定列车的安全行车间隔，并将相关信息（如先行列车位置，移动授权等）传递给列车，控制列车运行。

5. 移动闭塞技术的优势

移动闭塞系统通过列车与地面间连续的双向通信，实时提供列车的位置及速度等信息，动态地控制列车运行。移动闭塞制式下后续列车的最大制动目标点可比准移动闭塞和固定闭塞更靠近先行列车，因此可以缩小列车运行间隔，使运营公司有条件实现“小编组、高密度”，从而使系统可以在满足同等客运需求条件下减少旅客候车时间，缩小站台宽度和空间，降低基建投资。此外，由于系统采用模块化设计，核心部分均通过软件实现，因此使系统硬件数量大大减少，可节省维护费用。

移动闭塞系统的安全关联计算机一般采取“三取二”或“二取二”的冗余配置，系统通过故障安全原则对软、硬件及系统进行量化和认证，可保证系统的可靠性、安全性和可用度。

无线移动闭塞的数据通信系统对所有的子系统透明，对通信数据的安全加密和接入防护等措施可保证数据的通信安全。由于采取了开放的国际标准，可实现子系统间逻辑接口的标准化，从而有可能实现路网的互联互通。采取开放式的国际标准也使国内厂商可从部分部件的国产化着手，逐步实现整个系统的国产化。

在对既有点式 ATP 或数字轨道电路系统的改造中，移动闭塞系统能直接添加到既有系统之上，因此对于混合列车运行模式来说，移动闭塞技术是非常理想的选择。

最早使用移动闭塞技术之一的温哥华无人驾驶轻轨系统至今已安全运行近 20 年，充分验证了移动闭塞的安全性以及技术的成熟性。此外，移动闭塞技术在北美、欧洲、亚洲许多国家的轨道交通建设中也得到应用。

（三）CBTC 发展应用

CBTC 是一种采用先进的通信、计算机技术，连续控制、监测列车运行的移动闭塞方式。它摆脱用轨道电路判别对闭塞分区占用与否，突破了固定闭塞的局限性。CBTC 实现列车与轨旁设备实时双向通信且信息量大，改变了以往列车运行时信息只能由轨旁设备向车上传递、信息量少的缺点。CBTC 能大大减少轨旁设备，安装维修方便。在进一步完善其降级使用模式后，有利于降低运营成本；CBTC 便于短编组、高密度运行，可缩短站台长度和端站尾轨长度，提高服务质量，降低土建工程投资。CBTC 确立“信号通过通信”的新理念，使列车与地面（轨旁）紧密结合、整体处理，改变以往车—地相互隔离、以车为主的状态。这意味着只要车—地通信采用统一标准协议后，就易于实现不同线路间不同类型列车的联通联运。

（四）CBTC 系统的发展历史

早期的移动闭塞系统大部分采用基于感应环线（IL）的技术，据不完全统计，目前全球已有数十个城市约 300km 此类线路投入运营。在中国，武汉轻轨一期和广州地铁 3 号线也相继开通采用基于环线的移动闭塞技术，以实现列车安全、高效运行。

近年新建的移动闭塞项目，如上海地铁 6、8、9 号线，北京地铁 4 号线，广州地铁 4 号线及旧系统改造项目（如纽约卡纳西线和巴黎地铁 13 号线）绝大多数采用基于 RF 无线通信的技术。据资料，全世界目前有近10个城市约220km线路正在进行无线CBTC的设计或安装。

传统列车的保护系统受到只能对已存在的轨道旁控制回路做列车位置的确定、列车操作指令被限制在几个方向上的轨旁设备的信号指示或是驾驶室内少数的速度指令等限制。因而有逐步朝一个连续自动化列车控制系统，利用高解析测定列车的位置，能不受轨道电路的支配、有连续的高容量、双向作用（从列车到道旁边）的数据通信及具有执行列车运转及道旁处理能力之方向发展。

由各种研究与实际的操作经验显示，当将CBT系统与其他较传统视与控制之优点。

位于纽约市的公园大道上的电机电子工程师协会（IEEE），拥有超过二十多种有关控制、设计、铁路电车之建造与铁路控制系统等规格标准，其中CBTC系统方面有两项标准：一个是1999年的IEEE1474.1标准，是关于CBTC性能与功能的规定；另一个是在2003年发布的IEEE1474.2标准，是对于CBTC系统用户界面的规定。

在IEEE1474标准里的CBTC定义：为列车的位置、速度及方位，是由一个连续的双向通信环节，从车辆电脑到道旁电脑来传递的。同样地，也在IEEE1474里有解释，CBTC系统不需要道旁电路来侦察列车。

然现今在使用的大部分CBTC系统，均是利用近场电磁感应的环形线路（IL）来传送。以无线电频率(RF)传送为基础的较新的CBTC系统正在浮现而且是这个工业的趋势。

十、计算机网络

计算机网络是现代计算机技术与通信技术的结合产物，是随着社会对信息共享和信息传递的日益增强的需求而发展起来的。

计算机网络：就是利用通信设备和线路，将地理位置不同的、功能独立的多个计算机系统连接起来，以功能完善的网络软件来实现网络中资源共享和信息传递的系统。

（一）计算机网络的基本功能

计算机网络的实现，为用户构造了分布式的网络计算机环境提供了基础。

计算机网络的主要功能有以下四个方面：

（1）数据传输。

（2）共享资源。

（3）提高可靠性。

（4）分布式数据处理。

（二）计算机网络的形成与发展

计算机网络是计算机技术和通信相结合的产物。一般认为计算机网络出现于20世纪

60年代中期，发展非常迅速。

计算机网络的发展经历了由简单到复杂、由低级到高级的发展过程，其演变过程可概括为以下4个阶段：

（1）具有通信功能的单机系统。

（2）具有通信功能的多机系统。

（3）资源共享的计算机网络。

（4）网络体系结构标准化以及Internet的高级发展。

进入20世纪90年代，计算机网络的发展更加迅速，目前正在向综合化、智能化、高速化的方向发展。

（三）计算机网络的分类

计算机网络的类型有多种类别，下面按作用范围和使用者进行分类：

（1）按作用范围分类；网际网（Internet Work）；广域网WAN（Wide Area Network）；城域网MAN（Metropolitan Area Network）；局域网LAN（Local Area Network）。

（2）按网络的使用者进行分类：公用网（Public Network）；专用网（Private Network）。

（四）计算机网络的构成

计算机网络系统是由网络硬件和网络软件组成的。

1. 网络硬件

网络硬件是计算机网系统的物质基础。要构成一个计算机网络系统，首先要将计算机及其附属硬件设备与网络中的其他计算机系统连接起来，以实现物理连接。

①计算机设备。在计算机网络中，计算机设备根据其在网络中的服务特性，可划分为网络服务器和网络工作站。

②连接设备。

③终端。终端设备是用户进行网络操作所使用的设备。

④传输介质。传输介质是传送信号的载体，负责将网络中的多种设备连接起来。

2. 网络软件

在网络系统中，每个用户都可享用系统中的各种资源，为了协调系统资源，需要通过软件对网络资源进行全面的管理，进行合理的调度和分配，并采取一系列的保密安全措施，保证数据和信息的安全。

（1）网络操作系统

网络操作系统是为了使网络用户能方便而有效地共享网络资源而提供的各种服务软件及相关规程的集合。

（2）网络协议

网络协议软件是计算机网络中各部分之间必须遵守的规则的集合，计算机网络体系结构也由协议决定，网络管理软件、网络通信软件以及网络应用软件等都要通过网络协议软件才能发生作用。

(3)网络应用软件

网络应用软件是在网络环境下直接面向用户的软件。计算机网络通过应用软件为用户提供信息资源的传输和资源共享服务。

3. 网络拓扑结构

网络的拓扑结构是抛开网络物理连接来讨论网络系统的连接方式，网络中各站点相互连接的方法称为拓扑。拓扑图给出了网络服务器、工作站点的网络配置及相互之间的连接。

按拓扑结构来分类，计算机网络可分为星形结构、环形结构、总线形结构、网状形结构、树形结构等。

(1)星形结构

星形结构是指各工作站点都通过连接电缆与主控制机相连。网络中有中央节点，其他结点（工作站、服务器）都与中央节点直接相连，相关站点之间的通信都要通过中央结点，因此又称为集中式网络如图2-26所示。

(2)环形结构

环形结构由网络中若干节点通过点到点的连接线路依次互相连接构成一个闭合的环形，数据在环形路线中单向或双向传输，信息从一个节点传到另一个节点，如图2-27所示。

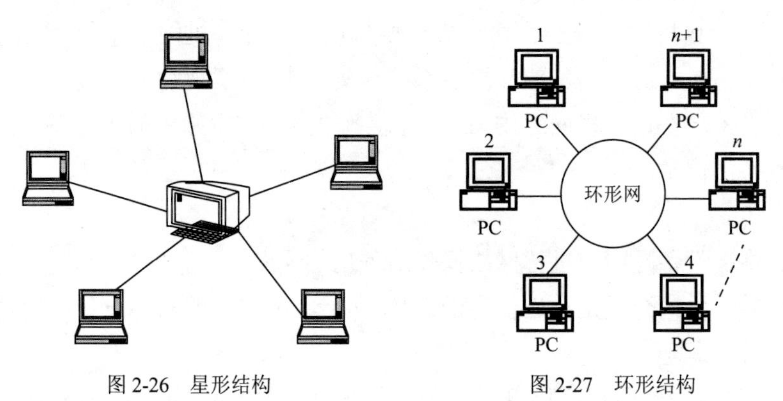

图2-26　星形结构　　　　图2-27　环形结构

(3)总线形结构

总线形结构是指各个工作站直接连接到一条作为公共传输介质的总线上，各工作站地位平等，无中心节点控制，数据源可以沿着两个不同的方向由一个工作站传到另一个工作站，如同广播电台发射的信息一样，因此又称广播式计算机网络。

(4)分布式结构(或称网状结构)

分布式结构的网络是将分布在不同地点的计算机通过线路互相连接起来的一种形式。

（5）树形结构

树形结构是将各节点通过多级处理主机进行分级连接，是一种分级集中控制式网络，如图2-28所示。

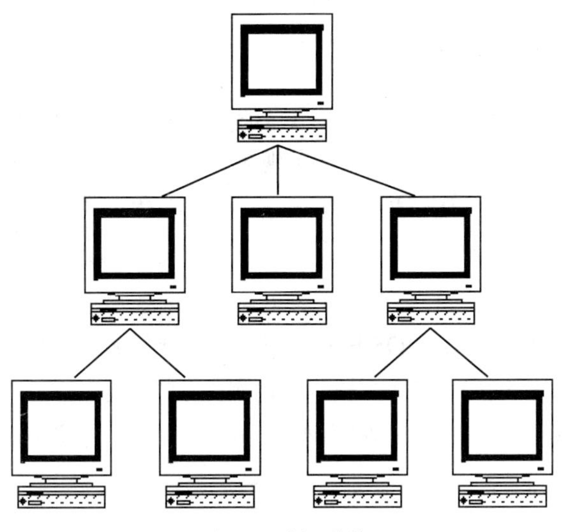

图 2-28 树形结构

（五）计算机网络协议

1. 网络协议定义

协议在本质上是指通信双方必须遵守的、控制信息交换的规则集合。通信双方要实现彼此之间的信息交换和资源共享，同样必须遵守协议。

2. 网络协议组成要素

协议一般由语法、语义、定时 3 个要素所组成。

（1）语法：确定通信双方之间“如何建立统一规范”的问题，涉及用于协调和差错处理的量控制信息，即用户数据与控制信息的结构与格式。

（2）语义：涉及通信双方之间“通信内容”的问题，即需要发出何种控制信息，以及完成的动作与所作出的响应。

（3）定时：涉及事件的顺序以及速度匹配的问题。

3. 网络常用协议介绍

（1）TCP/IP 协议

TCP/IP（Transmission Control Protocol/ Internet Protocol）即“传输控制协议 / 网际协议”。计算机网络中最常用的协议为 TCP/IP 协议。不同网络间通过 TCP/IP 协议才能相互通信。

全球最大的网络是因特网（Internet），它所采用的网络协议是 TCP/IP 协议。它是因特网的核心技术。

传输控制协议（TCP）负责收集信息包，并将其按适当的次序放好传送，在接收端，收到后再将其正确地还原，并保证数据包在传送过程中准确无误。

网际协议（IP）负责将消息从一个主机送到另一个主机。为了安全，消息在传送的过程中被分割成一个个的小包。

（2）IPX/SPX 协议

IPX/SPX 协议是 Novell 公司为了适应网络的发展而开发的通信协议，具有很强的适应性，安装很方便，同时还具有路由功能，可以实现多个网段之间的通信。

IPX 协议负责数据包的传送；SPX 负责数据包传输的完整性。IPX/SPX 协议一般用于局域网中。

（3）NetBEUI 协议

NetBEUI 协议的全称是“NetBIOS Extends User Interface ”，是“NetBIOS 扩展用户接口”的意思，其中 NetBIOS 是指“网络基本输入 / 输出系统”。

NetBEUI 是一种网络通信协议，它主要应用于一些规模较小，无须使用 IPX/SPX 或 TCP/IP 协议的网络。

（4）FTP

FTP（File Transfer Protocol）是文件传输协议，允许用户在网上计算机之间传送程序或文件。

（5）SMTP 协议

SMTP（Simple Mail Transfer Protocol）是简单邮件传送协议，允许网上计算机之间互通信。

十一、广播设备

有线广播(PA)系统是城市轨道行车组织、管理不可缺少的手段。有线广播系统为控制中心调度员、车站值班员、站台工作人员、车辆段 / 停车场值班员提供对相应区域的广播，同时也为控制中心提供广播功能。通常，可向乘客通告列车运行、安全、导向等服务信息，在紧急情况下，城市轨道防灾调度人员可以直接利用广播对工作人员与乘客进行应急指挥、调度和疏导。

(一)广播的基本概念

1. 广播系统的基本概念

（1）广播的定义

广播就是通过专用设备对公众讲话，也称为扩声系统。公众的概念可以是指向性的比如会议广播，也可以是无指向性的比如无线电台广播。

（2）广播设备的种类

最原始的广播设备是号筒，它是将声音通过号筒壁将声音集中起来传送出去。由于这种设备的能量仅仅是人的声音，因此它传送的距离范围有限，不能适用于远距离大范围广播。

现代的广播设备是通过电声设备将人的声音转换成电信号传送出去，再通过设备将电信号还原成声音信号，达到远距离大范围广播的目的。

（3）广播的传播方式

有线广播：有线广播是将声音电信号直接通过电缆传送至扬声器进行广播，如会议广播、农村有线广播。地铁广播系统也是一种比较复杂的有线广播系统。

无线广播：无线广播是将电信号通过无线发射设备发送出去，再经过无线接收设备将发送的信号接收下来还原送至扬声器，如收音机。无线广播有调幅广播和调频广播。

调幅广播是将需传送的语音信号调制在发送信号的频率上，仅仅改变信号的幅度大小，收音机通过调整收音机的接收频率将信号接收、检波、放大。

调频广播是将需传送的语音信号调制在发送信号的频率上，它改变的是发送信号的频率而不改变发送信号的幅度，收音机通过调整收音机的接收频率将信号接收、鉴频、放大。

2. 有线广播系统的组成

有线广播系统由音频信号源输入设备（MIC 或 LINE）、前置放大器、功率放大器、扬声器低频电缆组成，如图 2-29 所示。

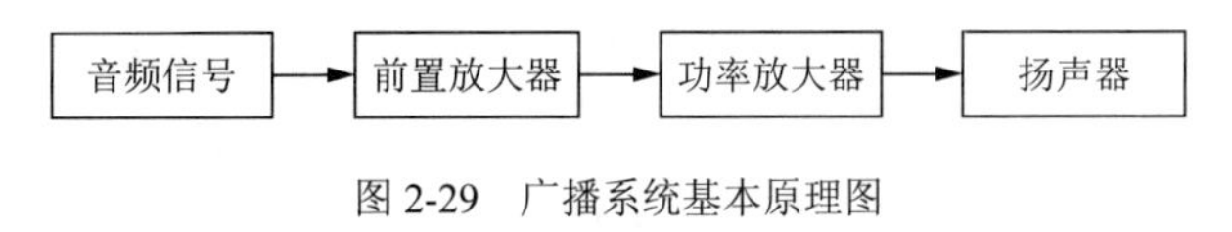

图 2-29　广播系统基本原理图

音频信号输入可以是话筒（MIC）信号输入，也可以线路（LINE）信号输入。话筒输出信号根据产生方式分两种。一种是动圈式输出，是通过磁电线圈将人的声音在线圈上感应出电流信号，它的信号极其微弱，一般为 -60 ～ -40dbm。另一种是驻极体输出，是声压通过在驻极体内部的场效管产生的电流，其信号也很微弱。

线路输入可以是录音机输出信号，也可以是其他如 CD、VCD 或 DVD 等的音频信号。它的输出幅度较大，一般为 0dbm。

前置放大器是将输入的不同 MIC 或 LINE 输出信号放大，使不论何种信号输入，都有一个比较一致的信号输出。由于 MIC 信号输入微弱，它要求 MIC 前置通道有较大的增益，而 LINE 信号输入较大，它要求 LINE 前置通道增益不要太大。

功率放大器是将前置放大后的信号进行电流、电压放大，使得功率放大器输出的输出信号足以推动扬声器工作。功率放大器输出有两种形式；定阻输出和定压输出。一般地铁车站广播系统采用的是定压输出的功率放大器，列车广播系统则定阻、定压的功率放大器均有。功率放大器输出不论是定阻输出或电压输出，当输出负载过大或短路时，都会对功率放大器产生不良影响，损坏设备。

定阻输出是指功率放大器以恒定阻抗形式输出，由功率放大电路决定。它的输出阻抗一般分为 4Ω、8Ω、16Ω。它的输出电压不高，一般为十几～数十伏，对扬声器的阻抗要求很高。由于定阻输出电压不是很高，在较长距离传输时线路上衰耗较大，易造成功率不匹配及声音变轻，因此定阻输出适用于较短距离的传输，如小型会议室、影院。定阻输出阻抗与扬声器的阻抗应一致。

定压输出是指功率放大器以电压形式输出，它是在功率放大器电路输出与输出端口加入一个升压变压器，它的输出电压较高，一般有100V、120V、240V等。由于定压输出有较高的电压，线路上传输时衰耗影响不是很大，因此它可以进行较长距离的传输。同时由于该电压较高，不能直接推动扬声器，需在扬声器前加入一个变压器，将电压降到扬声器可以承受的范围内。

扬声器是通过电磁线圈将电信号还原成声音信号，达到最终广播的目的。扬声器输入电压或推动功率过大时，将损坏扬声器。

（二）输送变器的连接

输送变压器用于连接功率放大器及扬声器，将功率放大器输出的高电压变换为扬声器所需的电压。输送变压器的初级连接功率放大器的输出端，次级连接扬声器。初级连接时注意功率放大器的输出电压；次级连接时注意扬声器的阻抗。输送变压器的功率不能大于扬声器的功率。输送变压器有各种形式，可以是一个输入端一个输出端，也可以是多个输入端多个输出端。在选择变压器时必须综合考虑变压器、扬声器的功率及输出阻抗。

当使用一个输入端一个输出端的变压器时，在与功率放大器连接时必须选择与功率放大器输出电压相匹配的输送变压器，否则会改变变压器的输出端电压，影响扬声器的输出质量，重则会损坏扬声器。同时必须选择变压器的输出端与扬声器阻抗一致的变压器。当使用多个输入端多个输出端的变压器时，在连接时必须选择将输出端阻抗与扬声器的阻抗一致的位置上，输入端的连接也必须选择合适的位置才能保证变压器在最佳的状态下工作。

（三）列车广播系统

地铁广播系统由二部分组成，即列车广播和车站广播。各部分是相互独立的。

1. 列车广播系统的组成

列车广播系统组成主要包括车厢和驾驶室两部分。现在各种车型很多，各种车型在设备安装和组合上有很大不同。通常在驾驶室中主要有广播设备控制部分、话筒、司机监听喇叭、数字报站器、控制按键等。在车厢内主要有车厢喇叭、乘客与司机通话装置、广播设备放大部分。

2. 列车广播系统的功能

（1）服务功能

列车广播主要用于列车司机对每节车厢的乘客进行语言广播，为乘客预报到站站名和通告有关事宜。在特别情况下控制中心调度员也可对车厢内的乘客进行广播。

（2）系统功能

①司机对乘客广播：通过MIC或录音机（或电脑报站器）向乘客播报站名或通告，具有自动和人工两种播音方式。

②司机间联络：通过 MIC 沟通前后两个司机室间的联络。

③传达控制中心通知：控制中心的调度员可通过司机室的无线广播接口对车厢乘客广播。

④乘客与司机间的通话：通过在车厢内安装乘客通话装置，可以使乘客在紧急状态下与列车司机进行通话。

3. 列车广播设备各部件及模块的作用

列车广播设备中主要部件包括前置放大部分、控制部分、功率放大部分。前置放大部分包括麦克风音频前置放大、无线音频前置放大、报站器输入音频前置放大及 BUS（总线）通道音频前置放大。不同的前置放大器通道其输入端阻抗、增益不同，因此在进行连接时相互间不能出错。控制部分包括控制信号输入、控制分析和控制信号输出，控制分析有两种形式，即逻辑分析和程序分析；控制信号输入为话筒对乘客广播控制信号、报站器对乘客广播控制信号、司机间对讲通话控制信号、无线设备输出的对乘客广播控制信号以及来自另一端对乘客广播和司机间对讲通话控制信号；控制信号输出部分通过内部设备连接，根据输入控制信号经逻辑分析或程序分析控制各前置放大器及功率放大器输出，同时对其他车厢输出对乘客广播和司机间对讲通话控制信号。

为了便于乘客在紧急状态下与司机进行联系，在各列车车厢内还装有司机乘客对讲系统。

十二、电视监控设备

城市轨道交通闭路电视监控（Closed-Circuit Television，CCTV）系统为控制中心调度管理人员、车站值班员、列车司机及站台工作人员等对所管辖车站的站厅、站台、出入口、机房等主要区域提供实时视频监控服务，以确保城市轨道交通系统正常安全地运行。

城市轨道交通 CCTV 系统采用车站、控制中心两级互相独立的监控方式，正常情况下以车站值班员控制为主进行视频监控，控制中心调度员可任意选择上调各车站的任一摄像头的监控画面。在紧急情况下则转换为以控制中心调度员控制为主进行视频监控。在一个城市有多条线路的情况下，上层的线网管理中心可以设置为线网闭路电视监控中心，根据需要调看各线路监控画面，从而形成车站、控制中心和线网管理中心的三级视频监控系统。出于安全与事故取证要求，车站和控制中心还应具有录像功能。

（一）电视监控系统概述

由于历史、意识形态、经济差异等多种错综复杂的因素，当今社会伴随财富、人口增长的同时，恐怖与刑事犯罪日趋猖狂；随着高新技术的发展，恐怖、犯罪的手段日渐现代化、智能化，这已经成为国际性的社会问题。为此，各国政府根据其国力状况，纷纷强化社会公共安全防范体系的建设与巩固。另一方面，随着房地产业的空前火爆，以别墅、高档小区为代表的智能建筑的热销，引发包括视频监控、门禁系统、楼宇可视对讲系统在内的智能安防设备的需求。由于数字化、网络化的高速发展，在其信息化改造与建设中，各行各业从各自的生产管理、教育与人、物、信息流动等角度出发，充分认识到视频监控在安防设备的重要性，纷纷开始对包括视频监控系统的网络的进行建设。因此，有理由相信，未来社会对安防设备及其从业人员的需求会更加强烈，同时也提出了更高的要求，这也是此课程的意义所在。

（二）视频监控在技术防范体系中的地位

技术防范是公共安全防范体系的重要组成部分之一，由于其防范效果最佳，越来越受到各国的高度重视。技术防范的范围涉及入侵报警、电子巡更、视频监控、出 / 入口控制、楼宇可视对讲等多个领域，而视频监控系统又是技术安全防范体系的重要组成部分，它与入侵报警系统、门禁系统共同构成现代综合安全防范的三大要素。特别是近年来，视频监控系统在安防领域中的地位和作用日渐突出，作为动态监控、过程控制和信息记录的有效手段：视频信号本身具有可视、可记录及信息量大等特点，并能提供“眼见为实”的证据（这一点在法制社会的今天显得尤其重要）。

近年来，计算机技术（如多媒体技术、人工智能技术、信息处理技术、流媒体技术、卫星通信技术等高新技术）逐渐以嵌入式手段融入安全防范体系中，其发展的势头非常迅猛。例如，在国际大型机场的安全防范系统中，安全检查系统从 20 世纪 90 年代初已经装备 X 射线检测仪、三维图像彩色分辨仪，强化对可塑爆炸物、毒品的微量元素的检测。在这些检测设备附近均与报警装置相连。当安检人员检测到可疑物品时，马上将报警信号送到监控中心；与此同时，检测装置附近的摄像机自动摄取现场图像，为监控中心提供实时图像、声音及其相关数据显示。

（三）电视技术推动视频监控技术进步

电视技术与视频监控技术是一对“孪生兄弟”，前者广泛运用在广播电视领域，后者工作在安全防护系统中。一般说来，视频行业的新技术都先应用于前者，然后再“嫁接”给后者。例如，电视技术在 20 世纪初出现以来，便处于不断发展的状态中，从黑白电视到彩色电视，从模拟电视到数字电视，从一般清晰度电视到高清晰度电视（HDTV），每个阶段都伴随着时代发展的最新技术。而作为电视技术在非广播电视领域的重要分支——视频监控技术也得到同样飞速的发展。例如，当摄像机（光电导摄像管式）能把刚在演播室拍摄的电视图像经电波传播，这种技术现已用于安全监控领域。现在，当电视台初步推广新闻网络编播系统时，同样基于网络的视频监控系统就迈出追赶的步伐：安检人员使用鼠标，便可迅速对整个视频监控系统进行全面的监视与控制。这样，无论本系统前端或由网络传输的远端各分系统，均能进行监控。同时，整个视频监控系统监视的所有图像、可辨的声音、报警数据均能实时、有效地记录在数字式硬盘录像机（DVR）中，以作备用。

视频监控系统是安防体系中防范能力极强的一个综合系统。整个系统包括摄像、传输、显示和控制 4 个部分，涉及电学、光学和机械学等相关学科。

综上所述，电视技术的发展同时引发着视频监控技术前进的步伐，由于现行视频监控系统的图像质量仍然停留在 PAL（Phase Alteration Line，电视广播）制式的 1625 行 /50 场、画面宽高比为 4∶3 与 16∶9 的普通水平，因此其清晰度受到现有制式的限制。随着数字电视及全数字高清晰度电视的普及，在不久的将来，高清晰度电视技术将迅速融入监控系统其图像清晰度相对于现有的图像清晰度可提高 4 倍。那时，当摄像机在宽视场范围内监视高速公路路况时，就不会再因监控画面中的肇事车辆牌号不清楚而束手无策了。

（四）视频监控系统的应用现状与数字化进程

1. 欧美视频监控系统的应用

安全防范设备在美国的应用非常广泛，其层次也很高，有很多值得借鉴的地方。根据联邦调查局（FBI）公开统计报告中的相关资料证实，在美国，几乎每半分钟便产生 1 起恶性案件，而盗窃等与财产有关的案件每 3 秒便有 1 起。因此，视频监控系统作为预防犯罪的有力武器，在美国得到了广泛的应用。几乎所有的银行、商店、加油站、美术馆、图书馆、ATM 机、机场、公交 / 地铁站、写字楼、停车场、宾馆、医院、学校等，都安装有视频监控系统。在欧洲，无论是高楼大厦，还是路口车站，甚至地下铁路、站台等地方也都设置了视频监控系统。金融街、金融市场、政府重要部门等也引进了视频监控设备。夜间警戒是以视频监控为中心，把高精度小型摄像机安装在路灯上，实行 24h 持续监控，监视信号直接传到警察局通信指挥中心。据抽样调查，在公共场所普及这种安全措施后，犯罪率减少了 50%，特别是在 2005 年英国发生的地铁爆炸案件中，视频监控系统准确、有效地将恐怖分子的面貌与犯罪行动记录下来，为此案的侦破起到了重要作用。

2. 视频监控系统的现状与前瞻

首先说明一点，由于一般的视频监控系统自成体系且大都采用闭路结构，所以，视频监控系统以前又被称为闭路电视监控系统。不过，由于此系统主要针对视频信号数据进行处理与控制，对音频信号的处理与控制相对较少，且对图像的质量要求相对高于广播电视；另一方面，也可以通过无线微波传输模拟视 / 音频及控制信号；也存在经过无线网桥传输数字视 / 音频及控制信号的局部开路视频监控系统。因此，再将其称为闭路电视监控系统是不恰当的，准确的名称应该是视频监控系统。按其结构与控制特点，视频监控系统又分为传统视频监控系统、多媒体视频监控系统、基于网络的视频监控系统，后者还有基于局域网与广域网之分。而基于广域网的监控系统的典型为远程数字视频监控，它以流媒体传输模式由以太网络、SDH（Synchronous Digital Hierarchy，同步数字体系）和 HFC（Hybrid Fiber-Coaxial，混合光纤同轴电缆网）等网络进行多媒体数字信号传输，广泛应用于远程电视、电话会议、教学及医疗等领域。

（1）图像摄取

近几十年来，视频监控系统的迅速发展，得益于图像信号的采集（生成）和传送这两项关键技术的突破。早期的图像采集由光电导摄像管式的摄像机来实现，体积大而笨重，多应用于宽敞的电视演播室内，而以 LSIC（大规模集成电路）技术为基础的 CCD（Charge-Coupled Device，电荷耦合元件）摄像器件既适合于大批量生产，又宜于质量和成本控制，因而一经问世即成为摄像器件的主流。除了人们所共知的一些优点外，CCD 摄像机的低价格和长寿命弥补了摄像机和视频监控系统以往那种价格昂贵、难于维修的缺憾，对视频监控系统的普及起到了极大的推动作用。

CCD 摄像机目前已处于成熟期，灵敏度、图像分辨率、图像还原性等指标均已达到很高的水平。大多数摄像机都具有电源锁相、电子快门、背光补偿等基本功能，新型摄像机还大都采用了 DSP（数字信号处理）技术，进一步提高了整机性能。彩色摄像机具有鲜明的色彩，图像视觉效果良好，而且其分辨率并不比黑白摄像机低，因而在视频监控系统中的应用率不断提高。虽然在红外夜视情况下，彩色摄像机尚不能与黑白摄像机相比，但彩色 - 黑白日夜两用型摄像机的问世则弥补了彩色摄像机在这方面的不足。另外，摄像器件成像面（CCD 的感光靶面）的小型化，由较早的 1 英寸、2/3 英寸到 1/2 英寸、1/3 英寸，直至全新的 1/6 英寸型，并没有使图像分辨率和灵敏度下降，并且使其体积小、质量轻、价格低、可靠性高的特点更加突出。将来，各种非光学的摄像机，如采用碲镉汞材料的前视红外焦平面技术的热成像摄像机将从军事领域移植过来，应用在高档的、特殊的视频监控系统中，它以探测目标与背景的温差成像，不受烟雾、黑暗等恶劣环境的影响，还不像红外灯那样暴露自己，特别适宜应用于特殊要求及带有消防分系统的视频监控系统等领域。

（2）图像传输

由于大多数视频接收设备仍采用模拟方式，且模拟信号在近距离传输时是最具实时性、最经济的，因此，视频基带信号仍为传统的输出方式；现在生产的彩色摄像机已拥有亮色分离（Y/C）输出功能；用于圆桌视频会议、可视电话的 DSP 摄像机也有并口型 /USB 插口型，可直接接入计算机的并口 /USB 接口。

事实上，以恰当方式实现远程、低失真的频信号传送，是保证视频监控系统基本质量、应用范围的关键。一直以来，采用同轴电缆的基带信号传输是基本的应用方式，它具有简单可靠、附加设备少的特点，但同时又是限制视频监控应用范围的技术障碍。而模拟方式的传输要保证宽带信号具有高的 S/N（信噪比）和低失真是十分困难的，为增加传输距离所采取的补偿又会引入新的失真（这一点对于宽带视频信号尤为突出）。

光纤传输技术是通信领域革命性技术，一经出现便很快被应用在视频传输领域中。采用光纤传送视频信号，使无中继传输距离从同轴电缆的几百米提高到几十千米，还拥有极高的图像质量，使多路传输和双向传输变得十分容易，为扩展视频监控的应用范围和控制距离起到关键作用，也为远程（网络教学、高速公路等）、大型视频监控系统（住宅小区、大型建筑等）的建设与管理打下坚实的物质基础。然而在目前视频监控系统中，光纤传输的应用层次还比较浅，大多数系统都是采用 IM（Instant Messaging，即时通信，实时传讯）方式的视频基带信号传输，光纤仅起到代替同轴电缆的作用，作为一个新的宽带、低损耗介质，光纤通信技术的真正优势和潜力并未充分地体现与发挥，其原因主要是由于模拟视频信号传输的方式及视频监控系统的结构特点所致。我们相信，随着光纤双向、频分、波分复用技术的成熟，光纤放大器的实用化，光纤传输的无中继距离和传输容量将会有更大的提高。掺铒光纤放大器（EDFA）不仅能提高增益、增加无中继距离，还具有宽带增益，对多路光载波传输不会引起串扰，配合波分复用技术又可实现高密度的通信，将会成为最新的光纤通信系统的发展方向之一。

（3）图像的显示与记录设备

由于经济因素，CRT 还是视频监控系统的监视器的主流，但随着 LCD、PDP 等平板显示器已经应用在高档领域中，数字图像记录设备——数字硬盘录像机已成为视频监控系统的主流，而且新一代采用 MPEG4、H.246 等数字压缩标准的数字硬盘录像机（DVR）的出现，将使基于局域网、广域网的多画面实时传输与存储技术逐步成熟。全新概念、全新形式的跨省（市）的综合性多媒体数字监控系统的前途将更广阔，应用会更广泛。

（4）系统的控制设备

随着微处理器、单片机的功能性的提高及增强，各种专用 LSIC、ASIC 的出现和多媒体技术的应用，使得系统控制设备在功能、性能、可靠性和结构等方面都发生了很大的变化。视频监控系统的构成更加方便、灵活，与报警和出 / 入口控制系统的接口趋于规范，人机交互界面更为友好。

随着与计算机系统融合程度的强化，基于计算机网络的综合型全数字监控系统已应用在智能化建筑中，其范围涉及视频监控、防盗报警、门禁和电子警戒等子系统，应用的领域也由单纯的安全防范向生产管理、系统检测与监测等全方位扩展。例如，教育部门的实时远程教学、教学资料的交换；高速公路及收费站的实时图像、数据监测；在煤矿企业，可将其用于井下瓦斯浓度状态的远程实时数据监测等方面。

3. 视频监控系统的数字化进程

由于传统模拟视频设备的发展已进入瓶颈阶段，因此，为满足更高的要求，系统就必须向数字化方向发展。数字信号具有频谱效率高、抗干扰能力强、失真小等模拟信号无法比拟的优点，同时也存在数字信号处理数据量大、占用频率资源多的问题，只有对数字信号实现有效的压缩，使之在通信方面的价格与模拟信号基本相同，它的优点才能表现出来，并具有实用性。在数字电视与高清晰度电视市场的拉动下，与数字电视相关的各种数字视频技术得到了迅速发展，相应的技术标准、算法及专用芯片，数字图像信号的摄取、处理、传输、记录等设备也得到广泛的应用。视频监控的数字化进程主要表现在以下三个方面。

（1）动态图像传输的成功应用

利用窄带介质、采用低数据率传输动态图像的可视电话和电视会议是数字视频较为成功的实例。尽管其图像质量（分辨率、帧率）远低于广播电视，但其传送的信息量作为图像监控的目的是足够的。动态图像传输是图像压缩技术和调制解调技术结合的产物，其图像压缩、处理、记录都是在数字基础上进行的。采用 Modem 将数据流通过公用介质传送，是目前远程视频监控系统的技术基础。远程视频监控系统利用公共信息网络的开放性，可实现远距离的信息传送和控制。

（2）多媒体技术完全融入视频监控系统

多媒体视频监控系统将传统视频监控系统的所有功能交由计算机来实现，可以处理图形、图像、声音、文本等多种信息资源，并且有多种方式的人机交互界面。图像系统是最能体现多媒体特点的应用领域，然而其信息量大，在传输和存储时，所需数据处理速度要求很高。但随着视频技术、图像压缩技术和计算机技术的发展、相应标准的完善、各种专用芯片的研制成功，这一问题得到了初步解决。因此，多媒体技术在视频监控系统中得到了广泛的应用，且是今后视频监控系统的发展趋势。

（3）广泛使用数字信号处理技术

各种视频设备普遍采用数字信号处理技术，如摄像机，图像拼接、分割、分时记录和视频探测等。这些设备的输入和输出仍为模拟视频信号，在机内将其转换为数字信号进行各种变换和处理。采用 DSP（Digital Signal Processing，数字信号处理）和 DRAM（Dynamic Random Access Memory，随机存取存储器）对信号进行并行和分时处理，可以方便地分别处理各分量信号，实现多路视频信号之间的同步，解决扫描变换和开窗采样等问题，很容易地完成各种图像的分解、组合及简单的图像分析，使各种设备的功能更为完善，性能大为提高。也有许多设备开始采用数字输入和数字输出方式，如大屏幕显示的图像合成、切换、分配设备、远程监控设备等。这表明 DSP 技术和器件已趋于成熟，其应用也为 CPU 在视频设备中的应用提供了更加有利的环境，使得信号的变换、处理和控制均处在同一个数字层面上，同时也使视频设备与计算机的连接更加方便。

进入 21 世纪，由于电视技术、计算机技术、通信网络及国际互联网的飞速发展，人类社会进入了数字化时代，世界即将成为“数字家庭”。视频监控系统也将跨越技术安防体系单一的范畴，成为管理智能化综合性多媒体数字监控系统。让我们畅想未来：装有各种传感器的房间的温度、湿度、空气流速及清洁状况通过多媒体计算机自动控制，住户也可通过电话线向监控中心发出视频点播命令，监控中心将住户点播的节目通过有线电视网传递给住户；同时住户也可以利用电话线通过监控中心接入 Internet，而住户从网上得到的信息也可以由监控中心通过有线电视网传递给住户；一旦发生报警，监控中心将切断住户的所有节目源，将报警点的各种图文信息发送出去，将综合服务功能结合到多媒体视频监控系统中。

城市轨道对闭路电视监控系统的基本需求如下：

（1）城市轨道的 CCTV 系统监控画面的质量，应达到广播级标准清晰度电视或 DVD 的质量标准。车站值班人员、控制中心调度员应能对监控图像进行选择显示，以自动循环显示方式或画面分割方式调看已设置分组的图像，或调看某一监控点的图像。

（2）系统可实现控制中心、车站和司机的三级监控。三级监控应是自成系统的，控制中心应有权调看车站级的监控点图像或回放历史图像。

（3）车站一级的用户包括车站值班员或防灾值班员，应能任意地选择、控制本车站中任意一台或是一组摄像机的图像，并切换到相应的监视器上。

(4)控制中心的用户包括行车调度员、环控(防灾)调度员、电力调度员、维修调度员、公安值班人员应能选择、控制全线所有车站内的任意一台或一组摄像机的图像,并切换在其相应的监视器上。

(5)通过合理安排 2 ～ 4 台站台定焦摄像机的位置,给列车司机提供能观察到全站台乘客上下列车情况的监控画面,用以控制车门和屏蔽门的开闭,防止夹伤乘客。站台摄像机无控制功能,其输出的视频信号送列车司机可以看到的站台监视器,或采用无线传输方式传至列车驾驶室的监视器上。

(6)控制中心和车站的监控画面能进行选择与控制,可采用人工切换或自动扫描方式。

(7)安防、门禁、烟雾等告警可与图像切换功能、摄像头控制进行联动。即报警时,环控(防灾)调度员所监控的画面自动切换到告警点相关的摄像机画面。若采用一体化摄像机,在安防告警时,摄像机的摄像头自动对准报警点并自动监听现场的声音;在门禁告警时,摄像机的摄像头自动对准被非法开启的门;烟雾告警时,摄像头自动对准烟雾告警区域。若同时出现多处告警,则监视器循环显示事故现场。

(8)各级用户的监视器是独立分设的,数量根据用户的需要而确定。

(9)各个城市轨道车站配置有硬盘录像设备,各摄像机的监控画面均需进行自动录像,并能保持一定的时间,以备日后调看。在控制中心亦配置有硬盘录像设备,用以录制切换到中心监视器上的图像。控制中心行车调度员使用的监控设备具有人工 / 自动录像和放像的功能。

(10)城轨闭路电视监控系统的车站监控区域,按上、下行站台区及站厅区(进 / 出口、电梯、闸机、自动售票等)划分。

(11)城轨闭路电视监控系统目前采用彩色摄像机。分为带有云台、电动镜头的一体化摄像机和不可控制的定焦距的固定摄像机。车站值班员和控制中心调度员可通过操作控制键盘对一体化摄像机进行遥控,控制摄像机的角度、焦距、光圈和距离。

(12)车站一级视频监控系统的视频信号采用射频同轴电缆连接,控制信号采用屏蔽 2 芯线连接;车站至控制中心的上行视频信号和下行控制信号,通过城市轨道专用传输系统进行传输。

(13)各监视器显示的图像上应叠加有车站名称、监控区域名称、摄像机编号以及摄像日期和时间等信息,维护人员可以更改以上信息。

(14)主要设备应具有或自动检查功能,自动部分包括:自测试、自诊断、故障寻迹等自检功能,并可上传故障告警信息,或由控制中心集中采集检测结果。

(15)设备应具有抗电磁干扰的能力。

十三、无线调度台

地铁通信是构成地铁各部门之间有机联系、实现运输集中统一指挥、行车调度自动化、列车运行自动化、提高运输效率的必备工具与手段。

车厂信号楼设1台无线调度台，电客车两端司机室内各配置1套车载台设备，无线调度台作为信号楼与电客车司机联控的主要设备。

下面介绍无线调度台的基本操作，无线调度台登录对话框如图2-30所示。

图2-30 无线调度台登录对话框

（一）回呼请求功能介绍

呼请求对话框用于显示调度台接收到的电台回呼请求，显示内容包括：接收到回呼请求的时间、请求回呼的电台及电台所在列车的车组号（如果是固定台，则显示电台所在车站）。另外，该对话框提供回呼按钮、删除按钮和清空按钮，通过这些功能按钮，调度用户可以对回呼请求做相应的处理。

当接收到回呼请求时，调度台会给出声音提示，同时回呼请求对话框的标题会不停闪烁（当用户点击回呼请求列表或回呼请求对话框上的相关按钮时，标题不再闪烁）。

回呼请求对话框如图2-31所示。

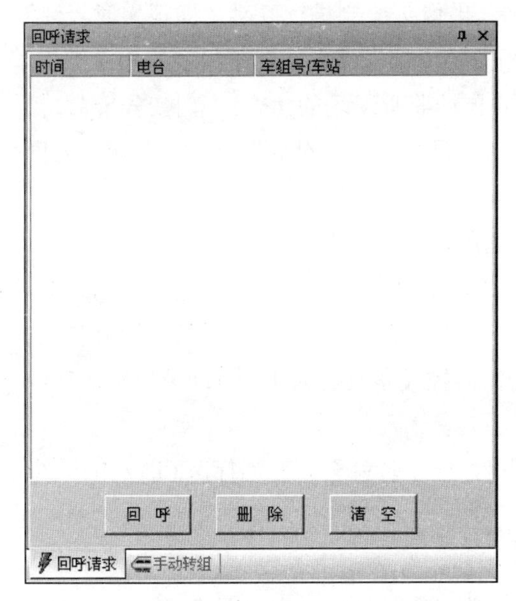

图2-31 回呼请求对话框

当在回呼请求列表中点击鼠标右键时，将会弹出一个菜单，通过该菜单，可以删除或清空回呼请求。

回呼请求对话框的右键菜单如图2-32所示。

当回呼请求列表中没有请求时，右键菜单为灰色——不可用(图2-33)。

图2-32 右键菜单

图2-33 灰色右键菜单

如果回呼请求列表中有回呼请求，但点击鼠标右键时没有选中某个回呼请求，则此时弹出的右键菜单只有“清空”可以使用，而“删除”为灰色——不可用；如果在回呼请求列表中选中一个回呼请求，并在其上点击鼠标右键，则所弹出的右键菜单的“删除”和“清空”都可以使用：选择删除时，仅删除选中的回呼请求；选择清空时，将清空回呼请求列表中的内容。

(二)个呼功能介绍

调度用户可以通过个呼对话框进行个呼发起、个呼应答、电话转接、呼叫保持与接入等操作。个呼对话框如图2-34所示。

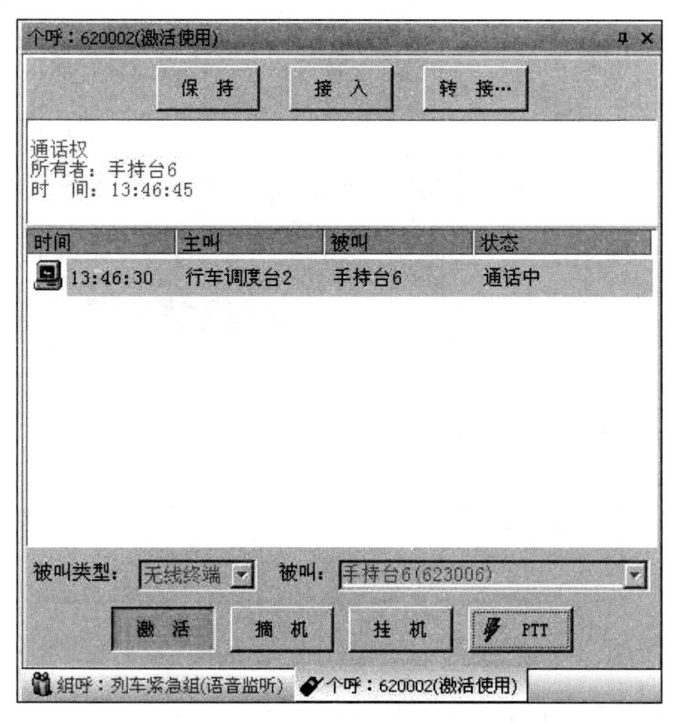

图2-34 个呼对话框

个呼对话框能够显示当前呼叫的通话权所有者，以及获得通话权的时间，并在列表中显示呼叫信息，显示内容包括：发起或接收呼叫的时间，主叫方、被叫方及呼叫状态（呼叫状态包括：未接听、通话中和保持），如果有多个个呼，则在列表中依次显示，当呼叫结束时，软件会从呼叫列表中删除该呼叫。

个呼对话框提供两个下拉列表框，用于选择被叫类型（无线终端/有线电话）和选择被叫方。

另外，个呼对话框提供各种操作按钮，包括：激活、摘机、挂机、PTT、保持、接入以及转接。

(1)激活：激活按钮为两态按钮，当该按钮被选中时，表示个呼资源被激活，此时按钮颜色为绿色；当没有选中该按钮时，表示个呼没有被激活，按钮颜色为灰色（系统颜色），可以通过鼠标左键点击该按钮来切换选中和未选中状态。

(2)摘机：摘机按钮用于发起个呼或应答接收到的个呼。

(3)挂机：挂机按钮用于结束个呼呼叫。

(4)PTT：PTT按钮为个呼的发送键，当个呼建立后，可按下PTT按钮获取通话权，获取通话权后，PTT 按钮将变为绿色,其图标变为红色,此时可对话筒讲话,讲话完毕后松开 PTT 按钮,释放通话权。

(5)保持:保持按钮用于保持当前选中的个呼。

(6)接入:接入按钮用于重新接入被保持的个呼。

(7)转接:当调度台接收到个呼时,点击“摘机”按钮应答该呼叫之后,可以点击“转接…”按钮调出个呼转接对话框,通过个呼转接对话框,调度用户可以将呼入的个呼转接给第三方用户。个呼转接对话框如图 2-35 所示。

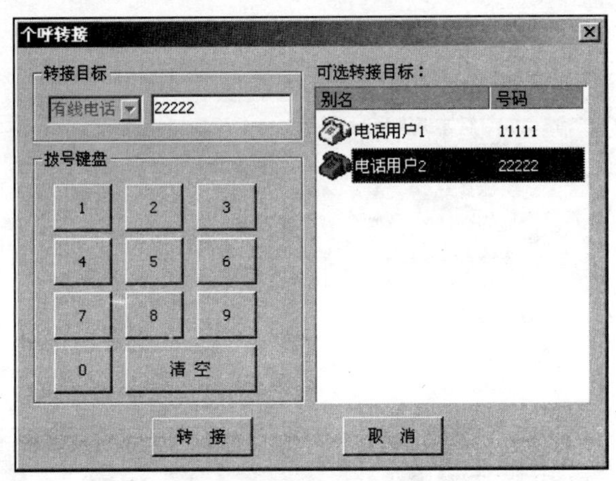

图 2-35 个呼转接对话框

(三)通话组监听功能介绍

通话组监听对话框用于设置和显示通话组的监听状态。该对话框通过列表来显示通话组的监听状态,显示内容包括:通话组开始被监听的时间、通话组名称、通话组监听状态以及呼叫 ID。

通话组的监听状态包括:事件监听、语音监听、使用和激活使用。

(1)事件监听:事件监听为不带语音的监听级别,此时,调度台软件只能看到该组内的呼叫信息,无法听到该组的声音。

(2)语音监听:语音监听通话组时,该通话组的声音将从副选扬声器发出,能够使用调度台软件上的 PTT 进行发送,但不能使用桌面上的硬件 PTT 按钮进行发送。

(3)使用:通话组的监听级别为使用时,该组的声音将从副选扬声器发出,能够使用调度台软件上的 PTT 进行发送,但不能使用桌面上的硬件 PTT 按钮进行发送。

(4)激活使用:同时只能有一个激活使用的组呼,通话组被激活后,其声音将从主选扬声器发出,并可以使用桌面上的硬件 PTT 按键进行发送。

(5)呼叫 ID:如果该通话组中有呼叫,则显示该呼叫的呼叫 ID;如果通话组中没有呼叫,显示为空。

通话组监听对话框如图 2-36 所示。

通话组监听对话框的监听列表提供右键菜单，通过该菜单可以设置通话组的监听级别，该右键菜单如图 2-37 所示。

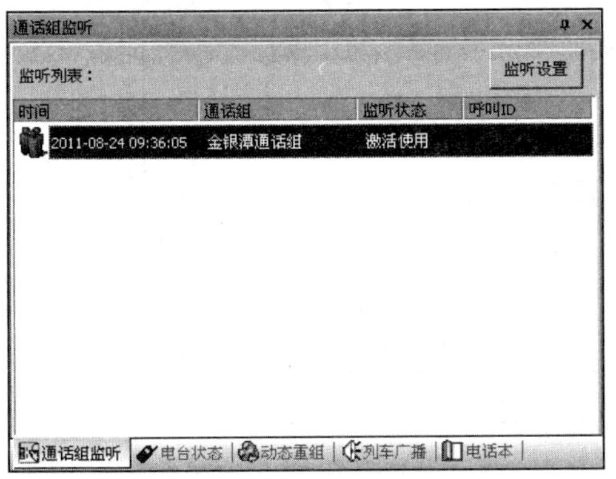

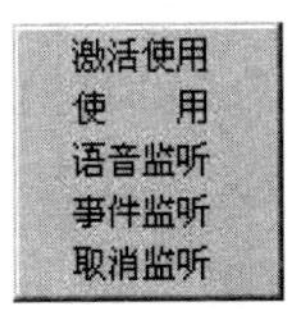

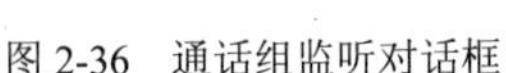
图 2-36 通话组监听对话框

图 2-37 监听级别菜单

在通话组监听对话框的监听列表中，双击某个通话组，可以将该通话组的监听状态设为激活使用。

点击通话组监听对话框的“监听设置”按钮，将弹出监听设置对话框，如图 2-38 所示。

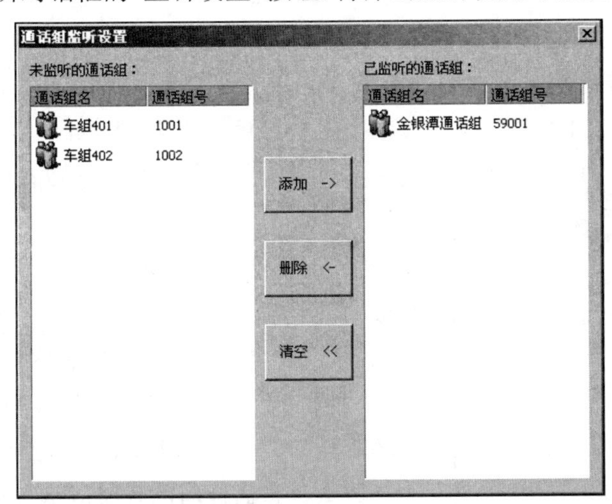

图 2-38 监听设置对话框

（四）功能介绍

组呼对话框是调度用户最常用的一个对话框，调度用户可以通过该对话框发起组呼并与电台进行组呼通信。

组呼对话框如图 2-39 所示。

组呼对话框可以显示当前通话权所有者及获得通话权的时间，并能够以列表的形式显示通话权历史纪录。

组呼对话框的操作按钮包括：激活、预占优先、PTT、组成员。

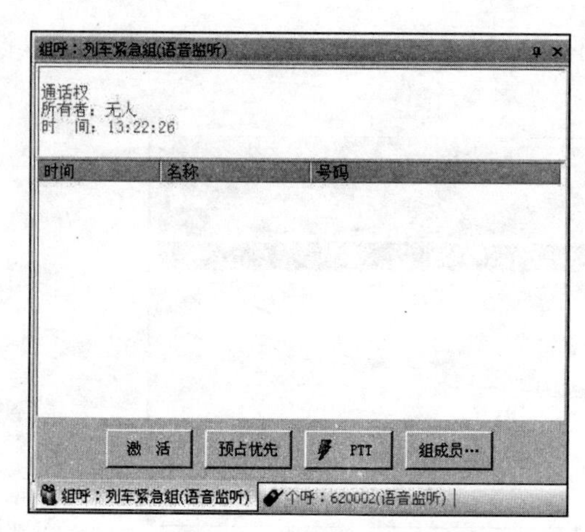

图 2-39 组呼对话框

（1）激活：该按钮为两态按钮，如果当前通话组没有被激活，则当点击该按钮时，将激活选中的通话组，通话组被激活后，该按钮变为绿色；再次点击该按钮，将取消通话组的激活状态，按钮颜色将变为灰色（系统颜色）。

（2）预占优先：预占优先按钮也是两态按钮，点击该按钮时，按钮变为绿色，表示使用预占优先；再次点击该按钮，按钮颜色变为灰色（系统颜色），表示不使用预占优先。

（3）PTT：PTT 按钮是组呼的发送键，对某个通话组讲话时，需要按住该按钮，讲话完毕后再松开该按钮（按下 PTT 按钮时，如果该按钮变为绿色，且图标变为红色，表示已经获取通话权，此时即可对话筒讲话；松开 PTT 按钮后，将放弃通话权，此时，终端可以在该组中请求通话权并讲话）。

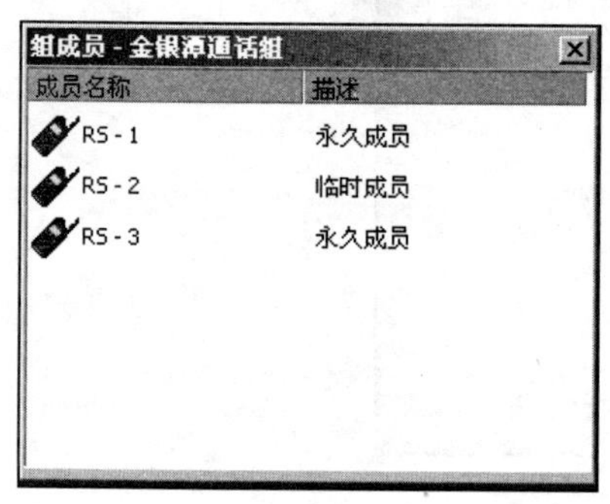

图 2-40 通话组对话框

组成员：点击“组成员”按钮时，调度台软件会弹出组成员对话框（图 2-40），显示当前选中通话组的成员信息，显示内容包括组成员的名称（即电台别名）和成员类型，成员类型共有两种：永久成员——该电台是通话组的永久成员，不能通过动态重组将其删除；临时成员——该电台是通话组的临时成员，可以通过动态重组功能将该电台从通话组中删除。

（五）便携式手持台

（1）800M 电台

800M 电台是车厂行车组织的主要通信工具（图 2-41），正常情况下调至“车辆段组”频道，特殊情况下根据需要调至“应急组”“正线司机组”等需要的频道。

（2）400M 电台

400M 电台是车厂行车组织的辅助通信工具（图 2-42），主要用于联控工程车司机、监控车厂内行车作业等。

图 2-41　800M 电台　　图 2-42　400M 电台

第三节　联 锁 设 备

一、联锁基本定义

联锁是铁路信号保证行车安全的重要技术措施，指的是信号设备与相关因素的制约关系。广义的联锁泛指各种信号设备所存在的互相制约关系。狭义的联锁，即一般所说的联锁专指车站信号设备之间的制约关系。为保证行车安全，联锁关系必须十分严密。

车站内有许多线路，它们用道岔联结着。列车和调车车列在站内运行所经过的径路，称为进路。按各道岔的不同开通方向可以构成不同的进路。列车和调车车列必须依据信号的开放而通过进路，即每条进路必须由相应的信号机来防护。如进路上的道岔位置不正确，或已有车占用，或敌对进路已建立，有关的信号机就不能开放；信号开放后，其所防护的进路不能变动，即此时该进路上的道岔不能再转换。信号、道岔、进路之间的这种相互制约的关系，称为联锁关系，简称联锁。

联锁的基本内容包括：

（1）防止建立会导致机车车辆相冲突的进路。

（2）必须使列车或调车车列经过的所有道岔均锁闭在与进路开通方向相符合的位置。

（3）必须使信号机的显示与所建立的进路相符。

进路上各区段空闲时才能开放信号，这是联锁最基本的技术条件之一。如果进路上有车占用，却能开放信号，则会引起列车、调车车列与原停留车冲突。这是绝对不容许的。

进路上有关道岔在规定位置才能开放信号，这是联锁最基本的条件之二。如果进路上有关道岔开通位置不对却能开放信号，则会引起列车、调车车列进入异线或挤坏道岔。信号开放后，其防护的进路上的有关道岔必须被锁闭在规定位置而不能转换。

敌对信号未关闭时，防护该进路的信号机不能开放，这是联锁最基本的技术条件之三。

否则列车或调车车列可能造成正面冲突。信号开放后,与其敌对的信号也必须被锁闭在关闭状态,不能开放。

二、联锁设备及其功能

(一)联锁设备

控制车站的道岔、进路和信号,并实现它们之间的联锁关系的设备,称为联锁设备。联锁设备可以采用机械的、机电的或电气的方法来实现,可以分散控制也可以集中控制。

联锁设备有继电集中联锁和计算机联锁两大类设备。

用电气的方法集中控制和监督全站的道岔、进路和信号机,并实现它们之间联锁的设备称为电气集中联锁设备,简称电气集中联锁。若是用继电器组成的电路来进行控制并实现联锁的设备,称为继电式电气集中联锁,简称继电集中联锁。继电集中联锁采用色灯信号机,道岔由转辙机转换,进路上所有区段均设有轨道电路,在信号楼进行集中控制和监督。

电气集中联锁把全部道岔、进路和信号集中起来控制和监督,在一定程度上实现了站内行车指挥的自动控制,能准确及时地反映现场行车情况,不再需要分散控制时所需的联系时间,而且完全清除了因联系错误而引起的事故,因而大大提高了行车安全程度和作业效率,并且极大地改善了行车人员的劳动条件。电气集中联锁具有操作简便、办理迅速、表示完善、安全可靠等一系列优点。

计算机联锁大大提高了继电集中联锁的功能,并方便设计、施工、维修和使用。计算机联锁正在迅速发展,是车站联锁设备的发展方向。

(二)联锁设备的功能

联锁的目的就是防护进路,主要工作为进路建立和进路解锁。进路建立是指进路开始办理、到防护该进路的信号机开放这一阶段。进路解锁是指从列车驶入信号机后方(驶入进路),到出清进路中全部轨道区段的阶段,或者指操作人员解除已建进路的阶段。

1.进路的组成

进路根据防护的安全等级可以分成安全进路和非安全进路,安全进路是指路径上有道岔并且要运行旅客列车的进路;非安全进路则指其他一切进路。

进路一般由三部分组成,为主进路、保护区段和侧面防护,其中侧面防护又可以分成主进路的侧面防护和保护区段的侧面防护两种。

(1)主进路

主进路是指进路上从始端信号机至终端信号机通过的路径,包括道岔、信号机、区段等要素。在大铁路中知道信号机开放要检查全部区段的空闲,但在装备有准移动闭塞的地铁信号系统中联锁设备不检查全部区段,只检查一部分区段,这些被检查的区段叫作监控区段，每次列车通过这些区段后能自动将运行模式转为SM模式（ATP监督人工驾驶模式）或ATO自动驾驶模式。列车之间的追踪保护就由ATP自动列车保护系统来防护了，由ATP保证列车前后之间的距离，防止出现列车追尾现象。

（2）保护区段

保护区段是指终端信号机后方的1～2个区段，这是为了避免列车由于某种原因不能在信号机前方停车而冲出信号机，从而导致危及列车安全的事故的发生，类似与于大铁路的延续进路。

（3）侧面防护

侧面防护是指为了避免其他列车从侧面进入进路，与列车发生侧向冲突，类似大铁路上的双动道岔和带动道岔的处理。防护主进路的侧面防护叫主进路的侧面防护防护保护区段的侧面防护叫保护区段的侧面防护。

2. 进路的选择原则

1）监控区段的选择原则

（1）无岔进路。通常在始端信号机后方选择一定数量的轨道区段，这个数量的轨道区段长度足够使列车驶入该进路时，其驾驶模式能从RM模式转换到SM模式或ATO模式（通常选择两段轨道电路）。

（2）有岔进路。通常在始端信号机后方轨道区段开始一直到最后一个道岔区段再加个轨道区段，并且如果该轨道区段不能容下一列车，则需要增加其后的一个轨道区段作为监控区段。

2）保护区段选择原则

根据保护区段设置的时机，可以分为不延时保护区段和延时保护区段。当一条进路中可以运行一列以上的列车时，才具有延时保护区段的概念。排列进路时，并不同时排列保护区，只有当列车接近终端信号机、占用某个特定的区段时，才排列保护区段，这种不在排列进路时排列的保护区段就叫延时保护区段。该特定的区段被称为保护区段的接近区段。根据保护区段经常使用的方向可以分成普通保护区段和分支保护区段。如果不考虑列车出入车厂，在正常的行车中，一般是进行双线单向循环运行，信号机总是排列固定方向的进路。如果涉及列车出入车厂、存车线存车出车作业时，则某些信号机需要排列各种方向的进路。与此相对应，保护区段也可开通正常循环运行的方向或出入车厂、存车出车作业，将开通正常循环运行方向的保护区段称为普通保护区段，而将开通其他方向的保护区段称为分支保护区段。设置分支保护区段可以加快运营、提高效率和避免增加道岔操作。通常，用终端信号机后方的第一个轨道区段作为该条进路的保护区段，但不包括以下两种情况。

（1）是如果ATP的保护区段定义于终端信号机的前方时，能提高终端信号机后方区段的灵活性，且又不阻碍终端信号机前方区段的运营，则此终端信号机只有ATP保护区段而无联锁保护区段，即不设置保护区段。

（2）是如果终端信号机之后的轨道电路长度短于计算的ATP保护区段，则有多个轨道电路作为保护区段。

3)侧面防护的选择原则

(1)侧面防护要素和要求。能提供侧面防护的元素主要有以下三种情况。

①如果使用道岔,则该道岔将被锁阳在进路侧面防护要求的保护位置上。

②如果使用信号机,并非锁闭该案信号机,而是检查该架信号机的红灯灯丝是否正常。

③提供侧面防护的信号机同时,可以办理同本条进路无敌对关系的进路。

侧面防护共有两级。第一级包括侧面防护必需的要素,即每一个防护点的所有防护要素。第二级中的每个道岔要素可以定义多个第二级要素与之对应。如果条件具备,第二级要素将被用于侧面防护。如果不可能(如道岔已由另一条进路的侧面防护锁闭于相反的方向),而此时第二级侧面防护条件具备,那么,第二级要素将被用于侧面防护(如果二级要素有的话)。如果第二级侧面防护条件不具备(或者并不存在),进路防护信号机将不开放而在这种情况下,进路已经设置且被锁闭,防护信号机将达到引导信号的监督层。如果二级侧面防护条件具备,防护信号机将会自动开放。

④超限区段检查。当防护点没有相应的道岔提供防护,并且存在轨道区段侵限问题,则要根据提供侧面防护的道岔的方向,检查轨道电路的占用。

(2)选择侧面防护要素的原则

①进路的侧面防护是由锁闭在侧面防护保护位置的道岔,或者是由包括同进路 NX 敌对的道岔在内的所有进路的防护信号机具备开放红色信号机来实现的。道岔所提供的保护具备最高优先级。

②安全进路的第一级侧面防护由道岔提供。

③以下条件必须满足:

a. 当安全进路、非安全进路同时办理,且两条进路的侧面防护道岔会发生冲突时,非安全进路的侧面防护将会由信号机来完成。即在任何情况下,安全进路都会优先于非安全进路得到道岔作为侧面防护,那么非安全进路要该放弃道岔做侧面防护的要求。

b. 对应第一级的侧面防护道岔,在第二级侧面防护中有相应的侧面防护信号机作对应以提供系统的灵活性。当办理两条安全进路时,若同时要求同一个道岔提供不同防护位置发生冲突时,则先办的进路将得到道岔作为侧面防护,后办的进路将只得到信号机作为侧面防护。

c. 如果该敌对道岔没有处于保护位置,作为侧面防护必须检查轨道电路 TCX 的空闲状态。

d. 如果敌对道岔处于侧面防护的位置并且被锁闭,将不需要检查轨道电路 TCX,作为信号机 SX 的保护区段的轨道电路(不考虑实际保护区段长度)超过警冲标志、侵入界限,则另外两条用 SX 信号机提供侧面防护的进路是不能开放的。保护区段的侧面防护通常由信号机提供。

3. 进路建立

1)进路要素的可行性检查

进路要素的可行性检查由联锁计算机完成。该计算机首先检查所选进路的始端、终端信号机构成的进路是否为设计的进路,然后检查所选进路中的要素,检查内容包括:

（1）进路中的道岔没有被其他进路或人工锁同在相反的位置上。

（2）进路中的道岔或轨道区段没有被封锁禁止排列进路。

（3）进路中的信号机没有被反方向进路征用。

（4）道岔或监控区轨道电路没有被进路征用。

（5）进路上的其他区段没有被其他反方向的进路征用。

进路要素的检查顺序为从终端信号机开始，一个要素接一个要素地检查到始端信号机。

2）进路要素的征用

进路要素的征用是指要素被该进路选用以后，在这些要素解锁之前，一般情况下，其他任何进路将不能使用。如果进路有效，进路要素通过了可行性检查，将对以下要素进行征用。

（1）进路中所有处于与进路要求位置相反位置上的道岔必须进行转换，并且把所有道岔锁闭在进路要求的位置上。

（2）进路中的所有轨道区段和信号机被解锁之前，其他进路不能征用。

（3）要求提供侧面防护。

（4）要求提供保护区段或延时保护区段。

3）进路监督

当进路已设置，将开始周期性地对下列要素的条件进行检查，根据达到的监督的内容可以分为主信号层和引导层两种监督层次。主信号层一旦达到，信号机自动开放，引导层则不能自动开放。

（1）主信号层的监督。主要检查以下内容。

①进路中的道岔位于正确的位置并已锁闭。

②进路全部区段被征用，并且相应的监控区段逻辑空闲。

③终端信号机的红灯信号能正确显示(不监测虚拟信号机)。

④主进路的侧面防护已提供，即侧面防护道岔已被转到保护位置并被锁闭侧面防护。

信号机的红灯灯丝功能正常侵限区段空闲(也没有发生 KICK-OFF 故障)并且没有被作为其他进路的保护区段。

某些进路需要检查以下某个条件并且没有请求关闭；洗车线给出了洗车允许信号；车场的信号机已经开放。

（2）引导层的监督。引导层是主信号层的后备，当主信号层不能满足，系统自动检查该层，检查内容有：

①进路中所有区段被进路征用。

②进路中的道岔在进路要求的位置并被锁闭。

③此进路需要检查以下某个条件并且没有请求关闭：洗车线给出了洗车允许信号：车场的信号机已经开放。

4）开放信号

（1）当主信号层到达并且满足以下三个条件，即“引导”信号未设置，始端信号机没有设

置封锁，始端信号机没有设置重复锁闭，而下列两个开放信号显示之一将自动开放，即

①绿灯——开放信号，当进路中所有道岔开通直股时。

②黄灯——开放信号，当进路中至少有一个道岔开通侧股时。

（2）当引导层到达并且满足列车已占用始端信号机前方的轨道电路的条件，则在接近区段时，可以人工开放引导信号，室外对应开放红灯和黄灯但引导信号开放60s后，自动关闭。

4. 进路解锁

进路解锁分为取消进路、列车解锁、区段强行解锁、保护区段解锁、侧面防护元件的解锁。其中，取消进路又可分为立即取消和延时取消解锁；列车解锁又分为正常列车解锁和中途返回解锁（折返解锁）。

1）取消进路

取消进路是指进路建立后，因人为需要而取消该进路的一种解锁方式。一旦进行取消进路的操作，进路始端信号机立即自动关闭。根据列车的运行情况又分为立即取消进路和延时取消进路两种。

（1）延时进路取消

在以下条件下，进路延时取消，该延时由系统自动完成。

①接近区段占用，并且在列车占用接近区段期间，进路信号机开放过通过信号或引导信号。

②进路将取消至进路中最后一列车所处的区段，剩余的进路部分由列车通过进行正常。

解锁取消进路的条件是被取消的进路的所有轨道区段被进路锁闭，且进路的第一轨道区段必须逻辑空闲。

（2）取消进路步骤

①始端信号立即关闭。

②检查是否需要延时（条件参考上面（1）中描述），如果不需要延时，则立即取消进路否则延时30s（该时间与列车的运行行速度有关）。

③延时时间到后，检查进路的第一个轨道区段是否解锁或被列车占用，如果该轨道区段已解锁或被列车占用，取消进路终止执行，执行失败否则取消进路。

④当该进路中无列车时，整条进路从始端到终端解锁，包括终端信号机后方的保护区段；当该进路中有几列列车时，进路将取消至进路中最后一列车所处的区段（延时后的位置），其后的轨道区段随最后一列车运行逐段解锁取消进路并不能同时取消始端信号机后的保护区段，这时保护区段只能由列车通过解锁，或者由保护区段延时解锁，具体的介绍参见下面章节。

2）列车解锁

（1）正常解锁

正常解锁也被称为列车通过解锁或逐段解锁。

正常解锁是指列车通过了进路中的轨道区段后，使进路自动解锁。检查区段是否空闲，以及列车是否通过了该区段的基本技术手段（轨道电路）。但是，仅用一段轨道电路的动作

不能确切反映车辆通过了该区段，而必须采用多段轨道电路的顺序动作来反映列车的实际运动情况。在采用分段解锁方式时，原则上采取三段轨道电路的动作状态并配以时间参数作为三段轨道电路的解锁原则如下。

①前二轨道区段（Ⅰ）及本轨道区段（Ⅱ）必须被同时占用过（表示为Ⅰ↓Ⅱ↓）。

②前二轨道区段（Ⅰ）出清且本轨道区段（Ⅱ）继续被占用（表示为Ⅰ↑Ⅱ↓）。

③本轨道区段（Ⅱ）出清且后一轨道区段占用（表示为Ⅱ↑Ⅲ↓）。

④前一轨道电路（Ⅰ）已解锁。

当上述条件均满足时，本轨道区段（N）将会向动解锁，本轨道区段一旦解锁，立即解锁提供侧面防护的元件。

进路的解锁是从逃路始端（进路第一区段）开始逐一向后解锁的，一直到进路的终点，即最后一个区段。

对于进路的第一个轨道区段只需要检查解锁原则①和②两个条件，上述解锁原则③和④不需要检查。

如果在这条进路没有全部解锁，后续列车就需要通过该条进路，这时进路可以重新排列。一旦进路排列好，前行列车就不能再逐段解锁这条进路，因为对前行列车而言，逐段解锁的条件已经不具备了，也就是说解锁原则（4）已被破坏，也就是前一轨道区段没有解锁，后续轨道区段就不能解锁。这说明，除非排列一新进路，否则该进路仅在线上的最后一列车过后才会逐段解锁。

（2）中途返回解锁

中途返回解锁（折返解锁）是对折返进路中没有被列车全部正常通过的区段的一种自动解锁方式。在此种情况，列车总是在被牵出后又返回，根据正常解锁的定义，折返轨将不能解锁，而需采用一种特殊解锁方式自动解锁。该种特殊的自动解锁方式称折返解锁。其目的在于当折返进路排列后，列车沿折返进路返回，如果折返轨道出清，则牵出进路的剩余区段将自动解锁。

根据被列车占用的情况，又可以分成主动折返解锁和被动折返解锁。主动折返解锁是指因列车的占用、出清而解锁折返轨的方式；被动解锁是与其他区段解锁引起的解锁方式，与列车的运行无关。当折返轨只有一个区段，或有多个区段的第二个被列车占用的区段，这个区段的折返解锁为主动解锁，其他后方的区段的解锁为被动解锁。

该种方式的关键条件是列车确实进行了牵出、返回运行，而且已出清了主动折返解锁的区段。

3）区段强行解锁（故障解锁）

正常情况下，进路应随着列车驶过进路而自动逐段解锁，但由于某种故障，如轨道电路不能正常工作，区段可能不能正常解锁。因此，需要人为强行使该区段解锁，这种人为方式解锁称为故障解锁或强行解锁。当对区段进行强行解锁时，立即关闭信号机，并根据列车的运行情况，采取延时解锁或立即解锁。只有在以下条件全部满足时才进行无延时解锁，否则延时解锁逃路空闲：联锁连接正常；接近区段空闲；或者接近区段占用，但在列车占用接近区段期间，进路信号机既没有开放过通过信号也没有开放过引导信号。

如果区段进行强行解锁操作，则进路和保护区段的征用都将被强行解锁。但是如果该区段同时又提供侧面防护，解锁后不能取消侧面防护的锁闭，也就是说，继续提供侧面防护。

4）保护区段解锁

保护区段的解锁也有以下四种方式。

（1）正常解锁（列车通过解锁）。这类似于列车的正常解锁，依次检查以下条件后，保护区段自动解锁。

①在本区段占用时，本区段与前一区段均占用过。

②在本区段占用时，本区段与后一区段均占用过。

③本区段空闲。

（2）延时解锁。当列车占用进路的最后一个区段（目的轨）时，系统自动开始计时，一旦达到 30s，保护区段自动解锁。如果在计时期间，列车进入了保护区段，计时停止，不能再进行延时解锁。

（3）折返解锁。这类似于进路的折返解锁，参见进路折返解锁一节。

（4）强行解锁。由于某种原因列车通过后保护区段不能自动解锁，或设备故障后不能自动解锁，需要人工介入强行解锁。只有在以下任意条件下才能解锁：保护区段的设置接近区段至进路的目的区段（不包括目的区段）没有被列车占用；保护区段的设置接近区段至进路的目的区段（不包括目的区段）没有被进路征用，即进路已解锁。

5）侧面防护元件的解锁

在前面讲到的进路和保护区段的解锁均属于主动解锁，即均在列车正常通过后可以自动解锁。侧面防护元件的解锁则属于被动解锁，即列车通过该防护元件后，该元件不能解锁，只有当要求提供防护的元件解锁后，该防护元件才能解锁。

5. 轨道区段的逻辑属性

轨道电路用于检测轨道区段空闲的设备，它利用电气绝缘分割轨道区段，轨道电路由发送和接收设备组成，当列车进入一个轨道区段时，利用车轴的分路效应使接收端接收到的电流大大减少，接收的电压大大降低，经放大之后也不能使继电器可靠吸合，继电器释放从而显示轨道区段占用。联锁系统利用信息通道采集到轨道区段的继电器状态，从而反映出该区段的空闲和占用。这里主要介绍轨道区段的物理空闲和逻辑空闲方面的知识。

1）物理空闲、占用状态

轨道区段的物理空闲是指列车检测设备（如轨道电路，计轴设备等）反映的室外区段实际没有被列车占用的状态。例如，轨道电路吸合即为物理占用状态，轨道电路释放即为物理空闲状态。

2）逻辑空闲、逻辑占用状态

列车的走行可以分成两种，一种是列车通过运行，列车多数是这样运行；另一种是折返运行，即列车运行到折返轨后，更换运行方向，进行折返作业。逻辑空闲、逻辑占用就是检查列车的运行是否符合以上两种运行情况，如果 1 个区段经历了从物理空闲状态变为物理占用状态，再变为物理空闲状态的过程，系统将自动结合相邻两区段的状态检测是否符合以上两种列车走行方式之一，从而判断列车是否真正运行过该区段，如果判断列车符合两种走行方式之一，则系统将认为该区段为逻辑空闲状态；否则认为该区段为逻辑占用状态。

6. 单独操作

1）与轨道区段（包括道岔区段）相关的操作

（1）轨区逻辑空闲。由于某种原因，轨道区段已经物理空闲，但系统认为该区段没有逻辑空闲。这时可以使用该命令人为将轨道区段设为逻辑空闲状态。

当轨道区段显示逻辑占用且不能确定相邻轨道区段是否物理空闲，则轨区逻辑空闲命令不能使用，只能利用 F ～列车通过使其空闲。

（2）封锁区段、解封区段。石荮护或其他原因，不允许列车通过某个区间或区段，可以使用”封锁区段”的命令将区段封锁，禁止进路征用该区段，从而禁止列车继续通过该区段。封锁区段的命令被操作后，不会影响原有进路状态，也就是说，原来已经排列好的进路仍然可以被列车通过，一旦列车通过该区段解锁后，系统将禁止通过该区段排列进路。

同时被锁闭的轨道区段能通过“解封区段”的命令，将轨道区段去除封锁。该操作为安全相关操作，操作员在操作前，必须明确要求封锁的原因已经取消，否则将有可能造成安全事故。

（3）区段强行解锁。由于某种原因造成进路不能正常解锁，需要操作员人为将区段进行解锁，系统提供了命令以满足这一要求。这样，在任何时候操作员均可以通过”区段强解”命令对进路任一轨道区段进行强行行解锁，并负有责任。注意，被解锁的包括进路征用和保护区段征用，如果保护区段强解的条件满足时，但是区段中仍存在侧防命令时，解锁后不取消侧防锁闭。进路区段的强行解锁，使得相关的提供侧面防护元件的侧面防护被取消。

一旦进行了操作，系统立即关闭始端信号机，当进路的接近区段有列车时，进路要素的操作解锁由延时产生。

2）与道岔相关的操作

（1）岔区强行解锁。由于某种原因造成进路不能正常解锁，需要操作员人为将道岔区段进行解锁，系统提供了命令以满足这一要求。这样，在任何时候操作员均可以通过“岔区强解”命令对进路任一道岔区段进行强行解锁，并负有责任。注意，被解锁的包括进路征用和保护区段征用，如果保护区段强解的条件满足时，但是道岔区段中仍存在侧防命令时，解锁后不取消侧防锁闭。进路道岔区段的强行解锁，使得相关的提供侧面防护的元件的侧面防护被取消。

（2）转换道岔。道岔在任何位置均可用该控制命令转换到另一位置。

系统有两种自动转换道岔的可能，一种是排列进路，系统将自动将道岔转换至所需位置；另一种是根据道岔的优先位的设计，当道岔区段解锁后，经一定时间的延时，道岔将转换到设计的优先位置。如果在这种情况下转换不成功，必须记录下来。

道岔转换的条件：道岔区段逻辑出清道岔区段没有被进路、保护区段和侧防征用和（或）锁闭。

（3）强行转岔。如果某一道岔区段被占用或故障，登陆强行转岔控制命令即可转换该道岔（此命令权属安全相关操作）。

使用强行转换道岔命令的条件道岔区段逻辑占用；道岔没有挤岔。

该操作为安全相关操作，操作员在操作前，必须明确列车没有在故障区域或者不在道岔尖轨上并且人员在安全区域，否则将有可能造成安全事故。

（4）挤岔恢复。道岔挤岔被修复后，“挤岔恢复”控制命令可转换发生挤岔的道岔，并且复位挤岔记录。

使用“挤岔恢复”命令的条件：道岔区段没有被进路、保护区段和侧防征用和（或）锁闭；道岔发生了挤岔（或有挤岔显示）；道岔没有被单独锁定；在复位挤岔记录之前道岔已转到位；“挤岔恢复”命令被计数。

该操作为安全相关操作，操作员在操作前，必须明确要求维修人员在安全位置，否则将有可能造成安全事故。

（5）单独锁定道岔、取消锁定道岔。通过一个“单独锁定”命令可以单独锁闭道岔，禁止道岔进行转换；同时也可用“取消锁定”命令解封道岔锁定，使得可以重新转换道岔。

（6）岔区逻辑空闲。在前面讲到只有当本轨道区段空闲并且两个 KICK-OFF 控制有效时，轨道区段才逻辑空闲。对于道岔区段同样适合，只是由道岔位置决定相连的轨道区段。

3）与信号机相关的操作

（1）开放引导信号。只有当进路始端信号机前方的轨道区段占用时，才能设定相关进路的引导信号。如果始端信号机前方的轨道区段太短（短于 ATP 保护区段），将可能设定第二个接近区段。引导信号开放后 60s 自动关闭。

列车在引导信号前停车，以只 M 模式运行通过故障区段后的两个区段后，自动向 SM 模式切换。

设定引导信号的条件列车占用信号机前方的一个或两个轨道区段（即接近区段）进路监控达到主信号层或引导层；信号机没有开放记录了“开放引导”命令的操作。

（2）人工关闭信号。信号机在开放状态或引导信号状态时可用“关闭信号”命令关闭信号。同时，也可以使用“关区信号”和“关站信号”命令分别关闭一个联锁区或一个车站的所有信号机，将所有信号机设为禁止状态，即点红灯。

（3）人工开放信号。由于人工关闭信号或设置重复开放信号的进路监控暂时故障而关闭了信号，如果重新信号机开放条件重新满足，那么用”开放信号”命令可使它重新开放。

人工开放信号的条件：信号机已经在关闭状态；进路监控达到主信号层；信号机没有发生故障信号机没有被封锁；记录了”开放信号”命令的操作。

（4）单独封锁信号机、解封信号机。通过“封锁信号”命令可以封锁信号机，禁止开放信号；同时，也可通过“解封信号”命令解封信号机的封锁，允许开放信号。只要信号机被封锁，在开放状态下的信号机将自动设置为禁止信号。信号机封锁后不能开放，但可设置引导信号显示。解封后的信号机不会自动开放（在进路达到相关的控制级也不行）。

如果信号机的封锁是因防汽门关门请求引起的，则系统不允许人为解封，只有当防汽门关门请求取消后，系统自动取消该信号机的封锁。

（5）接通、关闭所有信号机的自动列车排路。通过“自排全开”命令可将所有具有自动列车排路的信号机接通自动列车排路功能，这样列车进路将根据列车的目的地号自动排列进路。同时，也可通过“自排全关”命令可将所有具有自动列车排路的信号机关闭自动列车排路功能。

（6）接通、关闭追踪进路。通过“追踪全开”命令可将所有具有自动追踪排路的信号机接通自动追踪排路功能，这样列车进路将根据列车的接近自动排列固定方向的进路。同时，也可通过“追踪全关”命令可将所有具有自动追踪排路的信号机关闭自动追踪排路功能。

在操作“追踪全开”时，要保证所有信号机均关闭了自动列车排路功能。

在地铁和轻轨中，自动追踪排路通常设定为自动列车排路的降级后备模式。

（7）接通、关闭单个信号机的追踪进路。通过“追踪单开”命令可将一个具有自动追踪排路的信号机接通自动追踪排路功能，这样该信号机的列车进路将根据列车的接近自动排列固定方向的进路。

（8）接通、关闭单个信号机的自排进路功能。通过“自排单开”命令可将一个具有自动列车排路的信号机接通自动列车排路功能，这样该信号机的列车进路将根据列车的目的地号自动排列进路。

7. 道岔的控制、驱动模式

1）道岔单动模式

在大铁路上，所有过渡线上的道岔均采用了双动控制模式，即表示电路同时检查两个道岔的位置，只有均在左位或者均在右位时，该两个道岔才给出表示，在左位或右位；同时，这两个道岔的动作将逐一先后进行，也就是说，先动其中一个道岔，只有当该道岔转换到位后，另一个道岔才能动作。这样需要的动作时间将加长，是2倍于一个道岔的动作时间。

在城市轨道交通系统中，由于对列车间隔的要求高，达到2min一列车，故信号系统的动作时间或者响应时间应尽量减少。同时，为了减少对运营的影响，避免一个道岔故障造成上、下行线同时停止运行或同时采用其他降级模式，减少故障影响区域，提高系统的可用性，所以在正线区域所有的道岔全部采用了单动控制模式。

2）道岔交错控制

由于采用了单动控制模式，有可能在进路的排列时，存在几个道岔同时启动转换，而启动时的电流很大，增加了对电源系统的要求。为了避免这种情况，采用了道岔交错控制技术。道岔交错控制可防止几个道岔的转动同时启动，避免道岔转换电源的负载瞬间过大，如果进路设定命令需要几个道岔自动转换，道岔交错控制将在200ms的间隔内逐个启动道岔（间隔时间为20ms）。

单独操作的转换命令一次只能转换一个道岔，故不通过道岔交错方式进行控制。

（三）联锁设备的基本要求

（1）确保进路上进路、道岔、信号机的联锁，联锁条件不符时，禁止进路开通。敌对进路必须相互照查，不得同时开通。

（2）装设引导信号的信号机因故不能开放时，应通过引导信号实现列车的引导作业。

（3）应能办理列车和调车进路，根据需要设置相应的防护进路。

（4）联锁设备宜采用进路操纵方式。根据需要，联锁设备可实现车站有关进路、端站折返进路的自动排列。

（5）进路解锁宜采用分段解锁方式。锁闭的进路应能随列车正常运行自动解锁、人工办理取消进路和限时解锁并应防止错误解锁。限时解锁时间应确保行车安全。

（6）联锁道岔应能单独操纵和进路选动。影响行车效率的联动道岔宜采用同时启动方式。

（7）车站站台及车站控制室应设站台紧急关闭按钮。站台紧急关闭按钮电路应符合故障 - 安全原则。

（8）联锁设备的操纵宜选用单元控制台。控制台上应设有意义明确的各种表示，用以监督线路及道岔区段占用、进路锁闭及开通、信号开放和挤岔、遥控和站控等。

（9）车站联锁主要控制项目包括：列车进路、引导进路、进路的解锁和取消、信号机关闭和开放、道岔操纵及锁闭、区间临时限速、扣车和取消、遥控和站控、站台紧急关闭和取消。

（四）继电集中联锁

继电集中联锁电路曾有过多种制式，但经使用，并几经改进和完善，6502电气集中电路被认为是较好的定型电路，而在我国铁路得到广泛应用。

1）6502电气集中电路的主要技术特征

6502电气集中是组合式电路，也就是按道岔、信号机和轨道电路区段为基本单元设计成定型的单元电路，称为继电器组合，简称组合。将各种组合按站场形状拼装起来即成为组合式电路。组合式电气集中具有简化设计、加速施工、工厂预制、便于维修等优点。6502电气集中电路几乎是用定型组合拼成的，只需设计少量零散电路。

6502电气集中电路采用双按钮选路方式，只需按压两个进路按钮，就能转换道岔、开放信号，而且不论进路中有多少组道岔均能一次转换，简化了操作手续，提高了效率。

6502电气集中电路采用逐段解锁方式。它把进路分为若干段，采用多次分段解锁的方式，即列车或调车车列出清一段解锁一段。

6502电气集中电路动作层次清晰，各网路线和继电器用途明确。

2）6502电气集中电路的设备组成

电气集中电路设备包括室内设备和室外设备，其组成如图2-43所示。室内设备有控制台、区段人工解锁按钮盘、继电器组合及组合架、电源屏、分线盘等。室外设备有信号机、转辙机、轨道电路，以及连接室内外设备的电缆线路。

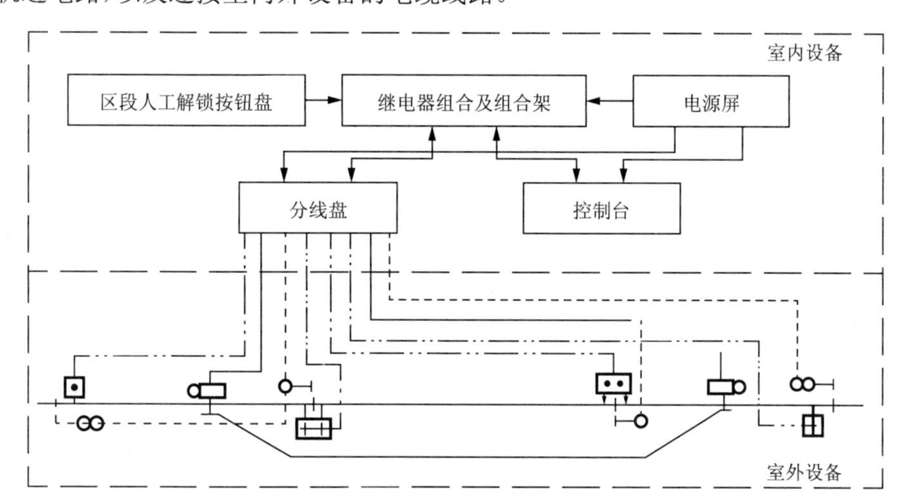

图2-43　电气集中电路设备的组成

（1）控制台

控制台是车站值班员指挥列车运行和调车作业的控制中心，用来控制道岔的转换和信号的开放，并对进路、信号、道岔进行监督。控制台设于车站值班员室内。

控制台采用单元拼凑式，由各种单元拼装而成，便于生产和站场变更时的改建。控制台上设有各种按钮和表示灯。表示灯现采用发光二极管。

（2）区段人工解锁按钮盘

区段人工解锁按钮的作用是，在更换继电器、轨道电路停电恢复等情况下使设备解锁恢复电路的正常状态；在道岔区段因故不能解锁时办理故障解锁；在取消进路时若发生不能关闭信号的情况下也可用来关闭信号。

区段人工解锁按钮盘上设有多个二位自复式带铅封的事故按钮，对应于每个道岔区段或有列车经过的无岔区段设一个。区段人工解锁按钮盘与控制台同设于控制台室内，但须与控制台隔开一定距离。操作时须一人按控制台上的按钮，另一人按区段人工解锁按钮盘上的按钮，以免单人操作而危及安全。

（3）继电器、继电器组合和组合架

用继电器构成的电气集中电路，所需的继电器少则上千多则愈万。对于由这么多继电器构成的十分复杂的逻辑电路，在长期的设计、施工、维修的实践过程中，发现电路与车站站场线路的布置形状有关，即以道岔、信号机及轨道区段为控制和监督对象。这样，就可以按信号机、道岔和轨道区段作为基本单元，设计成几种定型的单元电路，这种单元电路称为继电器组合，简称组合。6502电气集中电路是按车站信号平面图，用组合来拼接而成的。任何一个站场都可以按所布置的信号机、构成站场的道岔形状以及划分的轨道电路区段，选用相应的组合拼接起来，以组成整个站场电路。这种与站场相似的网络结构的优点有：简化电路结构，节省继电器接点，同样用途的继电器可以接在同一网路上，不用反复检查同样的条件；图形规律性强，与站场信号平面图相似，便于设计施工与维修；有利于组合单元电路的标准化和提高定型率，适于批量生产。

继电器插在继电器组合中，组合安装在组合架上。其构成的电路完成全站信号设备的联锁关系，执行对室外设备的控制和监督。组合和组合架的数量取决于车站规模。

（4）电源屏

电源屏是电气集中的供电装置，供给稳定、可靠、符合使用条件的各种交、直流电源。要保证不间断供电，且不受电网电压波动和负荷变化的影响。可根据车站规模的大小选用容量合适的电源屏。

（5）分线盘

分线盘连接室内外设备，完成内外设备相互间的电气联系。分线盘设于继电器室。

（6）电缆线路

电缆线路是连接室内外设备的传送信息通道。

（五）计算机联锁

1. 计算机联锁与传统的继电集中联锁的主要区别

（1）利用计算机对车站值班员的操作命令和现场监控设备的表示信息进行逻辑运算后，完成对信号机、道岔及进路的联锁和控制。

（2）计算机发出的控制信息和现场发回的表示信息，均能由传输通道串行传送，可节省大量的干线电缆，并使采用光缆成为可能。

（3）用LED屏幕显示代替现行的表示盘，大大缩小了体积，简化了结构，方便了使用，还可根据需要多台并机使用。

（4）采用积木式的模块化软件和硬件结构，便于站场变更，并容易实现故障控制、分析等功能。

在计算机联锁里，就不存在方向电路、方向电源的电路层次结构，对于长调车进路一次解锁、中途返回解锁等都能合理地实现。

2. 计算机联锁的基本原理

计算机联锁，通常采用通用的工业控制微机，由一套专用的软件来实现车站信号、进路、道岔间的联锁关系。它实质上是一个满足故障-安全原则的逻辑求值器，自动采集、处理信号机、道岔、轨道电路的信息，把车站值班员的控制命令和现场的各种表示信息输入计算机，再根据储存在计算机内的有关条件，进行联锁关系的逻辑运算和判断，然后输出信息至执行机构，实现对车站信号设备的控制和监督。它实现的是多变量输入和多变量输出的复杂的传递函数的转换。

1）计算机联锁的硬件构成

（1）室内外联系方式

计算机联锁室内设备与室外监控对象之间的联系有专线方式和总线方式两种。

①专线方式像继电集中联锁一样，室外各监控对象（信号机、道岔、轨道电路）直接用专用的电缆芯线与室内设备相联系。其特点是，采用计算机联锁代替继电集中联锁的室内设备时，室外设备不需改造。专线方式可用于既有继电集中联锁的改造。

②总线方式是将监控对象按位置划分为若干群，在每一群附近设一个由微机或继电器组成的集中器。集中器用来实现对象群与室内联锁机之间的控制和状态信息的交换。集中器是数据传输终端，没有联锁功能。各集中器可分别与室内联锁机联系，也可通过总线相联系。总线方式节省室内外联系电缆，而且使采用光缆成为可能。由于集中器紧靠对象群，这不仅节省集中器与对象群间的电缆，而且有利于克服电缆内的线间干扰。总线方式适用于新建集中联锁的车站。

（2）按功能模块划分的多微机结构

按功能划分为多个模块，分别由各自的微机进行处理，这便于设计、修改和扩展，而且多个模块具有相对独立的并行处理性能，可提高整个系统的处理速度。

（3）可靠的硬件结构

计算机联锁属于高可靠系统，提高可靠性的方法大致有避错法和容错法两类。避错法采用高可靠的部件和微机系统，提高施工质量及提供良好的工作环境，以减少系统失效的可能性。容错法则容许某种失效的存在，而使其后果不致造成系统工作失效，或能及时发现而缩短修复时间。

为了能及时发现故障，计算机联锁系统均采用故障检测硬件（需软件配合），如专用的维护处理器和诊断处理器等。为了在故障后使系统不至于停止工作，采取了二模动态技术和静态屏蔽技术。

①二模动态冗余指主机故障时由备机（热备）自动代替。该冗余技术多用于人机对话模块和联锁模块中。

②静态屏蔽技术是3取2表决技术，多用于联锁模块中。

（4）安全性硬件结构

晶体管是一种对称出错元件，不能仅以1和0来代表状态信息和控制信息，这些开关量必须以多元代码才代表故障-安全。就是说，有关监控对象的状态和控制的所有开关量，在电子电路（包括微机本身）中的存储、传递和处理过程中必须以代码形式存在，才是故障-安全。尽管利用编码理论可以实现电子电路内部的故障-安全要求，然而就目前的技术水平而言，对电子电路的安全性信息的输入和输出仍由继电器来完成。

状态信息的采集采用动态输入的方式。微机按规定格式周期地输出代码，该代码经继电器接点输入到微机中去。微机可检验输入的代码是否畸变来判断输入电路是否失效。

控制信息的输出采用动态驱动的方式，将控制码以串行方式输出。该动态输出经静态鉴别电路来驱动继电器工作。

2）计算机联锁系统的软件概述

在多微机的计算机联锁系统中，每一微机都有相对独立的软件。为使微机之间能协调工作，还必须有类似操作系统的调度软件。这些软件应当是可靠的、高标准的和易于扩展的。不同的计算机联锁系统实现上述软件的组成和原则是不一样的。

（1）联锁的实现

联锁是一种比较复杂的功能。在实现联锁处理时，如果完全离开已由实验验证的继电集中联锁而另行研究一种新的逻辑算法，难免潜在着逻辑错误的危险。因此，以继电集中所实现的联锁为依据编制联锁处理程序，一般认为是一种有效的途径。联锁程序原理上可由继电电路变换而成。

在设计继电电路时，由于继电器的接点数量有限，所以必须考虑接点的复用，或者说必须考虑合并电路的问题。而在程序设计中，接点相当于数据，而数据的使用是不受限制的，不需考虑电路合并所遇到的问题。

（2）数据结构

在联锁程序中，参与逻辑运算的逻辑变量统称为数据。数据可按信号机、道岔和轨道电路等监控对象划分为相应的数据块。例如对一组道岔来说，在数据块中应包括道岔定位操纵、反位操纵、定位表示、反位表示、道岔锁闭等数据结构。数据量确定后，数据块的格式就定型化了，也就是说数据块本身与车站数据结构无关。

给定一个车站的信号平面布置图后，就可根据它选定全部数据块。进路表结构和站场形结构是两种可供选择的基本数据结构。

进路表结构中，各个数据块间没有联系，而是利用进路表指明每条进路所涉及的数据块。表中数据块是按对象类别列出的（也可按对象在进路中的顺序列出），进路表结构实际上记录了进路与对象间的关系。只要信号布置图不变，则进路表结构也不变。

因此，它是静态数据结构，可固化在只读存储器中。通过进路表查询数据的过程是：根据操作信息确定进路号→根据进路号查到数据块的首址→根据数据块首址算出数据所在单元的地址，读出或写入数据。

站场形结构是指各个数据块在连接形式上和站场形状是一样的。假设以圆圈表示数据块所占用的存储区，并称之为结点。每个结点由数据场和指针场两部分组成。数据场用来存放数据块；指针场用来实现结点之间的联系，即用来指明相邻结点的存储首址，对于信号结点和轨道区段结点只能与相邻两个结点连接，所以每个结点仅需具有两个指针指明左右结点的首址。对于道岔结点来说，它有三个相邻结点，所以应有三个指针，以记录相邻结点的首址。在站场形数据结构中找出与进路有关数据块的过程是，在按压了进路始端和终端按钮后，首先确定了进路的始端数据结点和终端数据结点。由始端数据结点开始，按指针的连接方向搜索下去，总能找到一条由始端结点到终端结点的通路。如果这条通路与进路相对应，则这条通路上的结点就是与进路有关的数据块。

总的说来，进路表结构容易找到进路中的数据块，易于学习。但进路表本身占用的存储容量较大，且编制时容易出现疏漏。站场形结构占用存储容量较小，搜索过程不及进路表那样简明，但搜索程序是标准化的。站场形结构类似于6502电气集中的组合连接图，便于掌握，对于大型车站尤其如此。

通过数据结构找到进路上的数据块后，程序中所需数据即可从其中找到。

（3）程序模块化

一条进路从办理到解锁需经历一个过程。这个过程包括操作、选路、道岔动作、选排一致性检查、进路锁闭、信号开放等阶段直至进路解锁阶段。阶段的划分与车站结构无关，因此对应每一个阶段的程序应是模块化的。

对于每一个阶段的程序，也可按数据块的结构再划分为若干个子模块，这样可使联锁程序尽量模块化，以摆脱受车站结构的影响。

（4）提高软件可靠性的措施

软件可靠性一般指软件本身完成指定功能的能力。对于联锁程序来说，就是指程序本身是否能正确地实现联锁要求。软件的缺陷或故障是指在开发设计阶段考虑不周造成的。在投入使用前，尽管经过检验和调试，也可能有潜在错误而未被发现。提高软件可靠性的措施，类似于提高硬件可靠性的措施，也是从避错、检测和屏蔽三方面来考虑的。在设计联锁处理程序时，参考设计继电集中联锁的经验，采用结构化设计方法，采用车站模拟系统对软件进行检验都是避免错误的重要措施。

在计算机联锁系统中，检测软件故障的技术多采用双软件技术（软件冗余），即针对同样联锁条件，由不同设计者，采用不同的数据结构、不同的程序结构甚至不同的语言设计成两套程序，将其运算的中间结果和最终结果进行比较，当比较一致时才有控制输出。在现实的计算机联锁系统中，有的将两套程序由一台微机执行，有的将两套程序分别由两台微机执行，甚至有的由两台微机各执行两套程序经过两次比较来检验运算结果的正确性。

软件故障屏蔽技术主要是采用三个功能相同的软件（三台微机分别执行或单机执行），就其运算结果进行多数表决。只要任何两个运算结果相同时，表决的输出即为可靠的。但目前的计算机联锁系统中还没有采用单机执行三个软件的系统。

应当指出，软件可靠技术虽然是针对软件故障设计的，但它对硬件故障和数据故障均有反映，所以从效果上看，它不仅提高了软件可靠性，而且提高了整个系统的可靠性。

（六）城市轨道交通的联锁系统

城市轨道交通联锁系统存在很多与传统铁路电气集中系统不同的情况。例如，列车运行的三级控制、多列车进路、追踪进路、折返进路、联锁监控区、保护区段和侧面防护等。

1. 列车运行控制

列车进路由进路防护信号机防护，但列车在进路中的运行安全由ATP负责，这为城市轨道交通高密度行车提供了前提和安全保证。在设计中，ATP与计算机联锁功能的结合，使计算机联锁的功能得到了加强。

列车运行进路控制采用三级控制，即控制中心控制（ATS自动控制）、远程终端控制和车站工作站控制。

控制中心集中控制全线的列车运行（不包括车辆段内列车的运行控制）。系统根据列车运行时刻表及列车运行状况发出列车运行控制命令，并进行自动调整。在车站设置必要的自动控制功能，控制中心故障时，转入站级控制，如图2-44所示。

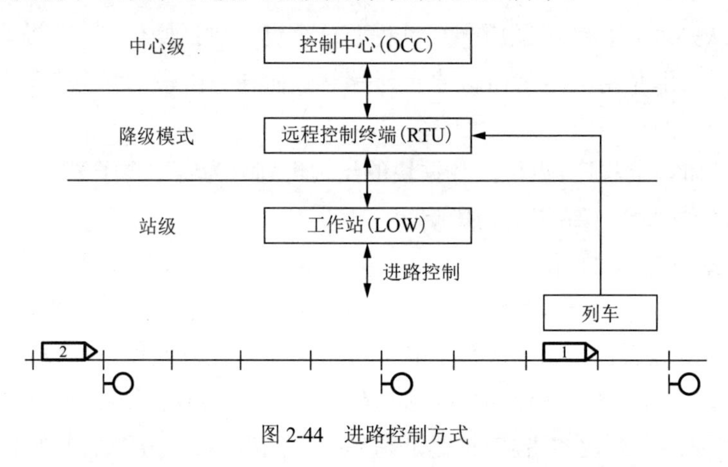

图2-44 进路控制方式

（1）中心级控制

中心级控制为全自动的列车监控模式，在该模式下，列车进路设置命令由自动进路设定系统发出，其信息来源于时刻表和列车运行自动调整系统。控制中心调度员也可以人工干预，对列车进行调整，操作非安全相关命令，排列和取消进路。

列车自动选路是ATS系统的一部分，其任务是与联锁设备协同为列车运行自动地排列运行进路。为达到此目的，进路自动排列具有这样的功能：其自动操作单元具有自动操作功能，而联锁系统根据来源于控制中心的自动进路设定系统排列进路指令，负责实际的安全排列进路。当许可校核得出否定结果时，联锁系统将向ATS系统发送一个相应的信息，然后由ATS系统重复传输相同的控制命令，直至达到规定的次数和时间。

（2）远程控制终端的控制

在控制中心设备故障或控制中心与下级设备的通信线路故障时，控制中心将无法对远程控制终端进行控制，此时系统自动地转入列车自动控制的降级模式。在降级模式下，由司机在车上输入目的地码，通过列车上的车次号发送系统发出带有列车去向的车次号信息，远程控制终端自动产生进路控制命令，联锁系统根据来自远程控制终端的进路号排列进路。在这种情况下，系统不具备列车运行自动调整功能，但对于高密度的列车运行，用此功能可以节省车站操作人员大量的精力。

（3）站级控制

在站级控制模式下，列车运行的进路控制在车站值班员工作站执行，但此时只要控制中心设备及通信线路功能完好，自动进路设置仍可进行。站级控制时，列车进路的设定完全取决于值班员的意图，值班员选择通过联锁区的预期进路。联锁控制逻辑检查进路没有被占用，并且没有建立敌对进路，然后自动排列通过联锁区的进路，锁闭进路，在所有条件满足列车的安全运行后开放地面信号机，并允许 ATP 将速度命令传送给列车。信号机的开放表示通过联锁区的进路开通。

2. 多列车进路

进路分为单列车进路和多列车进路，这主要是因为城市轨道交通运行间隔小，车流密度大，列车的运行安全由 ATP 系统保护，所以在一条进路中可能出现多列列车在运行。如图 2-45 所示，$S_1 \rightarrow S_2$ 为多列车进路，只要监控区空闲，以 S_1 为始端的进路便可以排出，S_1 信号开放。

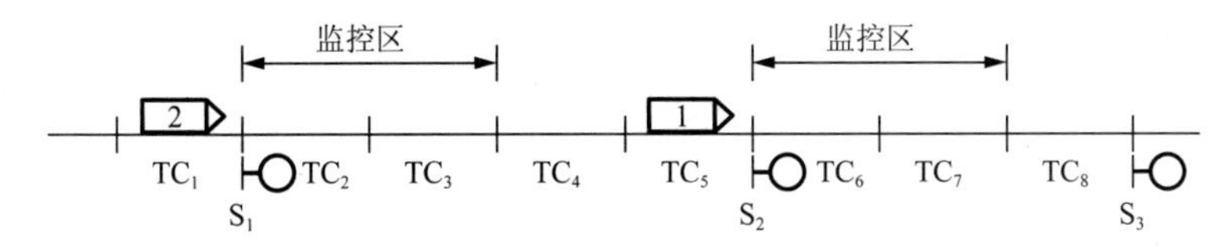

图 2-45　多列车进路示意图

对于多列车进路，当第 1 列车离开进路始端信号机后的监控区后，可以排列第 2 条相同终端的进路。第 2 条进路排出，第 1 列车通过后进路中的轨道区段直到第 2 列车通过后才解锁。

多列车进路排出后，如果是进路中有列车运行，则人工取消进路时，只能取消最后一次排列的进路至前行列车所在位置的进路，其余进路由前行列车通过以后解锁。人工取消多列车进路的前提是：进路的第 1 个轨道电路必须空闲。

$S_6 \rightarrow S_7$ 为多列车进路，列车 1 通过 TC_2、TC_3、TC_4 以后，这 3 个轨道区段正常解锁，这时，可以排列第 2 条进路 $S_6 \rightarrow S_7$，S_6 开放正常绿灯信号。如果列车 1 继续前进，则通过区段 TC_5、TC_6、TC_7 后，这 3 个区段不解锁，只有在列车 2 通过这 3 个区段后才解锁。

若第 2 条进路排列后，又要取消，这时只能取消从始端信号机 S_6 到列车 1 之间的进路，其余的进路会随列车 1 通过后自动解锁。

3. 追踪进路

追踪进路为联锁系统本身的一种自动排列进路功能。列车接近信号机，占用触发区段（触发区段是指列车占用该区段时引起进路排列的区段，触发区段可能是信号机前方第 1 个接近区段，也可能是第 2 个接近区段，触发区段根据线路布置和通过能力而定）时，列车运行所要通过的进路自动排出。追踪进路排出的前提除了满足进路排出的条件外，进路防护信号机还必须具备进路追踪功能。

如图 2-46 所示，S_3、S_4 具有追踪功能，TC_1、TC_5 分别是以 S_3、S_4 为始端的进路的触发区段，列车占用 TC_1 时，$S_3 \rightarrow S_4$ 进路自动排出，S_3 开放。列车占用 TC_5 时，S4 → S_5 进路自动排出，S_4 开放。

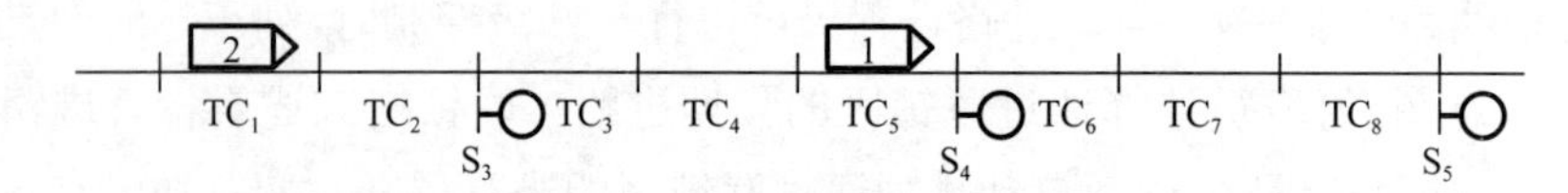

图 2-46 追踪进路示意图

当一信号机被预定具有进路追踪功能时，则对一规定进路的进路命令便通过接近表示自动产生。调用命令被储存，一直到信号机开放为止。接近表示将由确定的轨道电路的占用而触发。

当对一信号机接通自动追踪进路时，也可以执行人工操作。若接收到接近表示之前已人工排列了一条进路，则自动调用的进路被拒绝，重复排列进路也不能被储存。

假如排列的进路被人工解锁，则该信号机的自动追踪进路功能便被切断。

4. 折返进路

列车折返进路作为一般进路纳入进路表。通常，通过列车自动选路，追踪进路或人工排列的折返进路从指定的折返线开始。

5. 联锁监控区段

在铁路上信号机开放必须检查所防护进路的所有区段空闲，而在装备准移动闭塞的城市轨道交通中，开放信号机前联锁设备不需检查全部区段，只需检查部分区段，这些被检查的区段叫做联锁监控区段。

联锁监控区段即排列进路时信号机开放所必须空闲的区段，一般为信号机内方两个区段，如监控区段内有道岔，则在最后一个道岔区段后加一区段作为监控区段。监控区段的长度，应满足驾驶模式转换的长度。

进路设有监控区段时，只要监控区段空闲，进路防护信号机便可正常开放。

列车通过监控区段后自动将运行模式转为 ATO 自动驾驶模式或 SM 模式（ATP 监督人工驾驶模式），列车之间的追踪保护就由 ATP 来实现了。

6. 保护区段

为了保证列车的运行安全，避免列车由于某种原因不能在信号机停住而导致事故的发生，充分考虑了列车的制动距离及线路等因素，在停车点后设置了保护区段，即终端信号机后方的一至两个区段为保护区段。

进路可以带保护区段或不带保护区段排出。如进路短，排列进路时带保护区段；多列车进路无保护区段时，进路防护信号机可以正常开放。

根据设计，保护区段可以在主体信号控制层内受到监督，也可能不在主体信号控制层内受到监督。此外，也有可能在进路排列时直接征用保护区段，或进路先排列，保护区段设置延时直至进路内的接近区段被占用。延时的保护区段设置是一种标准方式，为多列车进路内的每个列车提供保护区段条件。

当排列的运行进路无法成功地进行保护区段设置（或延时保护区段设置没有成功）时，只要到达线和指定保护区段的轨道区段空闲，并且设置保护区段的条件得以满足，保护区段可稍后设置。

在设定的时间（预设值为30s）截止之后，保护区段便解锁。延时解锁从保护区段接近区域被占用时开始。在列车反向运行情况下，保护区段的延时解锁仍将继续。

7. 侧面防护

城市轨道交通的道岔控制全部单动，不设双动道岔，所有的渡线道岔均按单动处理，也不设带动道岔。这些都靠采取侧面防护来防止列车的侧面冲突。侧面防护是指为了避免其他列车从侧面进入进路，与列车发生侧面冲突，这类似铁路的双动道岔和带动道岔的处理。

列车进路需要侧面防护是为了保证其运行路径的安全，侧面防护由防护道岔或者通过显示红色信号来执行。

道岔为一级侧面防护，信号机为二级侧面防护。排列进路时先找一级侧面防护，再找二级侧面防护。无一级侧面防护时，则将信号机作为侧面防护。

侧面防护必须进行超限绝缘的检查。

侧面防护的任务是，通过操作、锁定和检测邻近分歧道岔，使通向已排运行进路的所有路径均不能建立。侧面防护也可通过具有停车显示和位于有侧面防护要求的运行进路方向的主体信号机来获得。在进路表中已为每一条运行进路设计了侧面防护区域。

如果采用了一个道岔的侧面防护，而道岔的实际位置和所要求的位置不一致时，则应发出一个转换道岔位置的命令。当该命令不能执行（如道岔因封锁而禁止操作）时，该操作命令将被存储直至要求的终端位置到达为止。否则通过取消或解锁该运行进路来取消该操作命令。

排列进路时，除检查始端信号机外，还检查终端信号机和侧防信号机的红灯灯丝，只有这两种信号机的红灯功能完好，进路防护信号机才能开放。

当要求侧面防护的运行进路解锁时，运行进路侧面防护区域也将解锁。

（七）计算机联锁系统的操作

计算机联锁系统（以下简称计算机联锁）是一种新型的铁路车站自动控制设备，在保证安全的前提下，以最经济、合理的技术措施提高运输效率，改善劳动条件，设备可靠，维修方便，便于联网。

计算机联锁由硬件和软件构成。

硬件包括联锁计算机（完成联锁功能和显示功能）、彩色监视器、微型集中操纵台、安全继电输入输出接口柜、计算机联锁专用电源屏以及现场信号机、转辙机、轨道电路等室外设备。

软件是实现进路、信号机和道岔相互制约的核心部分，由两部分组成：一是参与联锁运算的车站数据；二是进行联锁逻辑运算，完成联锁功能的应用程序。车站数据库包括车站赋值表、车站联锁表、按钮进路表、车站显示数据等。应用程序由多个程序模块组成，即系统管理程序模块、时钟中断管理程序模块、表示信息采集及信息处理程序模块、操作命令输入及分析程序模块、选路及转岔程序模块、信号开放程序模块、解锁程序模块和站场彩色监视器显示程序模块等。

计算机联锁根据作业情况可办理列车、调车作业，单独操作道岔和单独锁闭道岔，引导接车或引导总锁闭接车等。操作通过鼠标或单元控制台，所有作业均可用鼠标在屏幕上按压按钮或单元控制台上按压按钮进行操作。通过彩色监示器(简称 CRT)显示操作的控制命令和现场的控制状态。

采用鼠标和彩色监示器代替传统的输入输出合一的控制台，具有体积小、整洁、使用方便、可靠等特点。屏幕上有各种汉字提示，并通过语音代替电铃报警。若办理进路的操作错误时，在屏幕上将显示相应的提示。

计算机联锁系统是双机热备，在同步状态下，故障时可自动切换，切换时不影响进路的办理。

下面以铁道科学研究院研发的 TYJL-Ⅲ型计算机联锁系统为例进行介绍。

1. 操作说明

屏幕显示按站场图形布置，平时显示的灰色光带为基本的轨道图形。为调车作业设置的绝缘，在屏幕上用竖线表示，灰色为普通绝缘，红色带圆圈为超限绝缘。

屏幕图形显示各种颜色的含义如下。

(1)轨道区段

①灰色光带：表示区段为空闲解锁状态。

②白色光带：表示区段为空闲锁闭状态，且所在进路正常，此区段没有占用过(包括轨道电路故障的情况)。

③绿色光带：表示区段为空闲锁闭状态，表示该区段因占用、超限区段占用、道岔断表示、防护道岔不到位或办理区段故障解锁等原因使该区段的区段检查继电器落下，用绿色光带做标记。

④红色光带：表示区段为占用状态或区段轨道电路故障。

⑤青色光带：表示区段为“引导总锁闭”。

⑥黄色光带：表示区段为“接通光带”。

⑦蓝色光带：表示区段为正在选路还未锁闭状态。

⑧光带变虚线：表示区段被人工设置为轨道分路不良标记。

(2)道岔显示

道岔显示包括道岔现在所处的状态和道岔区段的状态。

其岔根部的小圆点颜色显示含义如下：

①绿色稳定显示：表示道岔此时处于定位位置。

②黄色稳定显示：表示道岔此时处于反位位置。

③白色闪烁显示：表示道岔刚断，断表示时间未超过允许的规定时间(非特殊道岔，一般情况为 13s)。

④红色闪烁显示：表示道岔已断表示超过允许断的规定时间（非特殊道岔，一般情况为13s)，此时道岔处于挤岔报警状态，需要电务人员进行故障处理。

（3）道岔光带

①灰色光带：道岔所在的轨道区段处于空闲状态。

②蓝色光带：在选路过程中，表明进路经过道岔的位置。

③白色光带：道岔所在的轨道区段处于空闲锁闭状态。

④绿色光带：道岔所在的轨道区段处于空闲锁闭状态且所在进路故障后恢复或此区段曾经占用过（包括区段的轨道电路故障后恢复的情况），当进路的始终端都解锁后可故障解锁。

⑤红色光带：道岔所在的轨道区段处于占用或轨道电路故障。

⑥青色光带：道岔所在的轨道区段处于接通光带或引导总锁闭状态。

⑦光带变虚线：表示道岔所在区段被人工设置了轨道电路分路不良标记，此标记仅为人工显示的标记，不含任何联锁关系。

（4）道岔名称

①黑底黄字显示：表示道岔在显示"道岔名称"或断表示状态。

②红底白字显示：表示道岔在封闭状态。

③白底红字显示：表示道岔在单锁状态。

④黑底红字显示：表示道岔在防护锁闭状态或者是该道岔处于引导总锁状态。

2. 按钮设置

（1）总取消：当进路已办理但未接近锁闭时可以使用"总取消"命令取消已经排列的进路，将鼠标移动至进路始端信号（根据进路性质选择相应的列车或调车信号按钮位置）的位置，当鼠标变为小手状后再点压鼠标右键，选择其中的"总取消"命令即可。

（2）始端总人解：当进路已处于接近锁闭状态时，如果需要取消进路，则需要使用"总人解"命令。将鼠标移动至进路始端信号（根据进路性质选择相应的列车或调车信号按钮位置）的位置，鼠标变为小手状后再点压鼠标右键，在弹出的菜单中选择"总人解"命令，此时会弹出口令确认窗口，用鼠标左键点击相应的数字按钮，输入口令，如果输入错误可以按压"退格"按钮删除以前的输入，然后重新输入，然后按压"确认"按钮，命令操作窗口提示口令正确与否，如口令正确，总人解命令执行。当信号关闭后，根据进路性质延时解锁。接车进路及正线发车进路延时时间为3min，其他进路延时时间为30s。如果进入口令确认窗口状态后发现操作错误，可以通过按压"取消"按钮取消本次操作。

（3）终端总人解：当进路上轨道电路故障导致列车走过后，从故障区段到进路终端的进路不能正常解锁时，将鼠标移动至进路的终端信号（根据进路性质选择相应的列车或调车按钮位置，此信号机上应该有黄色框标识）的位置，鼠标变为小手状后再点压鼠标右键，在弹出的菜单中选择"总人解"命令，经过口令确认后进入终端总人解状态，终端人解要延时30s。

（4）开放引导信号：当接车进路的区段轨道电路故障并且道岔表示正常时，不能排列接车进路，需要办理引导接车时，先将进路中所有道岔单操到要求位置，然后用鼠标右键单击进站信号列车按钮，在弹出的菜单中选择"开放引导信号"，经过口令确认后引导信号开放。若引导进路进站信号机内方第一区段轨道电路故障时，需在15s之内反复按压引导进路始端的进站信号按钮，方能保证引导信号的正常开放，否则引导信号将关闭，这种情况下有15s倒计时的显示。当引导进路使用完毕，人工确认车列完全进入股道后，在接车信号的列车始端和终端按钮位置先后办理总人解，即可人工解锁引导进路。

注：引导接车当列车进入信号机，信号关闭后，进路始端的绿色按钮会红色、白色交替闪光，表明目前的进路为引导进路。

(5)办理引导总锁：当接车进路中的道岔失去表示，不能排列接车进路与引导进路时，需要办理引导总锁进行接车作业。将鼠标移动至相应咽喉的进站信号机列车按钮处，按压鼠标右键在弹出的菜单中选择"办理引导总锁闭"命令，并输入相应口令，本咽喉中所有道岔将被锁闭，再办理引导进路。当引导总锁使用完毕人工确认车列完全进入股道后，再次弹出此项菜单，原来位置会变为"取消引导总锁闭"，选择此命令，并输入相应口令，即可取消引导总锁闭状态。

(6)加封：为了防止误碰按钮，误取消某列车进路，对所有的列车信号均可设置封锁标记。将鼠标移到相应的列车按钮处，鼠标变为小手状后点击鼠标右键弹出菜单，选择"加封"命令，此时相应的按钮由绿色变成红色，表示信号加封成功。这时就不能通过此按钮办理列车进路。

调车按钮的加封与列车按钮的加封后的显示略有不同，调车按钮加封后是在相应的调车按钮上加一个红框。

(7)解封：当信号加封后，必须解封才能对其办理作业。解封的操作同样是对准相应的按钮，弹出菜单，选择"解封"命令，当按钮从红色变成绿色，表示解封成功。调车按钮解封后相应的调车按钮上的红框消失。

3. 道岔操作

(1)总定：单操道岔至定位。

(2)总反：单操道岔至反位。

(3)单锁：单独将道岔锁在当前位置。单锁后，相应的道岔名称由一个白色的方框框住，变为白底红字。此时道岔单操和进路操均无效，但可排列道岔单锁位置的进路。

(4)单解：解除对道岔的单独锁闭。

(5)封闭：封闭道岔。道岔封闭后，相应的道岔名称由一个红色的方框框住，变为红底白字。此时不能排列通过本道岔的任何进路(包括列车进路，引导进路和调车进路)，但可进行单操。

注意：在同一个区段中的任何道岔(虽然不再进路中)有封闭，经过此区段的进路都不能排出。

(6)解封：解除对道岔的封闭。

（7）设置分路不良标记：经人工确认轨道电路分路不良后，可以设置轨道电路分路不良标记。分路不良标记设置后，相应轨道区段的光带将变为虚线，以此来区分轨道电路分路不良。但它不影响行车作业办理。如果要取消轨道电路分路不良标记，则重新弹出菜单，选择"清除分路不良标记"命令，命令生效后，轨道电路的光带显示将恢复正常，此操作需要电务人员操作。

（8）区段故障解锁：人工方式解锁进路漏解锁区段的一种手段。当进路的始端已经解锁，并且确认车已经不再进路上时，可以对进路上的区段逐个办理"区段故障解锁"；当进路的始终端均已解锁，可以对无车占用的区段办理区段故障解锁"。当进路完好信号开放时，区段故障解锁只能关闭信号，区段不解锁。对准区段，弹出菜单，选择"区段故障解锁"命令。输入口令，"区段故障解锁"命令执行。在信号开放的进路中的任何一个轨道区段进行区段故障解锁，信号都会关闭（包括引导信号），利用区段故障解锁也是紧急关闭信号的一种办法。

（9）无岔区段的故障解锁：当进路的始终端均不存在时，将鼠标移动至无岔区段上，按压鼠标的右键会弹出相应的操作菜单，选择"区段故障解锁"，正确输入口令后，命令生效。

注：对不设区段组合的无岔区段，亦不设"区段故障解锁"按钮。

4. 进路办理

1）列车进路办理

（1）接车进路：车务操作时信号员使用鼠标左键顺序点压进站信号按钮、变更按钮（若有变更）、相应股道反方向出站信号按钮即可。

（2）发车进路：车务操作时信号员使用鼠标左键顺序点压股道出站信号按钮、变更按钮（若有变更）、同咽喉进站信号按钮即可。

2）调车进路办理

（1）短调车进路：车务操作时信号员使用鼠标左键顺序点压调车进路始端信号机机构、调车进路终端信号机机构即可。

（2）长调车进路：车务操作时信号员使用鼠标左键顺序点压长调车进路始端信号机机构按钮、长调车进路终端信号机机构即可。但取消时须分段办理。

3）列车 / 调车进路的故障解锁

在进路不能正常解锁的情况下，值班员根据进路的情况可以采用以下三种故障解锁的办法解锁进路，这里需要说明的是新增了"总人解"终端信号机的方式。

（1）总人解始端信号机。

进路已处于接近锁闭状态，如果需要取消进路时，或者是车列驶过以后从进路始端第一区段开始就没有解锁时，这时要用"总人解"命令解锁始端信号，解锁该进路。接车进路及正线发车进路延时时间为 3min，其他进路延时时间为 30s。

（2）总人解终端信号机。

当进路上轨道电路故障导致列车走过后，从故障区段到进路终端的进路不能正常解锁时，这时要用“总人解”命令解锁终端信号，解锁从故障点到终端的进路。（根据进路性质相应的列车或调车按钮位置，此信号机上应该有黄色框标识），终端人解要延时30s。

如果终端信号机上无黄色框标识，先用总人解解锁始端信号机，之后再执行上述操作解锁终端。

（3）区段故障解锁。

当进路的始终端均不存在，或进路始端已经不存在（已经解锁）且进路上没有解锁区段全部被占用过并且全部出清后，沿进路方向依次选择区段的“区段故障解锁”命令解锁锁闭的区段。

注：进行“总人解”和“总取消”操作时一定要首先区分是对列车进路进行操作，还是对调车进路进行操作，然后选择正确的按钮进行操作。

4）引导接车进路的解锁

引导接车进路的解锁和列车进路的故障解锁略有不同。在引导接车进路不能正常解锁的情况下，可以采用以下三种故障解锁的办法解锁引导接车进路。

（1）总人解始端信号机

当引导接车进路使用完毕，人工确认车列完全进入股道后，在接车信号的列车始端按钮位置办理总人解，即可人工解锁引导进路。

未曾使用的进路引导接车进路要取消时，在接车信号的列车始端按钮位置办理总人解，即可人工解锁引导进路。

（2）总人解终端信号机

当进路上轨道电路故障，引导接车后，车列完全进入股道后，进路上仍留有红光带，这时用“总人解”命令解锁始端信号后，进路解锁到故障区段。从故障点到终端的进路需要用总人解终端信号机的方式解锁（根据进路性质相应的列车或调车按钮位置，此信号机上应该有黄色框标识），终端人解要延时30s。

（3）区段故障解锁

当进路的始终端均不存在，选择区段的“区段故障解锁”命令解锁锁闭的区段。

在进路终端存在的情况下，事故解锁按钮解锁无效。

（八）信号楼微机联锁设备常见故障

故障处理原则：先通后复。发生故障时：①确认故障现象；②通知相关人员并做好防护登记；③配合处理故障；④处理完毕会同维修人员试验良好后销点。

1. 道岔故障

（1）信号楼值班员在办理列车出入车厂时，道岔区段出现红光带，按引导办法接车或降级运营行车法办理接发车手续。

（2）在办理接发车开放信号时，发生挤岔铃响。

（3）将故障道岔恢复原位，单独操作几次确认良好后继续使用。

（4）如果故障未排除，立即通知车厂调度，现场检查处理后，能正常时可继续使用。（如影响发车，预计会造成列车出厂晚点时，还需通知行调）

（5）如果故障还未排除，采取人工排列进路的方法理接发列车。

①道岔发生故障时，需在微机上按规定设置相关防护封锁，防止错办进路。

②发生道岔尖轨不密贴时，立即通知车厂调度，车厂调度通知生产调度，由生产调度负责向各专业维修人员确认，并经各专业维修人员同意后，方可通知信号楼值班员采取人工加锁道岔的方法组织列车进出车厂。

（6）人工准备进路流程。

车厂人工准备进路流程如图 2-47 所示。

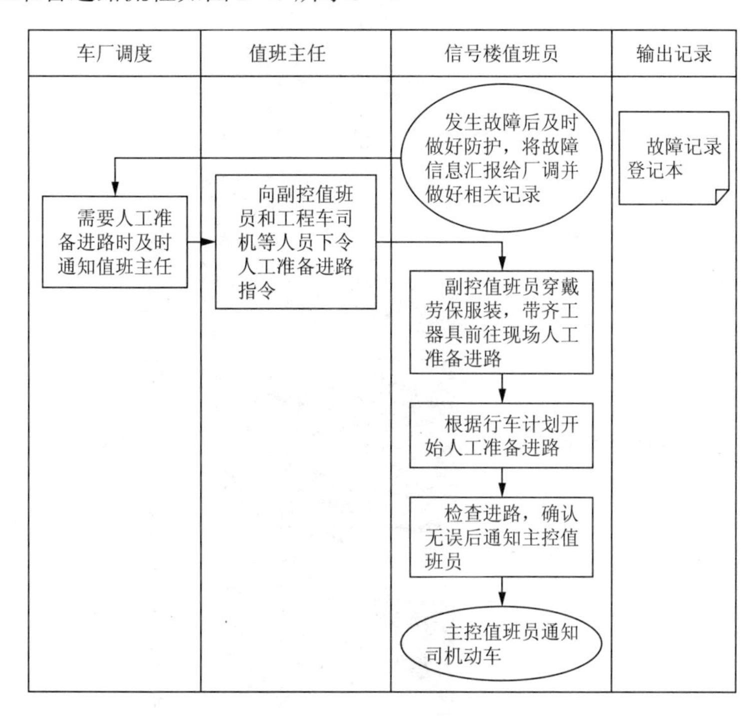

图 2-47　车厂人工准备作业进路流程图

（7）人工准备进路内容

人工准备进路表见表 2-2。

人工准备进路表　　表 2-2

序号	作业内容	标准作业程序	图　示	风险控制与措施
1	发生故障后及时做好防护	故障发生后，信号楼值班员应立即暂停故障区域的相关作业，并及时进行相关的防护操作		风险控制：主控下达指令不准确；手指口呼未执行标准化。 措施：主控下达指令时应言简意赅；应严格按照标准化进行执行

续上表

序号	作业内容	标准作业程序	图　示	风险控制与措施
2	将故障信息汇报给车厂调度并做好相关记录	将故障情况向车厂调度汇报，影响列车进出厂时还应汇报行调，并在《车厂设备故障登记本》上做好记录		风险控制：未进行登记，导致无法跟进故障处理情况。 措施：出现故障后立即登记
3	检查准备工具	准备好手摇把、钩锁器、400M电台、转辙机钥匙、信号灯/旗、红闪灯、工具包，并测试400M通话状况和红闪灯性能；穿戴好防护用品赶赴故障道岔处		风险控制：工具不齐全导致作业效率低下。 措施：去现场前清点工具
4	根据行车计划开始人工准备进路	严格执行手摇道岔六部曲		风险与控制：标准化执行不到位。 措施：严格按照标准化流程进行操作
5	检查进路	全部进路准备好以后，接通光带检查进路是否正确		风险与控制：未接通光带确认进路无误。 措施：主控和副控做好互控，及时进行光带确认
6	通知司机动车	确认进路正确后，联控司机动车		风险与控制：联络用语不标准。 措施：严格执行标准化作业程序

2. 轨道电路故障

（1）接发车线路轨道电路故障时：

线路有机车车辆占用，但轨道电路无显示时，必须在微机相关区段上设置占用标志。

线路无机车车辆占用，而轨道电路显示红光带时，通知车厂调度，经相关专业人员到现场确认线路空闲、钢轨未断裂，相关专业人员签认后，才能办理行车。

（2）照查电路故障，在微机上不能确认转换轨空闲状态时，信号楼值班员必须严格执行行车相关规定，办理列车出入车厂。采用反排进路锁闭发车进路道岔。

（3）转换轨占用表示灯不能正常显示时：

①列车出入车厂，转换轨出清后，转换轨占用表示灯超过所需时分不灭灯时，信号楼值

班员应立即报告车厂调度。

②未办理列车出入车厂作业，但转换轨占用表示灯亮，在未查明原因情况下，禁止办理列车出入车厂作业。

③排列进路，开放信号后，进路光带没显示时，必须通过接通光带和道岔定、反位表示确认进路上道岔位置正确，并单独加锁进路道岔。

3. 信号机故障

（1）开放出车厂信号机，黄灯没显示，但微机联锁设备正常时，确认进路空闲后，授权司机越过关闭的信号机。

（2）灯丝报警：

①微机上进出车厂信号机表示灯均能正常显示时，进出车厂信号机可正常使用，按正常行车办理。

②控制台上出车厂信号机表示灯熄灭，而室外对应信号机黄灯可以正常使用时，开放信号发车。信号机开放后，微机上无显示时，在确认地面信号机显示正确后，可继续使用。

③控制台上进车厂信号机表示灯熄灭，而室外对应信号机黄灯可以正常使用时，开放信号接车。信号机开放后。微机上无显示时，在确认地面信号机显示正确后，可继续使用。

④控制台上进、出车厂信号机表示灯熄灭，室外对应信号机不能显示黄灯时，按相关规定办理。

（九）信号楼微机联锁设备供电系统故障

（1）在进行收发列车或调车作业工作时，信号值班员须立即通知司机不准动车或立即停车。

（2）与司机联系彻底，得到司机已停妥的回示后，信号值班员应立刻通知车厂调度，并报告发生断电的情况和微机使用状况。

（3）将故障发生时间、具体情况做好记录。

（4）信号楼值班员在收到处理完毕的汇报后，在维修人员的监控下对微机设备进行反复试验，确认良好后方可使用。

（5）维修人员须登记设备修复时间和使用状态，信号楼值班员应及时将修复情况向车厂调度汇报。

（6）事故处理完毕后，待信号人员检查设备签名确认后，方可排列有关进路。信号楼在作业中突然发生紧急情况时，为避免延误抢修时间，防止行车事故，组织相关人员及时、有效的调配车辆，争取在短时间内恢复正常行车。

（7）主要工作：

①及时终止车厂内正在进行的收发车和调车作业。

②及时向车厂调度汇报现场情况和当时作业情况。

③配合相关部门做好救援准备。

④做好恢复正常后的工作准备。

⑤紧急情况解除后，及时向车厂调度汇报。

⑥恢复正常的收发车作业和调车作业。

⑦保证列车准点出厂。

⑧及时合理配合车厂调度调配车辆，保证正线运行不受影响。

第四节　城市轨道交通供电系统

城市轨道交通的供电系统是负责为其正常运营提供所需电能的重要部门。城市轨道交通列车采用电力牵引，其动力是电能；此外，为运营服务的辅助设施包括照明、通风、空调、排水、通信、信号、防灾报警、自动扶梯等，也都依赖并消耗电能。在运营中供电一旦中断，不仅会造成地铁运输的瘫痪，而且还会危及乘客生命安全和造成财产的损失，因此高度安全、可靠而又经济合理的供给电力是城市轨道交通正常运营的重要保证和前提。

一、供电系统的组成

城市轨道交通是一个重要的供电用户，为一级负荷。一级负荷规定，应由两路独立电源供电。当任何一个电源发生故障中断供电时，另一路应保证城市轨道交通一级重要负荷的全部用电需要。

城市轨道交通供电系统一般包括高压供电系统、牵引供电系统和动力照明供电系统，如图2-48所示。前者属于外部供电系统，后两者属于城市轨道交通内部供电系统。

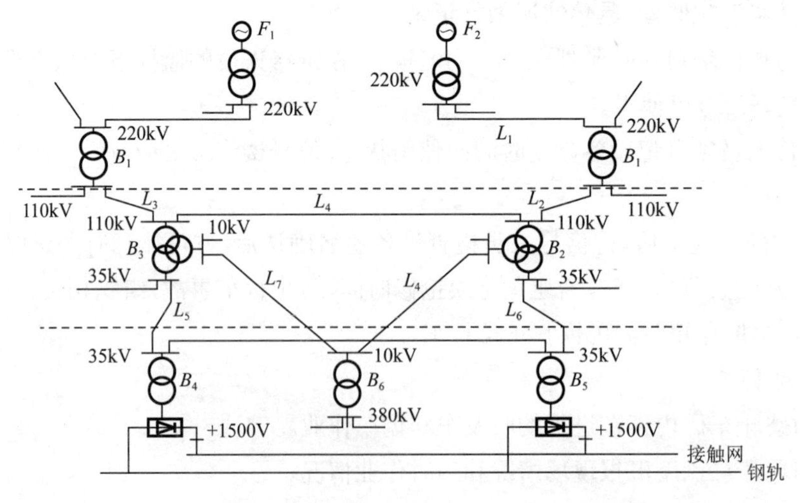

图2-48　供电系统

F_1、F_2-发电厂；L_1～L_7-传输线路；B_1～B_3-主变电所；B_4、B_5-牵引变电所；B_6-降压变电所

(一)高压供电源系统

高压供电电源系统是城市电网对轨道交通系统内部的变电所的供电方式,有集中供电、分散供电和混合供电三种供电方式。采用何种方式的高压供电源一般视各城市的情况而定。

1. 集中式供电

集中式供电是设置专用主变电所。主变电所有两路独立的 110kV 电源,有主变电所变压为内部供电系统所需的电压级,一般为 10kV 或 35kV。我国上海、广州及香港地铁即为此种供电方式。

2. 分散式供电

在地铁沿线直接由城市电网引入多路电源构成供电系统。一般为 10kV 电压级。分散式供电要保证每座牵引变电所和降压变电所均获得双路电源,要求城市轨道交通沿线有足够的电源引入点及备用容量。沈阳地铁、长春轻轨、大连轻轨、北京城市铁路、北京地铁八通线、北京地铁 5 号线等采用此种方式供电。

3. 混合式供电

将前两种供电方式结合起来,一般以集中式供电为主,个别地段引入城市电网电源作为集中式供电的补充,使供电系统更加完善和可靠。北京地铁 1 号线和 2 号线、武汉轨道交通工程、青岛地铁南北线工程等即为混合式供电方案。

(二)牵引供电系统

牵引供电系统供给城市轨道交通电动车辆运行所需的电能,该系统的组成及相关内容在第四节第二部分做详细介绍。

(三)动力照明供电系统

动力照明供电系统由降压变电所及动力照明组成。

(1)降压变电所降压变电所将三相电源进线电压降为三相 380V 交流电。一般每个车站均应设降压变电所;地下车站负荷较大,一般设于站台两端;负荷较小时可以几个车站合设一个;也可以将降压变电所附设在某个牵引变电所之中,构成牵引与降压混合变电所(例如地下车站一端的降压变电所)。

(2)动力照明供电系统动力照明供电时给车站空调、自动扶梯、通信信号等设备供电。降压变电所通过配电所(室)将三相 380V 和单相 220V 交流电分别供给动力照明设备,各配电所(室)对本车站及其两侧区间动力和照明等设备配电。

①照明系统。车站照明系统采用 380V 三相五线制、220V 单相三线制方式供电。系统范围为大致包括站台层、站厅层公共区的一般照明、节电照明(包括站名牌表示照明)、事故照明(包括疏散诱导指示照明)、广告照明和设备及管理用房一般照明、事故照明;出入口的疏散诱导指示照明、一般照明和事故照明;电缆廊道的一般照明及区间隧道的一般照明、

事故照明。

根据各场所照明负荷的重要性，照明负荷可分为三个等级：节电照明、事故照明、疏散诱导指示照明为一级负荷；一般照明及各类指示牌为二级负荷；广告照明为三级负荷。

②照明系统的控制位置及控制方法。车站照明系统可分为就地级控制、照明配电室集中控制和站控集中控制三级控制。

a. 就地级控制。各设备及管理用房进门处设有就地开关或开关盒，可通过开关箱或开关盒上的开关控制相应设备及管理用房的一般照明。区间隧道一般照明可由设于隧道两端入口处的区间隧道一般照明配电箱控制。

b. 照明配电室集中控制。照明配电室内设有相应照明场所的照明配电箱，可在室内集中控制相应场所的一般照明、节电照明、事故照明及广告照明。

正常情况下，配电箱所有开关均应全部合上，以便通过就地控制和站控室集中控制相应场所照明。

③站控室集中控制。站控室内设有照明控制柜，通过柜面上转换开关和按钮可实现站台层、站厅层公共区域一般照明、节电照明、广告照明的手动 / 自动控制（手动控制时指通过照明控制柜上按钮或照明配电室照明配电箱上按钮开 / 关控制；自动控制是指通过机电设备监控系统实现控制）及区间隧道一般照明手动控制。

在机电设备监控系统（EMCS）上可监控站台层、站厅层公共区一般照明、节电照明、广告照明的工作状态(手动 / 停 / 自动)。

(3)低压配电系统。车站低压配电系统采用 380V 三相五线制、220V 单相三线制方式供电。系统范围大致包括站台层、站厅层和设备及管理用房的环控、排水、消防、电梯、自动扶梯、自动售检票及通信、信号、站控室等系统动力设备的供配电和车站环控室所供配电设备的电控控制。

根据用电设备的不同用途和重要性，车站用电负荷分为三级：一级负荷包括通信系统、信号系统、火灾报警系统、气体灭火系统、机电设备监控系统、屏蔽门、消防泵、废水泵、雨水泵、防淹门、站控室、事故风机及其风阀等；二级负荷包括非事故风机及风阀、污水泵、集水泵、自动扶梯、工作人员电梯、轮椅牵引机、自动售检票设备、民用通信电源、维修电源及冷水机油加热器等；三级负荷包括冷水机组、冷冻水泵、冷却水泵、冷却塔风机、电开水器、清扫电源等。

系统所供配电设备可分为由车站低压变电所直接供配电的设备和由环控室供配电的设备。

(4)低压配电系统的控制位置及控制方式。

由低压变电所直接供配电的各系统设备。低压配电系统提供电源至各设备附近的配电箱或电源切换箱，工作人员可在低压设备附近的配电箱或电源切换箱上对各设备做电源通断或切换操作控制。

由环控室直接供配电的设备。低压配电系统提供电源至各设备附近的配电箱或电源切换箱，工作人员可在环控室或设备附近的配电箱或电源切换箱上对各设备作电源通断或切换操作控制。

对环控室直接控制的环控设备。采用三地控制方式，即就地控制（设备附近）、环控室控制及站控室控制（EMCS 系统控制）。

自动扶梯正常时由现场控制。事故状态下可在站控室内按动应急停机按钮停止所有自动扶梯运行。

二、牵引供电系统

（一）牵引供电系统的组成

牵引供电系统主要由牵引变电所和牵引网两大部分组成。牵引变电所的主要设备是变压器和整流器；牵引网主要由接触网、馈电线、电分段、轨道和回流线组成。牵引网又分为架空式和接触轨式，如图 2-49 所示

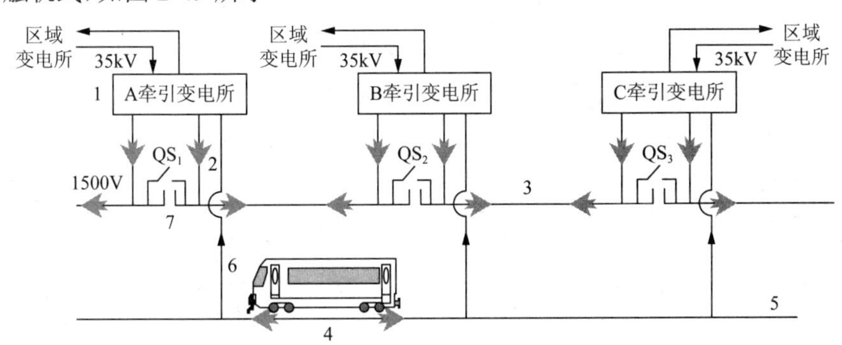

图 2-49　地铁牵引供电系统示意图

区域变电所或主变电所将供电部门送来的三相高压交流电降压为所需电压等级（如 35kV），将它通过的三相线路送到牵引变电所，再降压并整流为适应于电动车组工作的 1500V 或 750V 直流电。这种直流电通过电动车组受流装置与接触网或接触轨滑动解除将直流电引入电动车组。工作后的电流经车体、轮对、轨道经由回流线回流到牵引变电所。

（1）牵引变电所：供给地铁一定区域内牵引电能的变电所。

（2）接触网（或接触轨）：经过电动列车的受电器向电动列车供给电能的导电图。

（3）馈电线：从牵引变电所向接触网输送牵引电能的导线。

（4）回流线：用以供牵引电流返回牵引变电所的导线。

（5）电分段：电分段是将接触网从电气连接上互相分开的装置，为便于检修和缩小事故返回，将接触网分成若干段成为电分段。

（6）轨道：列车行走时，利用走行轨作为牵引电流回流的电路。在采用跨坐式单轨电动车组时，需沿线路专门铺设单独的回流线。

（二）牵引变电所

牵引变电所的作用是将由区域变电所或主变电所获取的中压电压等级电能，经降压与整流变换为可供列车牵引用直流电（1500V 或 750V），并以直流电的形式把电能经馈电线送至接触网。

牵引变电所的容量与设置距离根据牵引供电计算结果，并做经济技术分析比较后确定，牵引变电所沿线路布置，每一个牵引变电所有一定的供电范围。供电距离过长会使末端电压过低及电能损耗过大；供电距离过短又会使变电所数目太多而不经济。一般设置在车站和车辆段附近，相邻牵引变电所之间的距离在 2 ～ 4km。

（三）牵引变电所的供电方式

牵引变电所向牵引网的供电方式主要按牵引变电所的分部情况、供电臂的长短、线路状态供电可靠性而定，通常有单边供电和双边供电两种。

为了能安全、可靠地供电，通常在相邻两个牵引变电所之间的接触网中央处断开，将两牵引变电所之间的接触网分成相互绝缘的两部分，每一部分都成为供电分区。在供电分区的末端设置有断路器和隔离开关的分区亭，以便对接触网起到分析与保护作用，同时还可以通过分区的开关设备将供电分区联络起来，如图 2-50 所示。

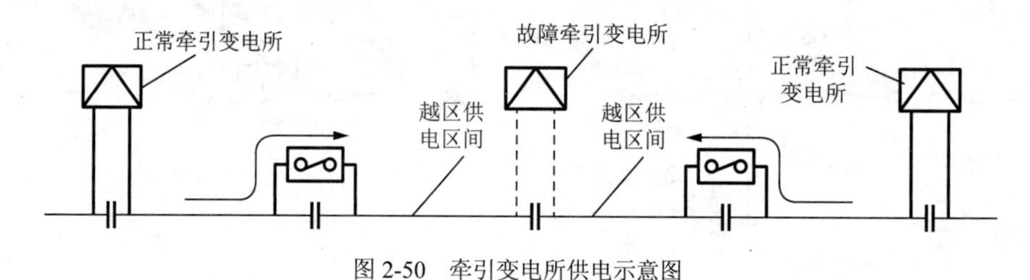

图 2-50　牵引变电所供电示意图

每个供电分区的接触网只从一端的牵引变电所获取电流，这种供电方式为单边供电。如果将分区亭开关闭合，则相邻牵引变电所之间的两个相接触网供电分区可同时从两个牵引变电所获取电流，这种供电方式成为双边供电。

单边供电时，一旦接触网发生故障只影响本供电分区，因此故障范围较小。双边供电虽然可提高供电电压水平，但一旦发生故障，影响范围较大，因此目前较少应用。

当某个牵引变电所发生故障或停电检修时，该变电所承担的供电臂供电任务通过分区亭开关闭合，由两侧相邻的牵引变电所负责越区供电。在越区供电方式下，供电末端的接触网（或接触轨）的电压较低，电能损耗较大，因此要视情况适当减少同时处在该供电分区段的列车数目。越区供电只是在不得已的情况下短时采用的一种运行方式。

接触网电分段设置的目的：增加接触网供电的灵活性和安全性，缩小停电事故范围，满足供电和检修以及其他特殊需要。

车厂的电分段应满足供电需要并同时考虑接触轨检修需要。电分段的主要设置地点和原则为：正线有牵引变电所的车站，电分段通常设置在列车惰性区段（进站端）；正线间的渡线、折返线与正线间、停车场与正线间设置电分段。

以某地铁为例：车辆段内接触网划分为4个供电分区。

（1）1D1：出段线方向、牵出线1、洗车线、联络线、停车列检库18～23道以及上述线路所属的道岔咽喉区。

（2）1D2：入段线方向、牵出线2、停车列检库11～17道、检修库1道、3道、4道、5道、7道库外部分、6道全部以及上述线路所属的道岔咽喉区。

（3）1D3：检修库8道、9道、10道。

（4）1D5：试车线。

停车场内接触网划分为2个供电分区：

（1）1E2：入场线方向、停车列检库（10～16道）、牵出线1、洗车线、牵出线2以及上述线路所属的道岔咽喉区。

（2）1E3：出场线方向、停车列检库（2～9道）以及上述线路所属的道岔咽喉区。

车厂采用DC 1500V架空柔性接触网。接触网额定电压为DC 1500V，最高值为DC 1800V，最低值为DC 1000V；接触网为正极，回流网为负极；正线接触网持续载流量为3000A。接触网距轨面的标准距离：车厂悬挂点最大高度为5350mm；试车线5000mm；接触网与车辆装载货物的距离不少于200mm。

（四）接触网

接触网有架空线式和接触轨式两种形式。

1. 架空式接触网

架空式接触网是架设在走行轨道上部的接触网，由电动列车（车辆）顶部伸出的受电弓与之接触取得电能。按线路形式可分为地面架空式和隧道架空式；按悬挂方式又可分为柔性（悬挂）接触网和刚性（悬挂）接触网。

地面架空式：地面架空式接触网（图2-51）由以下部分组成。

接触悬挂，包括承力索、吊弦和接触线。接触悬挂的方式很多，为弹性链形悬挂。

支持装置，包括腕臂、拉杆和绝缘子。它是接触悬挂将其负荷传给支柱或其他建筑物的结构。

定位装置，包括定位器和定位管。其作用是保证接触网与受电弓的相对位置在规定范围内。

支柱和基础，用以支撑接触网悬挂和支持装置，并将接触网悬挂固定在规定高度。地面架空式接触网属于柔性接触悬挂，其特点是弹性好。

隧道架空式。隧道内的支持与固定装置主要考虑隧道内的断面尺寸限制。为了减小隧道的净空，需要在隧道内采用一些特殊的支持与固定装置，常用的有“人”字形、“T”字形以及弹性支架的支持与固定装置等。

安装在绝缘子上的馈电线通过连接线与接触网连接,使接触网受电。接触线由调节臂固定,调节臂带棒式绝缘子一端固定安装在隧道洞顶一侧的弹性支架上。调节臂可用来调整接触网与柜面之间的高度,弹性支架通过调节臂使接触线与受电弓之间保持足够的弹性,以保证它们之间的良好接触受流。

刚性悬挂。刚性接触网是采用绝缘子来悬挂刚性导线,如同把第三轨架到了隧道顶部,省去了柔性悬挂的腕臂或弹性支座,降低了车辆上方的空间。

刚性悬挂所需要的隧道净空小,投资小,而且到导电铜线无张力架设,不必设置下锚装置,也不会发生断线事故。零部件少、载流量大、安全可靠且维护量小,大大降低了维护成本,其优越是柔性悬挂难以比拟的。刚性悬挂示意图如图 2-52 所示。

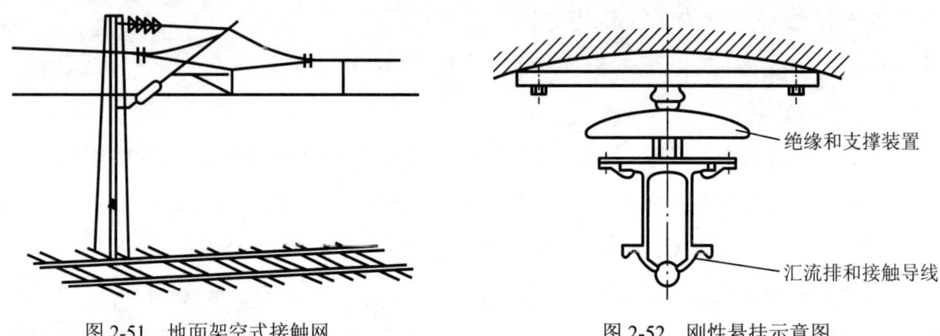

图 2-51　地面架空式接触网　　图 2-52　刚性悬挂示意图

1)柔性接触网的结构与特点

柔性接触网分为简单接触悬挂和链形接触悬挂两种基本类型,主要由支柱与基础(隧道为支撑部件)、支持装置和接触悬挂及附加导线等几部分组成,如广州地铁 1 号线正线接触网采用双接触线式并联下锚补偿的简单链形悬挂、车辆段采用未补偿的简单悬挂。

(1)支柱与基础(支撑部件)。

支柱与基础(支撑部件)承受着接触悬挂和支持装置所传递的负载(包括自身质量),并将接触线悬挂到一定的高度上。

在地铁中,一般使用金属支撑和等径预应力钢筋混凝土支柱,金属支柱又有普通桁架结构式钢柱、整体型材 H 形钢柱和圆形钢柱。其中 H 形钢支柱是一种较新型的支柱,国内只有在地铁中使用过,其他形式的支柱与铁路系统的型号一致,这时不做重点介绍。

金属支柱具有强度高、抗碰撞和安装运输方便等优点, H 形钢和圆形钢支柱还具有体积较小、外观整齐美观和易于维护等优点。

基础承受支柱所传递的力矩并传给土体,是起支柱作用的。一般所说的基础主要是指金属支柱的基础,至于钢筋混凝土柱是它的地下部分代替了基础的作用。

(2)支持定位装置。

支持定位装置是用来支持悬挂,并将悬挂的负载传递给支柱的装置。支持定位装置可分为腕臂形式和软、硬跨(梁)形式。腕臂形式的支持定位装置包括腕臂、拉杆及定位装置等,软横跨、硬横跨(梁)形式的支持定位装置主要包括横向承力索、上、下部定位绳及定位器和吊弦等，广泛地应用于地铁的车辆段和地面咽喉地区，是属于多线路上的专用支持定位装置。

在单线中上使用的腕臂形式有斜腕臂、直腕臂和绝缘旋转腕臂等几种结构形式。目前，广泛使用的是质量轻、结构灵活的绝缘旋转腕臂。在车辆段，为了节省投资，尽可能不要每条股道都单独设立支柱，可以使用双线路腕臂。

硬跨（梁）装置，其支柱所受的横向力矩小，比较稳定，且便于机械化施工，多在 3 ～ 4 股道上采用。

（3）接触悬挂。

接触悬挂是将电能传导给电动车组的供电设备，包括承力索、接触线、吊弦、补偿装置、悬挂零件及中心锚结和附架线索等元件。

接触悬挂的类型很多，但概括起来可分简单悬挂和链形悬挂两类。因具体条件不同及运行速度的差异而使用不同类型的接触悬挂。现将地铁中常见的几种悬挂形式分述如下。

①简单接触悬挂。

所谓简单接触悬挂，即是由一根或几根互相平行的直接固定到支持装置上的接触线所组成的悬挂。

简单接触悬挂可分为带补偿和不带补偿两种，一般用于车速较低的线路上，如站线、库线和净空受限的人工建筑物内，以及城市电车和矿山运输线等，在地铁中主要用于车辆段，也有用于正线的情况，如上海地铁 1 号线。

简单接触悬挂的优点是结构简单、投资少等；其缺点是弛度大，且弹性（受电弓单位接触压力所引起的接触线的升高）不均匀。这样会由于受电弓上下追随速度和机车运行速度不同步而发生离线和冲击现象。

为了改善简单悬挂的弹性不均匀程度，在悬挂点处加装弹性吊索，这种带弹性吊索的简单悬挂称为弹性简单接触悬挂。这样悬挂的优点是在悬挂点处加了 1 个 8 ～ 16m 长的弹性吊索，从而改善了悬挂点处的弹性。根据我国的试验，这种弹性简单接触悬挂可以在速度不超过 90km/h 的线上采用。由于弹性简单接触悬挂具有结构简单、支柱高度低、支柱负荷小、建造费用低及施工维修方便等优点，地铁车辆段一般采用这种形式的悬挂，如广州地铁 1 号线车辆段接触网。

普通的简单悬挂还有一个缺点是，与链形悬挂交叉处的线叉，其始触点处的高差大且随温度变化而变化。为了改善此缺点，一般采用带补偿的弹性简单悬挂。

②链形悬挂。

接触线通过吊弦（或辅助索）而悬挂到承力索上的悬挂，称为链形悬挂。链形悬挂可以在某一温度下使接触线处于无弛度状态，也就是在整个跨距内，可使接触线至轨面保持相等的高度。这种悬挂由于接触线是悬挂到承力索上的，因而基本上消除限悬挂点处的硬点，使接触悬挂的弹性在整个跨距内都比较均匀。由于链形接触悬挂具有高度一致、弹性均匀、稳定性好等优点，且具有较好的取流性能，因此，在运量大、速度高的干线上多采用链形接触悬挂。

链形悬挂的类型很多，可根据悬挂链数、线索拉紧方法、悬挂点处的吊统形式和线索相对位置的特征等进行分类，现简单介绍如下。

根据悬挂的链数划分为单链形接触悬挂，双链形接触悬挂、多链形接触悬挂。

a. 单链形接触悬挂。这种悬挂的特点是接触线借助于吊弦悬挂在承力索上。根据悬挂点处吊弦的不用又有简单链形悬挂和弹性链形悬挂两种。

b. 双链形接触悬挂。由两根辅助索组成的悬挂称为双链形悬挂。与单链形接触悬挂相比，多了一根辅助导线，其弹性更加趋于均匀。

c. 多链形接触悬挂。它包括承力索在内具有三条辅助索，也可称为三链形接触悬挂。这种悬挂接触线的高度更趋于一致，弹性也更加均匀，它适用于高速运行区段。应该指出，三链形接触悬挂的结构已相当复杂，多余三条辅助索的多链形悬挂，虽然可以增加弹性的均匀度和提高稳定性，但安装和维修比较困难，因为实用的意义是很小的。

根据线索的紧固方法划分为未补偿链形接触悬挂、具有季节调整的链形接触悬挂、半补偿链形接触悬挂、全补偿链形接触悬挂。

a. 未补偿链形接触悬挂。这种悬挂所有的线索两端均为死固定（即硬锚）。在温度变化时，接触线和承力索的长度，即张力和弛度产生变化，因而这种悬挂的运行状态是不好的。

b. 具有季节调整的链形接触悬挂。为了减小线索张力和弛度的变化范围，可在接触线的下锚处安装一个松紧调整螺丝，以便进行张力调整，通常在春秋两季各调一次。春季将接触线拉紧，使其张力在夏季时不要过小；秋季将接触线放松，使其张力在冬季低温下，不致超过最大许可值。

c. 半补偿链形接触悬挂。在单链形接触悬挂中，只在接触线下锚端加设张力自动调整装置，承力索不补偿，就叫半补偿链形接触悬挂。这是现有干线电气化铁路中采用较多的一种悬挂形式。

d. 全补偿链形接触悬挂。这种悬挂的全部线索在下锚端均安装张力自动调整装置。在温度和负载（冰、风）变化时，各线索的张力保持不变。因此，具有较好的运行条件，我国在主要干线上，基本上采用这种悬挂形式。

根据线索相对于线路中心的位置划分为直链形接触、半斜链形接触、斜链形接触悬挂。

a. 直链形接触悬挂。接触线和承力索在平面上的投景相重合，线索既可以沿线路中心由置，也可以布置成“之”字形。

b. 半斜链形接触悬挂。承力索沿线路中心布置，接触线成“之”字形布置，这种悬挂称为半斜链形悬挂，这种形式吊弦的横向偏斜不大，对接触线的固定构件和机械计算方法均不必特别考虑。也可以认为它是属于直链形接触悬挂的类型。但是，它与直链形悬挂相比，不仅有较好的稳定性，而且施工更为方便。

c. 斜链形接触悬挂。在直线区段上的斜链形悬挂，接触线和承力索依次在悬挂点固定于线路两侧。在曲线区段上的斜链形悬挂，其承力索对接触线有一个相当大的外侧位移，吊弦是倾斜的，在跨距中部把接触线向外侧拉。

（4）地铁柔性接触网的要求与特点。

地铁是种大容量的载客交通工具，且大部分在地下隧道中，其行车密度大、载客量大，要求具有很高的可行性和安全性。接触网是地铁的关键供电设备，专门给地铁电动车辆供电的，要求具有高可靠性和安全性，由于地下隧道净空较小，同时要求接触网的结构在满足需要的情况下尽量简单。

由于地铁有上述的要求，所以在地铁中的接触网除具有接触网的共同特点外，还应具有以下主要特点：结构紧凑、跨距较小工作电压相对较低、电流大接触网线索较多、结构较复杂；坡度变化较大和曲线半径较小等。

在地铁中，正线一般采用全补偿链形悬挂，且多采用单承力索、双接触线式全补偿链形接触悬挂，外加 3 ～ 4 根辅助馈电线组成，线材一般采用铜材。如广州城市轨道 1 号线也有采用简单悬挂的，如上海城市轨道 1 号线采用了带弹性支座式简单悬挂。车辆段一般采用简单悬挂。

2）刚性接触网的结构与特点

（1）概况

刚性悬挂是和弹性悬挂相对应的种接触悬挂方式，所谓刚性悬挂就是要考虑整个悬挂导体的刚度。架空刚性悬挂是刚性悬挂的一种，一般采用具有相应刚度的导电轨或具有相应刚度的汇流排与接触线组成。

架空刚性接触网主要用于地下铁道，至今有一百多年的历史。1895 年，架空刚性挂首次在美国巴尔的摩第一条电气化路中应用。1961 年，作为架空刚性悬挂主要形式的 T 形刚性悬挂在日本营团城市轨道日比谷线投入使用。1983 年，作为架空刚性悬挂另一主要形式 II 形刚性悬挂在法国巴黎 RATPA 线投入使用。

架空刚性接触网有两种典型代表（以汇流排的形状分），即以日本为代表的 T 形结构和以法国、瑞士等国为代表的 II 形结构。目前，国外架空刚性悬挂已得到广泛应用，如法国、瑞上、西班牙、日本、韩国等国家，全世界 T 形结构刚性接触网约 300km，II 形结构刚性接触网约 150km。其应用情况大致分类如下：

① AC 15kV、AC 25kV 低净空隧道。

② AC 15kV、AC 25kV 提速隧道，最大速度已至 160km/h。

③ AC 15kV 有复式交分道岔或车站的隧道。

④ DC 600V、DC 750V、DC 1500V 低净空或小断面隧道。

⑤ DC 600V、DC 750V、DC 1500V 新建城市轨道隧道(净空不受限制)。

⑥ DC 750V、DC 1500V、DC 3000V 车辆段维修车间库内维修线，既有固定式架空刚性悬挂，也有由电机驱动的移动式架空刚性悬挂。

（2）架空刚性接触网的结构与特点

①刚性接触网的结构。

a. 接触悬挂。

架空刚性悬挂根据汇流排的形状，可分为Ⅱ形结构和T形结构，这两种结构又可分为单接触线式和双接触线式，本书以单接触线式Ⅱ形结构为主要对象进行描述。

架空刚性悬挂主要由汇流排、接触导线、伸缩部件、中心锚结等组成。接触悬挂通过支持与定位装置安装于隧道顶或隧道壁上，也有安装于支柱上的情况，不过这种情况很少见，其功能是将从牵引变电所获得的电能输送给电力机车。

(a)汇流排和接触线。

汇流排一般用铝合金材料制成，其形状一般做成Ⅱ形和T形。Ⅱ形结构汇流排包括标准型汇流排、汇流排终端及刚柔过渡元件。标准型汇流排一般有PAC110和PAC80两种，是刚性接触悬挂的主要组成部分，其长度一股被制成10m或12m汇流排终端用于锚段关节、线岔及刚柔过渡处，其作用是保证关节、线岔和刚柔过渡的平滑、顺畅过渡，其长度一般做成7.5m刚柔过渡元件用于刚性悬挂与柔性接触导线一般采用银铜导线，与柔性接触悬挂所采用的接触导线相同或相似。其截面积一般采用120mm^{2}或150mm^2。接触导线通过特殊的机械镶嵌于Ⅱ形汇流排上，或通过专用线夹固定于T形汇流排上，与汇流排一起组成接触悬挂。

(b)伸缩部件。

单线式Ⅱ形结构汇流排伸缩部件的结构，其功能是能在一定范围内自由伸缩，同时又能满足电气性能的要求，既能保证电气上的良好接触和导电的需要，又能保证机械上的良好伸缩性。一般一个锚段安装一个膨胀元件，其作用是补偿铝合金汇流排与银铜接触线因热胀系数不同而产生的热膨胀误差。根据计算，半个锚段汇流排与接触线的热胀差值大概是70mm。

(c)接头。

单接触线式Ⅱ形汇流排接头的结构，主要由汇流排接头连接板和螺栓组成，用于连接两根汇流排。其要求是既要保证被连接的两根汇流排机械上良好对接，又要有足够大的接触面积，确保良好的导电性能。

(d)中心锚结。

单接触线式Ⅱ形结构架空刚性接触悬挂中心锚结的结构，主要由中心锚结线夹、绝缘线索、调节螺栓及固定底座组成。其作用是防止接触悬挂窜动。

b. 支持和定位装置。

架空刚性接触网的支持和定位装置主要有腕臂结构和门型结构两种。

腕臂结构主要由可调节式绝缘腕臂、汇流排线夹、腕骨底座、倒立柱或支柱等组成，其特点是调节灵活、外形美观、结构复杂、成本高等，此种结构主要用于隧道净空较高或地面线路。

②架空刚性接触网的特点。

架空刚性接触网是与弹性（柔性）接触网相对应的一种接触网形式，与柔性接触网有较大和明显的差别和明显特点。

架空刚性接触网与柔性接触网的比较：

a. 刚性悬挂柔性悬挂都能满足最大离线时间、传输功率、电压电流、受电弓单弓受流电流以及最大行车速度的要求。

b. 在受电弓运行的安全性以及对弓网故障的适应性方面。

由于刚性较柔性有如下特点，刚性悬挂受电弓的安全性和适应性要明显好于柔性。

刚性汇流排和接触线无轴向力，不存在断排或断线的可能，从而避免了柔性钻弓、烧熔、不均匀磨耗、高温软化、线材缺陷以及受电弓故障造成的断线故障。由于这样的特点，刚性悬挂的故障是点故障，而柔性悬挂的故障范围为一个锚段，所以刚性悬挂事故范围小。当然柔性悬挂的断线故障率还是非常小的，其能够满足运营要求。

刚性悬挂的锚段关节简单，锚段长度是柔性悬挂的 1/7 ～ 1/6，因此固定金具窜动回转范围小，相应地提高了运行中的安全性和适应性。

c. 弓网摩擦副的更换周期。

更换周期：受电弓以运营公里为考核标准；接触网以运营弓架次总量或运营年限为考核标准。正常的更换周期主要取决于摩擦副的磨耗。磨耗由机械磨耗和电气磨耗两部分组成。机械磨耗主要取决于摩擦副材质和平均接触力。电气磨耗取决于离线率和受流电流。更换周期还取决于受电弓滑板和接触线允许磨耗量的大小。

从理论上分析，在机械磨耗方面，摩擦副材质是相同的；在接触压力方面，刚柔接触压力幅度不同，但平均接触压力是相近的；在电气磨耗方面，离线率是相近的。不同的是柔性悬挂采用双根接触线，在均匀接触的时候，滑板和导线的压强相差近一倍，导线的高线电流相差近一倍，因此从理论上分析，刚性悬挂的磨耗较柔性要大。另一个不同点是，刚性的接触压力变化偏差较柔性小，因而，在磨耗的均匀性上刚性又好于柔性。

在允许磨耗量方面，柔性悬挂接触线磨耗面积小于 15% 时，安全系数为 2.5；磨耗面积为 15% ～ 25% 时，安全系数为 2.2；最大允许磨耗量为 25%。而刚性悬挂接触线没有张力，理论上接触线允许磨耗至汇流排夹口边缘，只要保证受电弓与汇流排不接触，平均来说，刚性悬挂接触线的最大允许磨耗是柔性悬挂的 2 倍。综合起来，从更换周期角度来看，刚性悬挂与柔性悬挂是相近的。

实际运营情况，受电弓维修周期从巴黎 RERC 线看没有明显变化。接触线方面，现已运行 7 年(4 弓 ×1250A，800 弓架次 /d)，从目前磨耗记录看，推算使用寿命约 20 年。

d. 运营维护。

无论是日常维护，还是事故抢修、导线更换，刚性悬挂的工作量要少于柔性。

e. 架空刚性悬挂与柔性悬挂的技术、经济比较。

架空刚性悬挂与柔性悬挂的技术比较见表 2-3。

架空刚性悬挂与柔性悬挂的技术比较 表 2-3

序号	项　目	架空刚性悬挂	柔 性 悬 挂
1	悬挂组成	结构紧凑(汇流排 + 接触线 + 地线)	较复杂（1 根承力索 +2 根接触线 +3 或 4 根辅助馈线 +1 根地线）
2	允许车速	一般为 80 ～ 160km/h，若试验速度提高到 140km/h，弹性受电弓可达 160km/h	一般为 80 ～ 160km/h

续上表

序号	项　目	架空刚性悬挂	柔性悬挂
3	可靠性	无断线隐患,可靠性高	有断线隐患,可靠性较差
4	导线磨耗	导线磨耗均匀,允许磨耗是柔性 2 倍	导线磨耗不均匀,允许磨耗小
5	受电弓受流情况	无特殊硬点,受流效果良好。受流特性主要取决于受电弓特性	存在硬点,硬点处受流效果较差。受流效果取决于弓网匹配
6	精度要求	安装精度要求高	相对较低
7	设计、施工技术	有较丰富的设计和施工经验	有较丰富的设计和施工经验
8	施工机械	导线安装和更换需进口专用设备	有成熟的施工机械设备
9	国产化率	90% 以上	90% 以上
10	维修、养护	维护工作量少	维护工作量大

架空刚性悬挂与柔性悬挂的经济比较见表 2-4。

架空刚性悬挂与柔性悬挂的经济比较表　　表 2-4

序号	项　目	架空刚性悬挂	柔性悬挂
1	隧道净空要求引起的土建费用	净空要求相对较小。另外,无需下锚装置,可避免不必要的局部开挖,如暗挖车站,可节省土建费用	净空要求相对较大,需下锚装置,有时需要局部开挖,如在暗挖车站
2	悬挂装置费用	悬挂点相对较多,费用相对增大	相对较少
3	维护费用	维护工作量少,周期长,费用低。日本、韩国经验显示,相对柔性可减少 30% ～ 50%	维护工作量大,周期短,费用较高

2. 接触轨式

接触网是沿着走行轨道一侧平行铺设的附加第三轨,故又称为第三轨式接触网。接触轨电压多采用 IEC 标准,为 DC 600V、DC 750V,少数采用 DC 1500V。我国标准电压为 DC 750V 和 DC 1500V 两种,国内大部分第三轨式接触网电压为 DC 750V,广州地铁 4 号线采用 DC 1500V 第三轨式接触网。这种高压第三轨受流,作为一种新技术,其发展前途很大。

采用第三轨式接触网的有点式电动车辆受电靴与第三轨接触面较大且对其磨损极小,故维护简单;另外修建地下线可降低净空,减少开挖土方。

第三轨接触网,其接触方式有上磨式、下磨式和侧磨式三种。

(1)上磨式。上磨式接触轨装在专用绝缘子上,底朝下。取流时,接触靴自上压向接触轨。上磨式的接触力不由受流器(集电靴)的磨耗情况决定,而只受弹簧支座特性的控制,其受流平稳,并能减少在间隙和道岔等处的电流冲击。上磨式接触轨固定方便,但不易加防护罩。

(2)下磨式。下磨式的接触网底朝上,紧固在绝缘子上,并且由固定在轨枕上的弓形肩架予以支持。下磨式的优点是可以加防护罩,对工作人较为安全,但安装结构较为复杂,费用较高,在经常冰冻和雨雪而造成的集电困难的地区使用较为普遍。

(3)侧磨式。侧磨式接触轨在工作上与上磨式相似。侧磨式接触轨为高导电率钢制成的特殊断面的钢轨。接触轨通过的地方要设置工作人员使用的人行道,在其余地点必须考虑设置保护木板或其他合适材料的保护板以防触电。

在车站接触轨总是设在远离站台轨道的一边，以免乘客掉落在轨道上触电。在线路露天地段，沿线要用木板保护起来，以免散落物引起电路故障。

第五节　城市轨道交通车辆

一、城市轨道交通车辆概述

地铁车辆是地铁用来运输旅客的运输工具，它属于城市快速轨道交通的范畴。现代城市轨道车辆有如下特点。

（1）从构造上：列车采用动力分散布置形式。根据需要由各种非动力车和动力车（或半动力车）组合成相对固定的编组，两头设置操纵台。由于隧道限界的限制，车辆和其各种车载设备的设计要求相当紧凑。

（2）从运用性能上：由于地铁的服务对象是高强度城市活动的人群，并要与公交系统、小汽车形成竞争力，所以对其安全、正点、快速方面有很高的要求。同时要提供给乘客适当的空间、安静的环境及空调，使乘客感到舒适、便利。

为了达到这一要求，在车辆的设计、制造上，采用了许多世界上的先进技术，车辆的主要特点如下。

（1）从结构上，车体朝轻量化方向发展，采用了大断面中空挤压铝型材全焊接或模块化车体结构设计，采用整体承载结构；悬挂系统具有良好的减振系统；采用电气（再生制动和电阻制动）和空气的混合制动；车辆连接采用密贴式车钩进行机械、电气、气路的全自动连接；车辆间采用封闭式全贯通通道，通过量大。

（2）在运行方式上，应用列车自动驾驶系统。

（3）在主牵引传动上，采用当今世界先进的调频调压交流传动。

（4）列车具有先进的微机控制技术及故障自诊断功能。如：在列车的主要子系统，牵引控制单元（DCU）、辅助逆变器控制单元（DC/AC）、电子制动控制单元（ECU）、空调控制单元（A/C）及车辆的车门控制单元（EDCU）均采用了微机控制技术。

（5）设计上采用了一系列安全保证措施，如：列车自动保护、采用“警惕按钮”、自动紧急制动、制动安全电路、高压电气设备安全防护措施、车门“不动”保护、车体具有大容量的撞击能量吸收功能等。

车辆是地铁系统中最关键、也是最复杂的设备，它是多专业综合性的产品，涉及机械、电气、控制、材料等多领域。总之，车辆是通过各个相对独立的子系统有机地结合在一起，共同来实现列车的安全、可靠、高品质运行。

以某地铁为例，电客车采用B型车，由6节车辆（两个列车单元）编组而成，每列车采用4动2拖的编组形式为：=A-B-C*C-B-A=。“A”车为带有一个司机室的拖车，“B”车为装有受电弓的动车，“C”车为无受电弓的动车，“=”为全自动车钩，“-”为半永久牵引杆，“*”为半自动车钩。

一列电客车总长度为118.79m，A车长度为20.35m，B、C车长度为19.52m，车辆最大宽度为2.89m，车辆高度为3.72m（受电弓降落后高度为3.83m）。每辆车有8对客室门，门净开宽度1.3m，车门高度1.88m。司机室两侧设有司机室侧门，后端设有通往客室的通道门。

电客车设计构造速度为90km/h，正线最高运行速度为80km/h。

列车编号（车体外）：共由6位数字和字母组成，为××（线路号01～99）-××（线路列车号01～99）-×（车辆号1～6）-×（A、B、C车），如：01011A为1号线第1列车第1节车厢。

电客车驾驶模式分为：CBTC下的列车全自动驾驶模式（ATO）；CBTC下的有ATP防护的人工驾驶模式；点式ATP模式下的人工驾驶模式（IATP）；受限的人工驾驶模式（RM）；非受限人工驾驶模式（NRM）；自动折返驾驶模式（ATB）。

二、车体

（一）车体特点

城市轨道交通的车体既是容纳乘客和司机（对于有司机室的车辆）的处所，又是安装与连接其他设备和部件的基础。近代轨道交通车辆车体采用包括大断面挤压铝型材料、模块化组装等材料制造，整体承载的铝合金焊接车体、铝质蜂窝状地板等先进技术和材料，使整车质量轻，能耗低，充分发挥车体各个构件中的强度，大大提高了车体整体刚度，并具有良好的防火、防霉、防潮等性能。车辆采用宽通道连接，使旅客在列车内容易流动，增加了有效载客量。每车两侧设有多个车门，乘客上下车方便快捷。

城市轨道交通车辆的车体结构与一般铁路客车车体有许多相同之处，主要包括底架、侧墙、端墙（司机室）、车顶等部分。它是从强度上保证乘客安全的主要部件，也是减轻车辆自重的关键部件。一般车体结构的自重占车辆自重的20%～25%。相对较轻的车体不仅可以节省制造费用，还可以减少车辆走行部分和线路的磨耗，延长部件使用寿命，减少牵引能耗，带来巨大的经济效益。

城市轨道交通车辆的车体具有如下特征。

（1）从编组方面看，一般为电动车组，有单节、双节、三节式等编组形式，有头车（即带司机室的车辆）、中间车、动车与拖车等。

（2）由于属于城市轨道交通车辆范畴，在车内的平面布置上有其特征，如座位少、车门数量多且开度大，内部服务乘客的设备较为简单等。

（3）质量的限制较为严格，要求轴重小，以降低工程建设投资。

（4）为使车体轻量化，对于车体承载结构一般采用大型中空截面挤压铝型材、高强度复合材料或不锈钢，对车体其他辅助设施也尽量采用轻型化材料。

（5）对车体的防火性能要求高，在车体的结构及选材上均采用防火设计和阻燃材料。

（6）对车辆的隔声和降噪有严格要求，以最大限度地降低噪声对乘客和沿线居民的影响。

（7）车辆外观造型和色彩应具有美化和与城市景观相协调的要求等。

（二）车体结构

车体结构分类如下：

（1）按使用材料分，可分为普通碳钢车体、高耐候结构钢车体、不锈钢车和铝合金车体四种。

（2）按承载方式分，可以分为底架承载、侧墙承载和整体承载三种方式。

（3）按结构形式分，有板梁组合结构、开口型材与大型中空型材组合结构、大型中空型材结构三种形式，这些结构都属于整体承载结构。

（4）按结合方式分，有焊接、铆接、螺栓连接或混合连接结构。目前整体焊接技术已在大部分轨道交通车辆广泛使用，如广州城市轨道交通 1、3、4 号线车辆。

（5）按车体组合方式分，可以分为一体化设计和模块化设计。例如，广州城市轨道交通 1 号线车辆采用的是一体化设计，而 2 号线采用的则是模块化设计。

（三）四种典型的车体

1. 钢制车体

国内生产的铁路客车以及北京城市轨道交通车辆基本都采用钢制薄壁筒形整体焊接结构。其车体由底架、侧墙、车顶和端墙组成。这几大部件单独制成后再焊接形成车体整体结构。

20 世纪 80 年代以前的钢制车体采用普通碳钢，自重大，使用中易腐蚀。其强度随着腐蚀而降低，维修工作量大、维修成本高。后来采用了含有铜或镍铬等金属元素的耐大气腐蚀的低合金钢系列，可使车体钢结构减轻自重 10% ～ 15%，同时在工艺上采取了一定的防腐措施，使车体寿命有所延长，但在减轻车体自重和防腐蚀等方面仍然不尽如人意。

2. 不锈钢车体

不锈钢车体耐腐蚀性好，强度高。在保证强度和刚度的前提下，车体钢板厚度可以减薄，其结构形式与钢制车体相似，从而实现车体的薄壁化和轻量化，可使车体质量减轻为钢制车体的 20% ～ 25%。另外，车顶板、侧墙板和底板一般都采用成型的波纹板制成，克服了薄板平整度难于保证的缺点，同时满足了强度的需要。

3. 铝合金车体

为进一步实现车体轻量化，国外许多国家充分利用铝合金密度小、耐腐蚀、容易挤压成型的优点，在解决了铝合金焊接技术后，尤其是大型空心铝型材研制成功后，使利用铝合金制造车体成为可能，其自重较钢制车体可减轻 30% ～ 40%。如广州城市轨道交通 1 号线的车辆底架、车顶、侧墙都采用了空心铝型材结构，从而使车体结构更能体现出采用铝合金车体的重要性。在积水状态下耐腐蚀性能降低是铝合金的一个缺点，在维护和维修中应注意采取排水措施。

4. 模块化结构的车体

就车体结构而言，几十年来国内外都采用全焊接结构，即底架、车顶、侧墙和端墙均为焊接而成，上述部件组装时也采用焊接工艺。随着技术发展，一种不同以往的模块化结构车体已经逐渐被采用。

模块化车体与整体焊接结构车体相比，最显著的特点是将模块化概念引入到了车体设计、制造与生产管理的各环节之中。整体焊接结构车体是先制造车体结构的车顶、侧墙、底架、司机室等部件，然后进行整个车体总成焊接，总成完成后再进行内装、布管与布线。模块化车体设计是将整个车体分为若干模块，在每个模块的制造过程中完成整车需要的内装、布管与布线的预组装，并解决相互之间的接口问题。各模块完成之后即可进行整车组装。每个模块的结构部分本身采用焊接，各模块之间的总成采用机械连接。

（1）模块化结构的优点。

在每个模块的制造过程中均注意验证其质量。模块制成后均须进行试验，从而保证整车总装后试验比较简单，整车质量也容易保证。

由于每个模块的制造可以独立进行，并解决了模块之间的接口问题，因此，复杂的和技术难度大的模块和部件可以由国外引进，其余模块和部件在用户本地生产。另外，对总装生产线要求不高，有利于国产化的逐步实施；可以改善劳动条件，降低施工难度，提高劳动效率，保证整车质量；可以减少工装设备，简化施工程序，降低生产成本；在车辆检修中，可采用更换模块的方式进行，方便维修。

国外在模块化车体的设计、制造、试验与生产管理过程中，已形成整套的经验，从而保证了批量生产的质量。

（2）模块化结构的缺点。

从车体结构局部来分析，存在如下缺点。模块化结构的个别部件（如司机室框架）采用了部分钢材制造，各部件之间又采用了钢制螺栓连接，所以车体要比全焊接结构稍重，例如广州城市轨道交通 2 号线车辆就选用了模块化结构设计。

由于车体是容纳旅客的场所，就车辆结构而言，其强度是保证旅客安全的关键特性。因此，在设计过程必须进行详细的强度、刚度计算，在此理论的指导下进行设计。试制完成后，必须进行相应的试验，证实确实满足要求，才能投入批量生产。

为保证隔热、隔声性能，在车体组装后，在内部需喷涂隔声阻尼浆和安装玻璃棉或其他隔热、隔声材料。

模块化结构的车体在使用中一般仅对表面涂装进行必要的维修，就结构自身而言，在正常工况下可以满足使用寿命30年的要求。如果由于事故和大修中需对车体某部件进行检修时，可以采用更换模块的方式进行，以减少维修工作量。

（四）车体各部分组成

车体不仅要求具有良好的隔声、隔热性能，而且要求造型美观、色彩新颖，以便为乘客创造良好的乘坐条件。另外，还应选用不燃、阻燃、少烟、低毒的材料，以保证乘客的安全。车体一般分为底架、侧墙、端墙、车顶等几大部件。内装设计需要考虑与车体结构和车内设备之间的连接关系，进行总体优化。

1. 底架

一般城市轨道交通车辆（如广州城市轨道交通1号线等）所采用的底架由地板、地板布、支撑梁、隔声、隔热材料和阻尼浆等组成。地板有的用胶合板组成（如北京早期城市轨道交通车辆），后来为了解决防火等问题，有的采用铝蜂窝夹层复合铝板制成（如广州城市轨道交通车辆）。地板布一般都由聚氯乙烯（PVC）制成，厚度一般为2～3mm，具有耐磨、防滑、防火、抗化学腐蚀和易清洗等特点。

北京早期城市轨道交通车辆普遍采用木梁做支撑梁，上海、广州城市轨道交通1号线车辆为了防火而采用了金属材料做支撑梁。在支撑梁与金属地板之间，有的车辆设有由橡胶制成的减振零件，起减振和隔断热量传递的作用。在地板和金属地板之间安装有超细玻璃棉或矿渣棉等隔声、隔热材料。北京城市轨道交通车辆普遍采用橡胶敷料地板，它由地板布、乳胶水泥和陶粒砂组成。地板布由聚氯乙烯制成，地板布下面涂一层厚5mm的乳胶水泥。它由优质水泥和橡胶乳液搅拌而成，具有弹性好、强度高等优点，并与地板布用黏接剂牢固粘接于一体。在乳胶水泥与金属地板之间为陶粒砂，它由经过燃烧形成中空的陶粒砂与树脂胶搅拌而成，具有密度小、强度高的特点，采用这种结构的地板，具有抗压强度高、隔声、隔热和防火性能好及施工简单等优点，北京城市轨道交通车辆DK6型以后大部分车辆均采用这种结构。

2. 侧墙和端墙

侧墙与端墙的结构基本相似，均由墙板、支撑梁、隔声、隔热材料和阻尼浆组成。北京城市轨道交通车辆DK6型以前的车辆侧墙与端墙板均采用两面粘接塑料贴面板的胶合板，支撑梁采用木质件，隔声、隔热材料采用超细玻璃棉和阻尼浆。该结构的突出缺点是防火性能差。针对这一缺点，对后期生产的车辆进行技术改进，主要措施是减少木材用量和对使用的木质件进行防火处理，采用复合铝板代替胶合板，使防火性能得到改善。上海、广州城市轨道交通1号线车辆的侧墙和端墙的墙板采用非饱和聚酯玻璃钢板粘接泡沫状密胺树脂和铝板的复合板，支撑梁采用金属梁，隔声、隔热材料采用矿渣棉并用铝箔包装，金属铝墙的内表面涂有阻尼浆。深圳城市轨道交通车辆也采用类似结构。

3. 车顶

在内装设计中,车顶是较为复杂的一个部件,因为在该部件上需要安装风扇或空调风道及风口、灯具、立柱等设备,因此顶板的安装应当与上述设备统一协调优化才能收到良好效果。

早期的顶板由钢板或铝板表面涂漆而成,通过纵向木梁和木弯梁固定在钢结构上,隔热、隔声材料为超细玻璃棉,将它用玻璃丝布包装后固定在涂有阻尼浆的钢顶板上。

上海、广州城市轨道交通 1 号线车辆车顶的内装与北京城市轨道交通车辆有明显不同,风道设在车顶中部,由铝合金薄板制成整个风道外表面均覆盖隔热材料,以防止风道冷量的损失和结露。风道的出风口在风道底部的两侧,灯带设在风道的两侧,三排立柱上端固定在内顶板上。

内顶板由表面涂层的铝蜂窝夹层复合铝板制成,其悬吊及支撑梁由金属材料制成,隔热、隔声材料为矿物棉,由铝箔包装而成,在铝顶板的内表面涂有阻尼浆。内装中装饰件较多,维修中一般是处理地板布划伤与脱胶及侧、顶板和内装件的损坏等。

4. 车内设备

1)各室侧门

为适应大客流、停车时间短的需要,各室侧门的宽度都比较大,数量也比较多。

按门形式分为内藏门、外挂门和塞拉门三种;按驱动形式分为电动门与风动门两种。香港地区的旧车多用风动外挂门,北京和上海地铁 1、2 号线及广州城市轨道交通 1 号线使用风动式内藏门,香港机场快线、深圳地铁、广州城市轨道交通 3、4 号线均采用电动塞拉门。

(1)风动式内藏门。气动式内藏门在门上方设置有一套气动机构,由风缸、滑轮、铝合金导轨、钢丝绳等组成,地板上也设有导轨,使车门在风缸的驱动下,沿上下导轨平滑运动。开关门的速度及压力可以通过调节节流阀来实现。风缸内设有大小两种活塞,开始关门时大活塞起作用,压力大、速度快。接近关闭时,小活塞起作用,压力小、速度慢。滑轮轴承均采用球轴承,以降低开、关门的噪声。车门上方还设置一套紧急解锁装置,以便在紧急情况下,能从客室内直接打开车门。门板由铝框架和夹层铝板制成。门窗采用单层玻璃,两门之间采用氯丁橡胶条双层密封,四周采用单层密封,门板具有足够的强度与刚度。

(2)外挂门。目前国内城市轨道交通车辆尚未广泛采用外挂门,只有广州城市轨道交通 2 号线车辆开始采用这种车门。该种车门与内藏门相似,传动机构也设在车内门上方,不同的是无论是开门还是关门状态,门板总是挂在车体外边并通过一个吊装机构,穿过车体与驱动机构相连。

(3)塞拉门。由于设计方式不同,塞拉门的具体结构也有差异,其驱动装置有螺杆和带传动两种,而旋转装置分为有旋转立柱和无旋转立柱两种。其工作电压一般为直流 110V,由驱动装置、旋转立柱和门叶等组成。除旋转立柱和门叶之外,其余部件多数是先组成一个整体组件,预调后安装在车门上方。塞拉门的优缺点如下。

①塞拉门的优点。

由于塞拉门在关门状态时门板外表面与车体外表面齐平,所以使车饰外形美观,行车时空气阻力小，不会形成空气涡流而产生噪声。塞拉门的密封性比外挂门、内藏门好，可以减少车内噪声。根据城市轨道交通车辆的试验，与外挂门相比，采用塞拉门时车内噪声可降低2～3dB。采用塞拉门能使车内有效宽度增加，因而载客量也会增加。

②拉门的缺点。

由于塞拉门多了一个塞紧动作，使得结构比较复杂，价格比外挂门高约20%。

根据香港地铁车辆提供的资料，在市区线车辆（外挂门）故障总数中，外挂门故障占16%；在机场快线车辆（塞拉门）故障总数中，塞拉门故障占33%，相比之下其故障率高。随着设计、制造技术的不断改进和用户使用、维护经验的增加，其可靠性将会不断提高。

由上述可以看出，无论采用哪种车门，在车辆故障总数中，车门故障所占的比例是相当大的，是维护中关注的焦点。这是由于车门数量多、运转频繁所致。通常出现的故障部件有门驱动装置、门控单元、轴承、行程开关和密封条等。

2）车窗

一般在客室侧门之间设有车窗，就其结构形式而言，有单层玻璃与双层玻璃之分；有橱窗与无橱窗之分；有窗框与无窗框之分；连续式与非连续式之分。例如，上海地铁1号线，就是有橱窗、有窗框的结构；广州城市轨道交通车辆就是无楣窗、有窗框结构，它们都是用氯丁橡胶条固定在车体上。香港机场快线采用连续式车窗，深圳地铁车辆也将采用这种结构。这种结构在国外不仅用于城市轨道交通车辆，而且在地面客车上也开始广泛采用。在运用中，窗玻璃有时会破碎，应注意随时更换。

3）司机室

司机室内的设备布置随着车型的不同而各有差异，但一般都遵循着一定的规律，如主司机台放在右侧，副司机台放在左侧；在与客室的隔墙上设有隔门，左右侧各有一扇侧门，前端一般有疏散门；司机座椅与地板紧固，可前后及上下调整；前端挡风玻璃设有电阻丝加热装置、雨刮器和遮光板等。司机室中还设有必要的各种仪表、指示灯、按钮和雨刮器、扬声器（喇叭）等。

4）疏散门

疏散门（打开后为疏散斜梯）的功能是为了在紧急情况下打开，使乘客安全转移，一般设在司机室前端正中央，其结构因车型而异。但是目前，由于部分城市轨道交通在隧道内设置了乘客疏散平台，因此列车司机室取消了疏散门的设置，这样能给司机室提供更大的空间和给司机带来更宽的瞭望视野。

（五）车钩

1. 车钩功能

车钩是用来连接列车的各车辆，并使彼此间保持一定的距离，以及传递和缓冲列车在运行中或在调车时所产生的纵向力或冲击力的一种部件。车钩就结构而言，有密接式和非密接式之分。我国地铁车辆都采用密接式车钩，如北京地铁车辆采用的车钩装置有两种形式，自动车钩（密接式牵引缓冲装置）和半永久牵引杆（中间钩橡胶缓冲装置）；广州城市轨道交通1、2号线车辆，上海地铁1号线车辆使用的车钩缓冲装置有自动车钩、半自动车钩和半永久牵引杆三种形式。

2. 车钩分类

（1）自动车钩。它位于A车的司机室端，其电气和气路系统都组装在钩头上，当连挂时，车钩的机械、电气、气路系统能自动连接；解钩时，可在司机室控制自动解钩或采用手动解钩。解钩后，车钩即处于挂钩准备状态。电气连接器通过盖板自动关闭，以防止水和尘土进入。主风管连接器也气动关闭，防止压缩空气泄漏。

（2）半自动车钩。半自动车钩和自动车钩基本相同，其不同点有：

电气连挂只能用手工连接；解钩时，机械和气路部分可气动也可手动操作完成，但不能在司机室集中控制；电气连接装置只能用手动操作；半自动车钩上设有贯通道支撑座。

（3）半永久牵引杆。半永久牵引杆的两牵杆的端部各有一个锥孔和锥柱，在连挂时起定位作用，通过套筒式联轴器将两个牵引杆刚性相连，它与电气、气路通过机械紧固获得永久连接。通常只有在维修时分解，在半永久牵引杆上设有贯通道支撑座。

（六）车体实例

1. 基本参数

现以广州城市轨道交通1号线车辆为例，它共有3种车型：带有司机室、受电弓的拖车（A车）、不带半自动车钩的动车（B车）以及带有半自动车钩的动车（C车）。运营时，由A、B、C车组成固定的6车编组，A车位于列车两端，编成A-B-C-C-B-A的形式。

A车是带司机室和受电弓的拖车，车钩连接面之间的长度≤24400mm，自身质量34t；B车是动车，车钩连接面长度为22800mm，自身质量38t；C车也是动车，长及质量与B车相同。 B车通过半永久牵引杆与A车、C车相接，C车与C车之间通过半自动车钩相连，自动车钩装在列车的两端。

每节车辆每侧有5对内藏式滑动门，车辆之间的通道可使列车内的乘客分布均匀。广州城市轨道交通车辆宽3m，每列6节编组车定员荷载（AW2）为1860人，超员荷载（AW3）为2592人。

2. 车体结构

现以广州城市轨道交通1号线车辆为例，其车体结构是整体承载的轻量化结构，采用大断面铝合金挤压型材制造。这种挤压型材是由两块铝板通过中间夹层连接，且中间没有基板，因此也被称为“中空型材”。

整体承载结构是指所有车体承载构件和外板都参与承载，这样能够充分发挥所有承载零部件的承载作用，有效地减轻车体质量。特别是板梁组合结构，原则上可按照车体强度、刚度计算结果来分配材料强度不足部位补强，刚度不足部位补刚，强度、刚度富余的部位则减少材料，从而取得最佳的轻量化效果。

3. 车体组成

现以广州城市轨道交通 1 号线车辆为例，其车体主要由以下几部分组成。

（1）底架。底架的主要作用是承受车体上部载荷并传递给整个车体，承受因各种原因而引起的横向力和走行部传来的各种振动和冲击。底架由空腔部分纵向排列组成，主要包括以下设备：汽笛管道、司机室及设备柜的电气配线、受电弓与转向架间的电气配线。

（2）侧墙。侧墙是由多个空腔结构按纵向分布组成，由中空截面的铝合金挤压型材焊接而成。侧墙内安装有 4 块橡胶构架型窗玻璃，照明灯，5 对内藏式对开门和乘务员锁开关。

此外，A 车侧墙还装有两扇单开的司机室侧门。

（3）端墙。车辆端部为简单的焊接结构，过渡设备用框架固定。端墙主要用于连接、贯通通道和空调单元。

此外，A 车 1 位端还用于连接，有两个无构架的挡风玻璃，位于挡风玻璃下方有两个头灯和两个尾灯、两个能独立工作的雨刮器控制器、疏散斜梯。防爬装置和扰流板也安装在 A 车 1 位端。扰流器安装在司机室下面，当列车脱轨时，便于拆卸。

（4）车顶。车顶由几个空腔部分按照纵向排列组成，包括拱形顶梁。

每节车顶主要装有 8 个静通风口，两个空调设备及其换气连接装置、电力供应装置和排水装置等。此外，A 车车顶装有受电弓及其连接装置和车辆无线电天线。

（5）司机室。仅 A 车设置全宽的司机室。由于延长了 A 车的长度以设置司机室，因此不会减少客室的可利用空间。从面对运行方向来看，司机操纵台在右边，设备柜在司机座椅后部墙上，电子柜则在左边。副司机位置在司机位置左边。司机室是按照人机工程学原理来设计的，司机在操纵时对所操纵的仪器、指示灯以及显示器都能够看得一清二楚。列车指示器设在前端墙上，且位于司机操纵台上方，列车终点指示器则位于副司机操纵台的上方。

在司机室前端墙中央设有疏散下车斜梯。一旦发生列车不能正常到站的情况，它就可以给乘客提供下车的通道。由于该斜梯限制了司机操纵台的可利用空间，因此，将不经常使用的指示灯和操纵装置设置在了副司机操纵台上，以及设备柜和电子柜内。

（6）客室。每节车厢两侧都有 4 张长凳，满座时可以容纳 56 名乘客。设备柜和电子柜位于 B、C 车 1 位端（A 车电子柜、设备柜在司机室内）。

底架、侧墙、车顶、端墙被焊接成车辆壳体，形成一个整体承载结构，能够充分发挥车体各个构件的强度，并大大提高了车体的整体刚度。此外，由于是由强度质量比较大的大型铝合金挤压型材焊接而成，因此大大降低了车辆自重，不仅提高了车体的承载能力，而且对于降低能量消耗、节约运营成本和延长线路钢轨的使用寿命等也具有重要的意义。

4. 车体上的安装部件

（1）车钩。在 A 车司机室端装有自动车钩装置。它包括风动对中装置，以及防止冲击损伤车体的装置。该车钩用超载可分离紧固件固定在底架上，如果发生事故，其冲击力超过最大允许值时，该车钩即松脱，使车辆前端的变形区能够消耗冲击力产生的能量。

A 车和 B 车的 2 位端以及 B 车和 C 车的 1 位端，装有半永久牵引杆。C 车的 2 位端装有半自动车钩。

（2）贯通通道。贯通通道是使两辆车之间实现柔性连接，并使乘客可以在车厢之间自由走动的通道。它可以挡风雨，防水隔音，并且运行可靠。贯通通道由两个配对可分解的波纹形折篷，两块装在车辆端的渡板以及承载在车钩上的滑动支撑组成。

（3）车门和车窗。每辆车每侧装有 5 个内藏式对开门。每个门孔的两扇门叶通过钢丝绳传动实现同步开闭，并设有机械门锁，使两扇门叶在全关闭位置时锁闭。

司机室设有两个滑动式侧门，分别位于左侧和右侧，司机从车外可通过侧门进入司机室；从车内和车外均可将车门锁住或打开。车门上部装有滑动式窗，该窗镶有厚 5mm 的无涂层、无着色的单层玻璃，并有阳极氧化铝合金窗框。窗上半部分为外滑型、垂向降落式，在关闭位置可以牢固的闩住。每个司机室设有两块电热式前窗玻璃，它采用强化安全玻璃制造而成。前窗可以通过控制旋钮（接通位或关断位）开关进行加热。窗玻璃由外侧窗玻璃、PVB 箔厚 4 cm，在表面有加热层。

（4）安全疏散斜梯。安全疏散斜梯设在前端墙的中央，底部铰接于车体，将顶部插闩拉开后，斜梯可向前倒向轨道。当列车因故不能行进到下一车站时，可作疏散乘客下车用。

第三章　行车组织与施工管理

岗位应知应会

1. 熟悉行车组织方式及列车运行图。
2. 了解施工计划相关知识。
3. 了解城市轨道交通行车组织方式方法。
4. 熟悉施工计划分类及审批。

重难点

1. 行车组织方法。
2. 施工作业安全管控。

第一节　行车组织

地铁的运营管理和行车组织工作，以安全运送乘客，满足设备维修养护的需要，按《运营时刻表》的要求，以安全、高效、优质、精益的运营服务为宗旨。

地铁行车组织指挥工作，必须坚持安全生产的方针，贯彻高度集中、统一指挥、逐级负责的原则；各单位、各部门必须紧密配合，协调动作，确保行车和客运安全，完成各项工作任务。

《运营时刻表》是行车组织工作的基础，凡与列车运行有关的各部门都必须根据《运营时刻表》的要求组织本部门的工作，以确保《运营时刻表》的实施。

车厂控制中心（以下简称DCC），DCC是车厂管理、车辆维修组织和作业的控制中心，DCC设有DCC值班主任、车厂调度、检修调度；DCC车厂调度负责车厂范围内的行车组织、维修施工管理；DCC检修调度负责车辆日常检修、清洁、定修和临修工作控制，为地铁运营及设备维修施工提供数量足够和工况良好的电客车和工程车。

车厂信号楼一般位于地铁列车检修基地和地铁停车场内，管辖范围为信号楼所在的车辆段或停车场，是段场行车指挥和段场施工管理的核心岗位。段场信号楼的工作内容主要包括：负责车辆段/停车场的日常接发列车作业，在车辆段内根据检修计划进行调车作业，负责段场接触网停送电的防护和段场施工作业的防护及配合工作等。段场信号楼与车厂调度、电客车司机、工程车司机、在段场内进行检修施工作业的人员等都有较多的业务往来，在日常工作中应相互密切配合。

一、调度调整在地铁行车组织中的作用

地铁运营是一个动态的、变化的过程，运营中的各种情况都具有随机性、复杂性。客流的增减、列车的晚点、运营秩序的紊乱、突发事件及设备故障等的影响，都要求行车调度在日常的运营组织工作中根据情况的变化，及时合理地采取调整措施，使列车尽可能按运行图行车。

应急情况下的行车调度指挥工作，是对全局性的行车组织进行安全、科学、灵活的调整，最大限度地发挥地铁设备、设施的潜能，维持一定限度内的地铁降级运输能力，把突发事件对运营的影响降到最低。

二、调度调整的基本原则

在地铁行车组织中，调度调整的基本原则是：安全、快速、全面、服务。

（1）安全。安全是运营企业生存与发展的生命线。任何情况下的运营调整都必须把安全工作放在首位，确保行车安全、设备安全及乘客生命财产的安全。

（2）快速。在调度调整时，要做到反应快、报告快、处置快，把握事发初期的关键时间，将影响控制在最小范围。

（3）全面。在运营调整时，行车调度要有全局观，不能只关注突发事件及设备故障，而忽略了其他因素和影响。

（4）服务。运营是服务的基础，运营调整必须要考虑对服务及乘客的影响，并将相关信息告知乘客，最大限度地减少损失、降低影响。

三、调度调整方式

地铁运营组织中，行车调度应严格按照列车运行图指挥行车。当列车不能按图行车需要进行调整时，必须考虑列车运行的安全以及对服务的影响，做到恢复正点运营和行车安全兼顾。主要的调度调整方式有以下几种。

（1）列车停运、下线。对有故障并影响服务的列车，要组织停运或下线，使该列车退出服务。该方式主要在始发站、终点站使用。对中途运行的列车也可组织进入中间站存车线或回车厂检修。此种调整方式在列车运行图上的表示即为“抽线”，就是实际运行图的列车运行线条比计划运行图少。

（2）列车加开、替开。由于客流的增加或故障列车下线的影响，可以组织加开列车，一般使用备用车或出厂列车。对在终点站退出服务的列车，可以使用备用列车替开，仍按原运行。加开、替开的目的是为了保证列车服务的数量，即运能满足运量。

（3）列车在车站扣车及区间临时停车。当前方列车或车站设备故障时，要对后续列车进行扣车或区间临时停车。扣车是将列车扣停在后方车站，基本原则是“谁扣谁放”。在区间

临时停车是通知司机将列车临时停在区间，司机必须做好乘客安抚工作。扣车及临时停车是调度调整的重要手段之一，目的是保证前方列车或车站有充分的时间处理故障。

（4）列车减速运行并增加停站时间。为了保证故障列车或车站有充分的处理时间，使行车间隔均匀，应该对相关列车进行限速并增加停站时间，控制运营节奏。

（5）列车越站通过或加速运行。为了使晚点列车正点终到，可以要求司机加速运行，也可以组织列车不停站通过，即越站（也称跳停）。采取越站方式时，必须充分考虑对乘客的影响，相关车站及司机必须做好服务工作。原则上客流较大车站及首末班车不安排跳停。还要避免一列车连续越站及多列车在同一车站连续越站。列车上客流拥挤或前方站出现意外情况时，也可以采用此方式。

（6）列车救援。列车在运行中发生故障，运行速度极其缓慢或停滞，势必会造成线路堵塞，给全线列车的正常运行带来严重影响。此时可根据情况，采用前方或后方列车清客后救援，将故障列车送至存车线或回车厂检修。对因供电系统故障造成的救援应当使用内燃工程列车。

（7）列车反向运行。地铁线路通常是按上、下行分别设计，在同一线路上列车的运行方向是一致的。当一个方向列车密度较大，而另一方向列车密度较小时，为恢复列车正点运行，可利用有岔站的渡线，将列车转到密度较小的线路上反方向运行；当一方向由于列车故障救援等因素可能造成较大间隔时，也可利用渡线将列车转到另一线路上反方向运行，以缩小列车间隔，均衡运行。

（8）列车小交路运行。当某一线路造成拥堵时，由于列车无法及时在终点站折返，势必会引起另一线路的运用列车数量减少，甚至在相当长时间内某些车站及区段无列车通过，造成乘客滞留车站人数增加。为了减少这种影响，最有效的一种方法就是组织列车小交路运行，即组织拥堵线路的列车在中间站清客后，经渡线折返到另一线路运行。在客流量较大而运用列车数目不足时，也可以采用此方式。

（9）列车单线双向运行。单线双向运行，也称“拉风箱”，就是在一条固定进路同一时间内只有一列车往返运行。当一条线路上某个区段堵塞时，可以在另一线路上的相同区段采用此种行车方式，但是两端车站必须控制好列车进路，否则会引起列车冲突。另外，如果两端车站距离过长，则该区段内乘客的等待时间会增加。

（10）列车站前折返。列车在终点站折返时，通常采用站后折返方式。此种方式车站接发车采用平行作业，不存在进路交叉，有利于确保行车安全，同时也避免了上、下车客流汇合，但折返时间较长。为了缩短折返时间，可以采用站前折返方式。此种方式有利于缩短列车走行距离，但列车折返会占用区间线路，影响后续列车闭塞，同时导致上、下车客流汇合，需要车站及司机做好乘客引导工作。

（11）始发站提前或推迟发车。始发站的存车线数目相对较多，调整余地较大，因此，在始发站组织提前或延迟发车，可以有效地调整运营间隔。

（12）加速车站作业，压缩停站时间。需要晚点列车赶点时，可以要求车站做好客流组织，加速车站作业；并通过人工取消“运营停车点”、通知司机提前发车等方式压缩停站时间。

（13）在始发站更改车次。当列车终到晚点太多时，可以折返后将原车次抽线，更改为后续列车的车次。这种调度调整方式的目的是使实际运行图与计划运行图更接近。

（14）公交接驳。当地铁某段线路因故停运时，可以启动公交接驳应急预案，将乘客从一个地铁车站通过地面交通工具运送到另一个地铁车站。这需要通过地方客运管理部门的积极协调。

四、车厂行车组织原则

车厂行车组织指挥工作，必须坚持安全生产的方针，贯彻高度集中、统一指挥、逐级负责的原则。

车厂行车工作由车厂调度统一指挥，行车有关人员必须服从车厂调度指挥，执行车厂调度命令；行车指挥工作中，因对规章条文理解不同、未明确规定等原因产生分歧时，在确保安全的前提下，先按车厂调度命令执行。

车厂行车作业以接发列车作业为优先，其他作业不得影响列车进出车厂。

车厂内行车和调车作业必须严格遵守各项限制速度，任何机车车辆在车厂内线路运行最高速度不得超过25km/h（试车线除外）。正常情况下试车线最高运行速度不得超过80km/h。在夜间或天气不良时（如雨、雪、雾、霜冻等恶劣天气），司机应适当降低速度，确保行车安全。车厂内各种情况下的限速见表3-1。

车厂内各种情况下的限速表 表3-1

序号	项　目	速度（km/h）	说　明
1	空线牵引运行	25	
2	空线推进运行	15	
3	调动装载超限货物的车辆时	10	
4	调动载有乘客的车辆时	10	
5	在尽头线调车时	10	
6	在库内线路运行时	5	
7	对货位时	3	
8	接近被连挂车辆三、二、一车时	8、5、3	
9	接近被连挂车辆时	3	
10	接近车挡时	3	
11	洗车线洗车时	3	
12	试车线运行	80	
13	试车线运行接近200m标时	40	
14	试车线运行接近100m标时	20	
15	压信号调车时	10	含越过关闭的信号机时

注：特殊情况下，车厂设备不满足以上限速条件时，以车厂调度的命令为准。

车厂内调车作业原则上不得越出厂界，特殊情况下需要越出厂界需征得行调同意。

车厂调度在编制调车作业计划或接发列车作业计划时，应认真确认进路上接触网的供电状态，不得将升弓运行的电客车放入无电区或无网区。

行车有关人员应执行有关规定，使用联控用语。信号楼值班员必须严格按照列车开行计划、《运营时刻表》的要求和车厂调度的命令，正确及时地准备接发列车进路。

（一）接发列车和调车作业进路准备办法

（1）信号楼值班员应根据列车进出厂计划和调车作业计划、洗车作业计划、试车作业计划正确操作计算机联锁设备，及时准备进路。

（2）信号楼值班员在准备进路前要确认有关线路的空闲情况、接触网的供电状态，避免其进入无电区或无网区。

（3）操作过程中必须严格执行"一看、二点、三确认、四呼唤"的程序。

（4）调车作业时，信号楼值班员原则上排列完整的长进路，如特殊情况需排列短进路时，信号楼值班员必须在作业前或动车前通知司机（调车长），司机（调车长）应加强确认进路和信号，严格控制速度。

（二）计算机联锁控制台"封锁"的规定

（1）信号楼值班员在办理停电、施工及其他有必要封锁的作业时，必须在相应的信号机或道岔上做好与作业内容相符的防护。"封锁"时执行眼看、手指、口呼程序，防止错误操作。

（2）信号楼值班员在作业中应不间断检查信号和道岔位置的"封锁"情况，防止发生错误。

（3）因作业完成需解封时，必须确认相关作业已出清，行车设备已具备使用的条件，并认真核对作业计划无误后，方可进行解封操作。

（三）确认线路空闲的办法

（1）设有轨道电路的线路，在轨道电路和信号、联锁设备工作正常时，除了直接在计算机联锁单元控制台（显示屏）上确认接车线路是否空闲外，信号楼值班员还应认真核对《车厂列车运行日志》和《交接班本》的记录，确保接车线路空闲。

（2）无轨道电路的线路，由信号楼值班员认真核对《车厂列车运行日志》和《交接班本》的记录，必要时由DCC值班主任负责现场确认线路是否空闲。

（3）线路上停放机车车辆时，应在《交接班本》上记录，相关车辆转出后，信号楼值班员在《车厂列车运行日志》或《交接班本》上注明线路出清情况，在微机控制台上标注车底号。

（4）原则上在列车进（出）厂前15min停止影响接（发）车进路的调车作业。

（四）接车作业

1. 接车作业程序

接车作业程序见表3-2。

接车程序表 表 3-2

作业程序		岗位作业标准		说明事项
程序	项目	(主控)信号楼值班员	(副控)信号楼值班员	
接车作业	核对接车计划	根据接车计划核对车次、车号、线别、股道、时刻表、命令等,填写《行车日志》	根据接车计划核对车次、车号、线别、股道、时刻表、命令等	列车回厂顺序、线别调整时,车厂调度应及时通知信号楼。 通过 ATS 设备监视列车在邻站到达情况
	确认接车条件	确认接车进路空闲、接触网有电(非升弓运行的列车除外),无影响进路的调车、施工作业	确认接车进路空闲、接触网有电(非升弓运行的列车除外),无影响进路的调车、施工作业	
	开放信号	口呼:“准备(× 次)× 车,转换轨 × 道至 × 道(× 段)接车进路”	听取无误后复诵:“准备(×)次 × 车,转换轨 × 道至 × 道(× 段)接车进路”	
		监视副控操作,确认光带、信号显示正确,口呼:“信号好”	开放进厂信号,眼看、手指进路始端,口呼:“入厂信号机”,按下(点击)按钮,眼看、手指进路终端,口呼:“× 道(× 段)”,按下(点击)按钮。确认光带、信号显示正确后,口呼:“信号好”	
	列车接近			通过 ATS 监视列车在邻站发情况
		通过计算机联锁单元控制台(显示屏)监视进路和信号表示	通过计算机联锁单元控制台(显示屏)监视进路和信号表示	
	列车到达	确认列车在进厂信号机前停妥与司机联控后,填写《行车日志》		
		确认列车在接车股道停妥	确认列车在接车股道停妥	

2. 接车时注意事项

(1)注意车次、车底、接车股道、进路的正确性。

(2)排列升弓运行的电客车进路前,应认真确认所经过的线路是否有接触网和接触网的供电状态,避免其进入无电区或无网区。

(3)严禁向封锁区域接入列车,接到接车计划后应认真核对计划接车股道的空闲状态以及车厂施工情况。

(4)掌握好列车回厂时间,及时通知相关施工人员,确保人员、设备在列车回厂前 15min 出清列车走行区域。

(5)接入列车时,暂停影响列车走行区域的调车作业。

(6)接入列车时,除危及行车和人身安全外,严禁变更列车进路。遇必须变更进路时,必须与司机联系彻底,得到司机列车停妥报告后方可关闭信号变更进路,绝对禁止联系不彻底,盲目操纵道岔,擅自变更进路。

(五)发车作业

1. 发车作业程序

发车作业程序见表 3-3。

发车作业程序表 表 3-3

作业程序		岗位作业标准		说明事项
程序	项目	（主控）信号楼值班员	（副控）信号楼值班员	
发车作业	核对发车计划	根据发车计划核对车次、车号、股道、线别、时刻表、命令等，填写《行车日志》	根据发车计划核对车次、车号、股道、线别、时刻表、命令等	列车出厂顺序、线别调整时，车厂调度应及时通知信号楼
	确认发车条件	确认发车进路空闲、接触网有电（非升弓运行的列车除外），无影响进路的调车、施工作业	确认发车进路空闲、接触网有电（非升弓运行的列车除外），无影响进路的调车、施工作业	
	开放出厂信号	口呼："准备（× 次）× 车，× 道（× 段）至出厂信号机发车进路"	听取无误后复诵："准备（× 次）× 车，× 道（× 段）至出厂信号机发车进路"	
		监视副控开放出库信号，确认光带、信号显示正确，口呼："信号好"	开放出库信号，眼看、手指进路始端，口呼："× 道（× 段）"，按下（点击）按钮，眼看、手指进路终端，口呼："车厂转换轨 × 道"，按下（点击）按钮。确认光带、信号显示正确，口呼："信号好"	
	列车出发	通过计算机联锁单元控制台（显示屏）监视进路和信号表示。列车动车后，填写《行车日志》	通过计算机联锁单元控制台（显示屏）监视进路和信号表示	
				通过 ATS 监视列车出清转换轨情况

2. 发车时注意事项

（1）核对发车计划与所执行时刻表的正确性。

（2）注意车次、车底、发车股道、进路的正确性。

（3）排列升弓运行的电客车进路前，应认真确认所经过的线路是否有接触网和接触网的供电状态，避免其进入无电区或无网区。

（4）严禁向封锁区域发出列车，接到发车计划后应认真核对计划股道的存车情况以及车厂施工情况。

（5）掌握好列车发出时间，及时通知相关施工人员，确保人员、设备在列车发车前 15min 出清列车走行区域。

（6）发出列车时，暂停影响列车走行区域的调车作业。

（7）发出列车时，除危及行车和人身安全外，严禁变更列车进路。遇必须变更进路时，必须与司机联系彻底，得到司机列车停妥报告后方可关闭信号变更进路，绝对禁止联系不彻底，盲目操纵道岔，擅自变更进路。

（六）列车出入厂办法

1. 车厂与邻站间行车办法

（1）在车厂计算机联锁设备里，设置了进路照查电路和表示光带，信号楼值班员可查看出入段（场）线的进路和占用情况。

（2）列车经出、入段（场）线出厂时，信号楼值班员在计算机联锁设备上确认正线未向车厂排列进路(转换轨没有列车占用,才能排列相应的出厂进路)。列车经出、入段(场)线进厂时,信号楼值班员在计算机联锁设备上确认车厂未向正线排列进路,车厂内没有影响接车的作业,才能排列相应的进厂进路。

(3)列车进厂时,由信号楼值班员按《车厂每日收车计划单》或车厂调度指令排列好车厂接车进路,开放进厂信号机。

2. 电客车出、入车厂规定

(1)电客车出、入厂作业原则上在停车列检库办理,特殊情况需在双周三月检库办理接发列车作业时,车厂调度必须得到检修调度同意,方可通知信号楼值班员准备进路。

(2)若股道无列车信号机或无法开放发车信号,信号楼值班员以调车方式办理列车出厂。

(3)电客车出厂凭地面信号和信号楼值班员的口头通知动车。

(4)电客车进厂时,司机驾驶电客车进入出 / 入段(场)线转换轨一度停车,改用 RM 模式,车载电台转换至车厂模式与信号楼联系后,凭信号楼指令和进厂信号进入车厂。

(5)在车厂架修库、定修库、吹扫库、镟轮库、工程车库、材料线禁止办理回厂电客车的接车作业。

(6)电客车司机在运行中,要不间断进行瞭望,确认进路和信号,并注意运行前方的接触网状态,防止列车进入无电区或无网区。

3. 工程车出、入车厂规定

(1)工程车原则上在工程车库内运用线办理接发车作业,特殊情况下需在其他股道办理接发车作业时应经车厂调度同意,并确保不影响电客车作业和行车安全。

(2)工程车从车厂发车的凭证为行调的《调度命令》、发车股道信号机的显示和信号楼值班员的口头命令,《调度命令》在发车前由车厂调度交给车长。工程车在车厂发车时根据发车股道信号显示和信号楼值班员的口头通知动车,运行至出厂信号机前一度停车,按行调指令和出厂信号机的显示运行。

(3)信号楼值班员和行调或邻站值班员在组织工程车进出厂时,应尽量避免工程车在出、入段线停车。特殊情况下在出、入段线停车时,司机应立即向行车调度报告。

(4)工程车进厂时,必须在进厂信号机前一度停车(无论上述信号是在开放还是关闭状态),司机用无线电台与信号楼值班员联系确认接车股道和注意事项后,按上述信号机显示的进厂信号动车。如直接接入有车线,信号楼值班员应向司机说明。

(5)电客车、工程车在出入段线运行时,不得后退。特殊情况需退行时,司机应向行车调度报告,并根据不同的情况按下述办法办理:

①列车自车厂开行后,因故被迫停车需退行,尾部未越过进厂信号机时,经车厂调度同意,换端(或车长引导)后退至发车股道出车库信号机外方;尾部已越过进车厂信号机时,经车厂调度同意确定接车股道后,信号楼值班员按照接入列车办理,通知司机凭进厂信号进入车厂。

②信号楼值班员接到列车需退行时，应立即向车厂调度汇报，需确认接车股道空闲并满足退行条件后方可同意退行。

4. 开行救援列车、备用电客车的规定

（1）开行救援列车或备用电客车时，由DCC值班主任组织车厂调度与检修调度迅速准备，尽快组织救援列车或备用电客车出厂。

（2）车厂调度接到开行救援列车或备用电客车命令时，应认真核对命令内容，落实开行车次、时间、故障列车回厂情况，并向相关岗位布置清楚。乘务派班员接到通知后，向司机传达注意事项和交路安排。

（3）救援列车开行前，司机和车长应认真确认救援命令内容，明确救援任务、区段、地点、注意事项等，确认行车凭证、出厂信号显示正确后，方可动车。

5. 开行工程（调试）列车的规定

（1）车厂调度必须按照施工计划或《调度命令》的要求及时组织开行工程（调试）列车。开行工程（调试）列车时，按车厂往正线开行工程车的有关程序办理，以DCC行车调度发布的书面调度命令为准。

（2）工程车（调试）列车出厂时，应在出厂信号机前一度停车，用车载无线电台或800M无线便携台与行调核实运行有关事项，确认信号机开放正确后方可动车。

（3）工程（调试）列车作业完毕后，如直接从出（入）段线返回，信号楼值班员应与车厂调度联系确认清楚后，按规定排列接车进路接车。

（4）司机应严格控制速度，认真确认进路，在进厂信号机前一度停车，与信号楼值班员联系后，按信号楼值班员指令及进厂信号进入停车股道。

（七）调车作业

1. 领导与指挥

调车作业由车厂调度统一领导，具体作业由调车长、调车司机及信号楼值班员相互配合共同完成。调车作业人员应按《调车作业计划单》执行。

调车作业的安全由调车长负责，以电客车为动力进行调车作业时由电客车司机负责调车作业安全。根据调车作业计划单，正确、及时地显示信号，指挥调车作业，并注意行车安全。调车司机应根据调车长的信号准确、平稳地操纵机车，时刻注意确认信号，不间断进行瞭望，正确、及时地执行信号显示要求，负责调车作业安全。

2. 调车计划的编制、传达、变更

调车作业计划单由车厂调度编制，以书面形式下达。

调车工作的领导和指挥，调车工作由车厂调度统一领导，调车作业由调车长单一指挥。

调车计划的编制、传达和变更，调车作业计划由车厂调度编制、DCC值班主任负责审核，车厂调度向调车长下达调车作业计划并说明具体要求和注意事项。

调车计划必须书面下达，三勾及以下时可以口头传达，计划一旦制定变更计划三勾及以下时，可以由车厂调度以口头方式布置，有关人员应复诵。变更计划三勾以上时，必须重新编制调车作业单。变更作业计划应停车传达，车厂调度应确认有关人员清楚变更内容。

3. 调车作业规定

（1）越出厂界调车的规定：

遇特殊情况需要越出车厂占用出入段线调车时，须取得行车调度的命令，联锁设备不能正常使用时，严禁越出车厂占用出入段线调车。未经行车调度同意，禁止使用出入段线进行调车作业。

（2）线路旁堆放货物的规定：

线路两旁堆放货物，距钢轨头部外侧不得少于1.5m。站台上堆放货物，距站台边缘不得少于1m。货物应堆放稳固，防止倒塌。不足上述规定距离时，不得进行调车作业。

（3）停止影响列车进路的时机：

车厂内的调车作业，不得影响进出车厂列车的正常运行。信号楼值班员于收发车前15min停止影响收发车进路的调车作业。

（4）取消调车信号的规定：

取消调车进路时，信号楼值班员必须通知调车作业司机或调车长，在得到调车作业确已停止的回答后方可关闭调车信号，严禁联系不彻底擅自关闭信号。

（5）机车车辆的停留规定：

列车及机车车辆必须停在警冲标内方。因特殊情况需在警冲标外方进行装卸作业时，须经DCC值班主任准许，在不影响列车到发及调车作业的情况下方可进行，装卸完毕后，应立即送入警冲标内方。调车作业完毕后，应将车辆或列车停于线路警冲标内方，做好防溜措施，防止车辆或列车溜逸。安全线及出入厂线上，禁止停留机车车辆。

（6）调车作业方法，仅限牵引、推进调车，禁止溜放调车和手推调车。调车作业必须按照调车信号机和调车手信号的显示要求进行。没有信号不准动车，信号不清立即停车。调车作业时，调车员必须正确及时显示信号，司机要认真确认信号，并鸣笛回示。没有回示时，应立即显示停车手信号。

（7）连挂车辆规定：

①连挂车辆，调车长应显示连挂信号和距离信号三、二、一车（三车约66m，二车约44m，一车约22m）。没有显示连挂信号和距离信号不准挂车。单机连挂车辆，不需显示三、二、一车距离信号。

②距离被连挂车辆一车时应一度停车，调车长确认被连挂车辆无作业防护标志，车上、车下无人作业，无侵限的障碍物，两车车钩状态及被连挂车辆防溜良好后，方可指挥司机挂车。

（8）调车进路确认：

①单机或牵引运行时，前方进路由司机确认。

②推进运行时，由调车员（调车长）确认。

(9)遇下列情况禁止调车作业：

①设备或障碍物侵入线路限界时，禁止调车作业。

②禁止提活钩及溜放调车作业。

③电客车转向架液压减震器被拆除且空气弹簧无气时，禁止调车作业(使用工艺转向架除外)。

④禁止两列车或工程机车在同一条股道上同时移动。

⑤在封锁或接触网停电施工区域禁止安排与施工作业无关的调车作业。

(10)组织两列电客车或机车在同一股道作业时，信号楼值班员应先通知一列电客车或机车在指定位置停车待令，再向另一列电客车或机车司机布置安全注意事项及存车位置情况后，方可进行作业。

(11)工程车调车作业牵引、推进运行或连续连挂前，应进行试拉。

(12)车厂内调车作业原则上不得越出厂界，特殊情况需要越出厂界需征得行车调度同意。

(13)电客车、工程车在车厂内通过平交道口及库门前，应一度停车，瞭望平交道口是否有障碍物或行人，库门是否完全打开，确认安全后方可通过平交道口或进出库门。

(14)调车信号机开放后，需要取消时，信号楼值班员应通知司机或调车长，并得到应答及确认列车停车或未动车后，方可关闭信号机。

(15)车厂的调车作业原则不得影响接发列车作业，如影响接发列车时应事先征得行车调度的同意。

4. 信号楼调车作业规定

(1)接收变更计划时，必须复诵并确认。

(2)信号楼值班员根据调车作业计划单和现场作业情况、机车车辆停放股道，正确、及时地排列调车进路、开放调车信号，全程监控机车车辆的移动轨迹，执行“干一勾、划一勾”的作业规定。

(3)司机未报列车停稳时严禁操作相关道岔、信号机。

(4)确认进路与计划一致后，方可通知司机动车。

(5)防止错误排列电客车、工程车进入封锁(停电)区域，及时在微机上做好封锁、停电区域的防护，未得车厂调度同意，严禁擅自解除封锁；接收调车计划时核对车厂施工、停电区域有无冲突。

(6)调车作业时，信号楼值班员应排列完整的长进路，如特殊情况需排列短进路时，信号楼值班员必须在作业前通知司机（调车长)，得到司机应答后方可通知司机动车，司机（调车长)应加强瞭望，确认进路和信号，严格控制速度。

5. 调车速度

(1)调车作业要准确掌握速度，在瞭望条件差、天气不良等非常情况下应适当降低速度。调车允许速度见表3-4。

调车允许速度表　　表 3-4

序号	项　目	速度(km/h)
1	车厂内空线牵引运行	25
2	车厂内空线推送运行	15
3	调动装载超限货物的车辆	10
4	在尽头线调车时	10
5	在停车库内及维修线	5
6	对货位时	3
7	接近被连挂的车辆时	3

(2)在尽头线上调车时,距线路终端应有 10m 的安全距离,遇特殊情况小于 10m 时,应加强联系,严格控制速度。

6. 压信号调车

(1)压信号调车时,在原进路返回前将需要的道岔单锁。

(2)压信号调车时,信号楼值班员不得改变原进路上(包括已解锁区段)任何道岔(包括防护道岔)的位置。

(3)排列进路区段内的道岔实施单独锁闭,对已经解锁区段应重新排列进路并开放相关信号机,严禁排列短进路调车。

(4)进路准备完毕,必须接通光带检查,确认无误后方可通知司机动车。

7. 调车手信号显示方式

调车手信号见表 3-5。

调车手信号　　表 3-5

序号	调车手信号类别	显示方式	
		昼间	夜间
1	停车信号	展开的红色信号旗,无红色信号旗时,两臂高举头上,向两侧急剧摇动	红色灯光,无红色灯光时,用白色灯光上、下急剧摇动
2	减速信号	展开的绿色信号旗下压数次	绿色灯光下压数次
3	指挥列车或车辆向显示人方向来的信号	展开的绿色信号旗在下方左右摇动	绿色灯光在下方左右摇动
4	指挥列车或车辆向显示人反方向去的信号	展开的绿色信号旗上、下摇动	绿色灯光上、下摇动
5	指挥列车或车辆向显示人方向稍行移动的信号	左手拢起红色信号旗直立平举,右手展开的绿色信号旗在下方左右小摆动	绿色灯光下压数次后,再左右小动
6	指挥列车或车辆向显示人反方向稍行移动的信号	左手拢起红色信号旗直立平举,右手展开的绿色信号旗在下方上、下小动	绿色灯光平举上、下小动
7	三、二、一车距离信号:表示推进车辆的前端距被连挂车辆的距离	右手展开的绿色信号旗下压三、二、一次,分别表示距停留车三车(约 66m)、二车(约 44m)、一车(约 22m)	绿色灯光平举下压三、二、一次

续上表

序号	调车手信号类别	显示方式	
		昼间	夜间
8	连挂作业	两臂高举头上，拢起的手信号旗杆成水平末端相接	红、绿色灯光（无绿色灯用白色灯光代替）交互显示数次
9	试拉信号	按本表第6项的信号显示，当车列启动后立即显示停车信号	
10	取消信号：通知前发信号取消	拢起的手信号旗，两臂于前下方交叉后，左、右摇动数次	红色灯光作圆形转动后，上下摇动
11	停留车位置信号：表示车辆停留地点	拢起的手信号旗，单臂于前下方左、右小摇动	白色灯光左、右小摇动
12	道岔开通信号：表示进路道岔准备妥当	地下车站为绿色灯光高举头上左右小动；车厂（或地上车站）为拢起的黄色信号旗高举头上左、右摇动	绿色灯光（无绿色灯光时为白色灯光）高举头上左、右小动

8. 徒手信号显示方式

徒手信号显示方式见表3-6。

徒手信号显示方式 表3-6

序号	徒手信号类别	显示方式
1	紧急停车信号（含停车信号）	两手臂高举头上，向两侧急剧摇动
2	三、二、一车信号	单臂平伸后，小臂竖直向外压直，反复三次为三车、二次为二车、一次为一车
3	连挂信号	紧握两拳头高举头上，拳心向里，两拳相碰数次
4	试拉信号	如本表第5或第6项，当列车刚起动马上给停车信号（第1项）
5	向显示人方向稍行移动	左手高举直伸，右手平伸小臂左、右摇动
6	向显示人反方向稍行移动	左手高举直伸，右手向下斜伸，小臂上、下摇动
7	“好了”信号	单臂握拳面向运行方向，上弧圈做圆形转动

（八）洗车作业

1. 洗车机

洗车机安装在洗车线的中段，洗车机只允许单向清洗列车。原则上不允许不洗车的列车通过。列车的移动靠列车自身动力，由司机控制以不超过3km/h的速度洗车。

（1）洗车机的主要功能：

①对车辆的清洗分为清水清洗和清洁剂清洗两种。

②洗车机具有自动进行侧面、侧顶面、端面仿形洗刷的功能。

（2）洗车机由刷洗系统、电控系统、监控系统、水供给系统、洗涤剂供给系统、水循环系统等组成。

（3）洗车机只有在自动模式下，才能进行电客车洗车作业，手动模式为调试、检修模式。

（4）洗车机操纵台分为系统区和信息显示区。系统区内设有急停按钮、电源开关、报警解除按钮、指示灯测试开关、系统重复位开关、手动/停止/自动选择开关及相应的指示灯。信息显示区能显示系统设置、洗车机流程监视、手动操作、故障报警等信息。

2. 洗车作业

（1）由检修调度确认洗车计划，车厂调度安排信号楼值班员排列洗车进路，如行车计划或洗车计划有变，车厂调度、检修调度应互相通报并告知信号楼值班员。

（2）因信号设计的原因，洗车线只能单向行车，车辆在洗车线运行和洗车作业中不得后退。

（3）洗车机操作人员接到洗车作业的通知后，应提前到达操作台做好洗车准备。

3. 洗车作业办理

（1）当需要向洗车线调车进行洗车时，信号楼值班员给洗车机控制室值班员打电话，请求洗车。同时办理洗车线至牵出线的进路。

（2）洗车机控制室值班员接到信号楼值班员电话通知，确认洗车线空闲后，按下"同意洗车按钮"（该按钮为非自复）。

（3）洗车机控制室控制盘上"同意洗车"灯点亮，信号楼控制台上"同意洗车表"示灯点亮。

（4）洗车出库信号开放，"同意洗车"灯点亮，电路完好时，洗车信号开放。洗车信号开放后，点亮洗车机控制室的洗车信号表示灯。

（5）洗车机控制室值班员拔出"同意洗车"按钮或洗车出库信号关闭后，洗车信号关闭。

（6）值得注意的是，洗车信号开放后，如果调车信号点灯电路故障，造成洗车信号故障关闭，维修人员把故障恢复后，如果这时洗车出库信号开放，同意洗车灯点亮，洗车信号是不会自动重复开放的，需要信号楼值班员按压洗车信号的按钮，洗车信号才会开放。

4. 洗车注意事项

（1）洗车信号开放后，出现信号机故障，造成洗车信号故障关闭，维修人员把故障恢复后，洗车信号不会自动开放，需要信号楼值班员按压洗车信号机按钮，洗车信号机方能开放。

（2）洗车线为单方向作业，禁止逆向进入（特殊情况下，需经车厂调度同意）。

（3）电客车进入洗车线前，无论洗车信号机如何显示，司机必须在洗车信号机前一度停车，确认前方线路无侵入界限的障碍物，确认库门状态、线路无异常，洗车信号机开放后，根据洗车机的信息提示，与洗车负责人联系确认后，以不超过3km/h的速度洗车。

（4）为确保安全，电客车在洗车线运行及洗车作业中不得后退。

（九）试车作业

试车线由调度室负责统一管理，各需求使用部门应提前申报试车线使用计划。

若遇到紧急调试任务，则由DCC值班主任统一协调安排。

信号楼值班员在排列电客车进入试车线的进路前，应与车厂调度联系，确认试车线线路出清，试车线和电客车走行径路接触网供电正常。

正常情况下试车线最高运行速度不得超过 80km/h。在夜间或天气不良时（如雨、雪、雾、霜冻等恶劣天气），司机应适当降低速度，确保行车安全。

1. 试车进路办理（以郑州地铁为例）

（1）当信号楼收到试车线的试车请求时，控制台上试车请求灯闪白灯。

（2）信号楼将 87 号道岔操至定位，按压“非进路 1”非自复按钮，办理 D30 与 D32 间的非进路，D30 和 D32 调车信号开放，“允许试车灯”亮绿灯，此时试车线可以利用非进路进行试车作业；“试车照查”灯亮绿灯。

（3）试车完毕，“试车照查”灯灭灯，车列出清 87DG，信号楼方可再次按压“非进路 1”，D32 上出现 30s 计时，计时结束后，信号关闭，进路解锁。

如果 87DG 故障红光带，30s 计时结束后，进路不解锁，D32 复示器上有白框，需要按压“非进路事故 1”带铅封按钮，进行事故解。当轨道电路故障恢复，点鼠标右键，用“区段故障解锁”，解锁 87DG。

2. 试车进路办理安全措施

（1）车厂调度在下达试车作业计划前，必须确认试车线无机车、车辆占用；无影响试车的施工、检修等作业；试车线和电客车走行径路的接触网供电正常。

（2）信号楼值班员在排列电客车进入试车线的进路前，应与车厂调度联系，确认试车线出清，试车线和电客车走行径路的接触网供电正常，做好联控互控。

（3）司机必须严格按照信号显示和限制速度动车，不间断瞭望，如发现信号机关闭、显示不明、显示不正确时，应立即停车，并向信号楼值班员报告。

（4）如信号调试需要对轨道电路进行短接试验，调试负责人必须向车厂调度提出申请，并说明可能造成的影响和采取的措施，得到车厂调度同意后方能进行，作业完毕后必须及时撤除对轨道电路的短接，并向车厂调度汇报。

（十）电话闭塞法

电话闭塞法是当基本闭塞法不能使用时，由区间两端站（线路所）车站值班员利用站间行车电话以发出电话记录号码的方式办理闭塞的一种方法。

电话闭塞法由于没有机械、电气设备控制，全凭制度约束来保证闭塞作用，因此办理手续必须严格。为保证同一区间在同一时间内不会用两种闭塞方法，避免一个区间同时放入两个列车，在停用基本闭塞法改按电话闭塞法或恢复基本闭塞法时，都必须确认区间空闲，并须根据调度命令办理。遇列车调度电话不通时，闭塞法的变更或恢复应由该区间两端站的车站值班员确认区间空闲后，直接以电话记录办理。

1. 电话闭塞法组织行车的启动条件

（1）一个或多个联锁区发生联锁故障时。

（2）中央及车站工作站上一个或多个联锁区均无法对线路运行车辆进行监控时。

（3）正线与车厂信号接口故障时。

(4)行车调度认为有必要时。

2. 电话闭塞法组织行车的原则。

(1)控制权限:采用电话闭塞法行车的区段内,行车指挥权在车站。

(2)执行电话闭塞法区段,进路上的道岔优先使用ATS工作站锁定,当ATS工作站电子锁定无法使用时,由车站人员现场确认进路正确后使用钩锁器锁定(折返道岔钩锁器只挂不锁)。

(3)采用电话闭塞法行车的各车站不得办理通过列车。

(4)闭塞车站:正线全线信号联锁故障时所有车站均为闭塞车站,局部信号联锁故障时故障区域所有受影响的车站为闭塞车站。

(5)闭塞区段:闭塞区段为一站两区间。

(6)区段占用:每一个闭塞区段内只允许一趟列车占用。

(7)行车凭证:行车凭证为路票及车站发车信号或车厂调度指令。

(8)驾驶模式和限速:闭塞区段内各站发出的首列车采用NRM模式限速25km/h运行,后续列车采用NRM模式限速45km/h运行。

3. 接发列车作业要求

(1)发车站请求闭塞的条件:发车站进路准备完毕,人员到达安全位置后,向接车站请求闭塞。

(2)接车站同意闭塞的条件:非折返站同意闭塞的条件为本次列车接车进路及到下一站线路的全部进路准备完毕、同方向前次列车到达前方站站台。

(3)发车站行车值班员接到前方接车站同意接车的电话记录号,填写路票安排人员交与司机。

(4)司机确认路票且核对无误后,确认安全后凭车站人员发车信号动车。

(5)列车停稳后,接发车人员向司机收回路票并及时打"×"作废,按规定保存。

4. 路票的规定

(1)路票的填写内容包括:车次、电话记录号、区间、行车专用章、日期、限速值、行车值班员姓名,各站发出首列车须在路票左上方标明。有关行车人员交接时必须核对清楚。

(2)电话记录号规定:电话记录号码自每日零时起至24时止,按日循环编号。电话记录号编号办法为车站(车厂)编号加序列号,共四位表示,前两位为车站(车厂)编号,后两位为序列号。序列号为01~99循环使用,上行方向编号为偶数,自02开始依次编号;下行方向编号为奇数,自01开始依次编号。

5. 接发列车作业程序

1)发车时

(1)信号楼值班员根据发车计划,确认走行进路空闲并准备好停车股道到出厂信号机的进路后,向车厂调度报告。

(2)车厂调度在接到信号楼值班员报告后,由车厂调度向邻站请求闭塞。"请确认车厂出厂线至邻站接车线路是否空闲，（确认空闲后）车厂 ×× 次请求闭塞”。

（3）邻站同意闭塞后，并给出电话记录号码，车厂调度填写路票（第一列车，在左上角写首列车）后，司机在 DCC 领取路票（司机上车报整备前使用电话闭塞法时，需在车厂调度处领取；司机上车报整备后，由 DCC 负责将路票交至出厂司机），核对无误后，司机凭路票及车厂调度指令动车，由车厂调度通知邻站发车时间（首列车需向行调报发车时间）。

（4）邻站向车厂调度报列车到站时间，车厂调度记录。

2）收车时

（1）当车厂调度收到邻站列车准备回厂信息后，车厂调度通知信号楼根据收车计划准备进厂信号机至 × 道进路。

（2）信号楼值班员确认线路空闲，准备进厂信号机至 × 道进路，进路准备妥当后，向车厂调度报告。

（3）当邻站向车厂调度请求闭塞时，车厂调度同意闭塞并给出电话闭塞号码，“× 时 × 分，同意 ×× 站 ×× 车闭塞，电话记录号 × 号”，并记录。

（4）当司机运行至停车股道停妥后，报车厂调度，并去 DCC 交路票，由车厂调度在路票上打 ×，并回收，车厂调度向邻站报停稳点，并记录。

6. 遇车厂联锁系统故障时，车厂与邻站间不采用电话闭塞法行车，行车办法如下。

（1）车厂向邻站发车时，由车厂按相关规定将列车安排至出厂信号机前一度停车，司机联系行车调度后凭行调指令行车。

（2）邻站向车厂发车时，行车调度在与车厂联系并确认车厂接车进路准备好后，组织列车动车，列车运行至进厂信号机前与车厂取得联系后，由车厂按相关规定将列车安排回库。

第二节　列车运行图

一、基本概念

1.《运营时刻表》

《运营时刻表》是列车在车站（车辆段）出发、到达（或通过）及折返时刻的集合。

2. 列车运行图

列车运行图是利用坐标原理表示列车运行状况的一种图解形式，是根据《运营时刻表》辅画的运行图。

3. 行车时间

行车时间是以北京时间为准，从零时起计算，实行 24h 制。行车日期的划分是以零时为界，零时以前办妥的行车手续，零时以后仍视为有效。

二、列车运行图的作用

1. 列车运行图是组织列车运行的基础

列车运行时一个很复杂的环节，它要求各个部门、工种、作业之间的相互协调配合，才能保证列车安全和提高运输效率。列车运行图规定了各次列车占用区间的顺序、列车在一个车站到达和出发（或通过）的时刻、列车在区间的运行时分、列车在车站的停站时分、折返站列车折返作业时间及出入段时刻。列车运行图在保证城市轨道交通运营各部门的相互配合和协调动作上起到重要的组织作用。

2. 列车运行图是运行组织的一个综合性计划

运营生产是一个统一的整体，涉及城市轨道交通运营的各业务部门都需要根据列车运行图所规定的要求来安排工作。例如，车站根据运行图所规定的列车到达和出发时刻，安排本站行车和客运组织工作；车辆维修部门每天运营前要准备好运营需求的列车数；车辆运转部门要根据列车运行图的要求确定列车的排出时刻和站务员的作息计划；公务、通信、信号、供电、机电等部门也要求根据列车运行图的规定来安排施工计划和维修计划。因此，列车运行图是城市轨道交通运行组织的一个综合性计划。

三、列车运行图的分类

（1）按区间正线数分为单线运行图和双线运行图。

（2）按列车之间运行速度差异分为平行运行图和非平行运行图。

（3）按上下行方向的列车数分为成对运行图和不成对运行图。

（4）按同方向列车运行方式分为连发运行图和追踪平行运行图。

（5）按使用范围分为日常运行图、节假日运行图和其他特殊运行图。

城市轨道交通系统的列车运行图因其系统特征所致，一般均为双线成对追踪平行运行图。

四、列车运行图的图解表示要素

（1）横坐标表示时间变量，按要求用一定的比例进行时间划分，一般城市轨道交通列车运行图采用 1 分格或 2 分格，即每一等分表示 1min 或 2min 时间。

（2）纵坐标表示距离分割，根据区间实际里程，采用规定的比例，以车站中心线所在位置进行距离定点。

（3）垂直线是一簇平行的等分线，表示时间等分段。

（4）水平线是一簇平行的不等分线，表示各个车站中心线所在的位置。

(5)斜线是列车运行轨迹（经路）线，一般规定上斜线表示上行列车，下斜线表示下行列车。

(6)运行线与车站交点。在列车运行图上，列车运行线与车站的交点即表示该列车到达、出发或通过的时刻。由于城市轨道交通列车停站时间较短，一般不标明到、发不同时间。

(7)车号与车次。在列车运行图上，每个列车均有不同的车号与车次。一般按不同的列车类别规定代号与列车号。如专运列车、客运列车、施工列车等；按发车顺序编列车车次，上行采用双数，下行采用单数。

五、列车运行图的编制原则

(1)在保证安全可靠的条件下，提高列车的运行速度，缩小列车的运行时分。列车运行速度高是城市轨道交通系统的主要优势，在安全得到保证的前提下，通过提高列车运行速度、压缩折返时间、减少出入库作业时间等方式，提高系统的运行效率和服务水平。

(2)尽量方便乘客。编制运行图时主要考虑列车发车间隔在满足运行技术前提下尽量选择较小值，从而减少乘客的候车时间。在安排低谷运行时，最大的列车运行图间隔不宜过大。如果能改变列车编组，保持较小列车间隔，不失为一种节省运能并减少乘客候车时间的良策。

(3)充分利用线路和车辆的能力。通常情况下，折返站的折返能力是限制全线能力的关键，因此必须对折返线的折返作业时间进行精确的计算，尽可能安排平行作业。当车辆周转达不到运营需求时，需合理安排车辆解决高峰客流组织。

(4)在保证运量需求的条件下，运营车数应努力达到最小。在保证运量需求的条件下，综合考虑高峰时段列车运行速度、折返时间、列车开行方式等要素。使运营列车数量达到最少，从而降低系统的车辆保有量与运营成本。

第三节　列车运行组织

一、列车交路计划

列车交路计划是根据运营组织的要求及运营条件的变化，按运行图或由调度指挥列车按规定的区间运行、折返的列车运行计划。

1. 列车的行车概念

在介绍列车交路计划中，涉及以下四个行车概念。

(1)调车。它是指除列车在正线运行,车站(车辆段)到、发以外的一切机车、车辆或列车有目的地移动。

(2)列车折返。它是指列车通过进路改变、道岔的转换,经过车站的调车进路由一条线路至另一条线路运营的方式。

(3)折返站。具有列车折返能力的车站。

(4)列车清客。它是指列车在运行途中,由于某种原因不能将乘客送达目的地,中途要求所有乘客离开车厢的行为。

2. 列车的折返方式

列车折返有站前折返和站后折返两种方式。

(1)站前折返。列车在中间站或终点站利用站前渡线进行折返作业。站前折返方式是由于渡线设置在站前,可以在一定程度上减少项目建设的投资,缩短列车走行距离,但列车折返会占用区间线路,从而影响后续列车闭塞,并且对行车安全保障要求较高。城市轨道交通行车组织中较少采用这种折返模式,特别是当行车密度高、列车运行间隔短的条件下,一般不会采用站前折返方式。

(2)站后折返。列车在中间站、终点站利用站后渡线进行折返作业,站后折返方式车站接车采用平行作业,不存在进路交叉,行车安全,有利于提高列车的行进速度,国外城市轨道交通通常采用这种折返方式。

3. 列车交路的种类

列车交路一般可分为长交路、短交路和长短交路三种。长交路是指列车在两个终点站进行折返运行。短交路是指列车在指定的折返站折返,在一段区间内运行。长短交路是指列车在线路运行中结合了长交路和短交路两种情况的运行模式。

4. 列车交路计划的确定

列车交路计划的确定应建立在对线路各区段客流量进行统计分析的基础上,充分考虑行车组织和客运组织的条件,进行可行性研究后加以确定。

(1)区段客流分析是列车交路计划确定的主要因素之一。根据客流在时间上、空间上所表现出的不均衡性加以研究分析,作为列车交路计划确定的依据。

(2)行车条件决定了交路计划实现的可能性。城市轨道交通的线路设置由于其运营特点,不可能采取每个车站都具备调车作业功能线路的设置方式,交路计划的实现只能在两个设有调车或折返线路的车站之间进行,同时还必须注意列车交路是否会影响到行车组织的其他环节。

(3)客运组织是列车交路计划确定的必要客观条件。由于列车交路计划的实现可能导致列车终到站的变化,相关车站的乘客乘降作业、列车清客、客运服务工作都会随之不断调整,对客运组织水平的要求比较高,但由于客运组织的不利可能会直接影响到列车运行图的执行情况。

二、正常情况下的列车运行组织

正常情况下根据信号设备所能提供的运行条件，按照不同的行车控制方式和运行图规定的行车计划开行列车，进行列车组织工作。

基本行车控制方式有调度集中控制、调度监控下的自动运行控制和半自动运行控制。

1. 调度集中控制

在行车调度员的统一指挥下，利用行车设备对列车的到、发、折返等作业进行人工控制及调整。调度集中控制的行车组织的指挥人是行车调度员，车站不参与行车组织的工作。

调度集中控制应实现的功能有：应具有电气集中联锁设备，实现远程控制功能，并从设备方面提供列车运行安全保障；通过控制屏或显示器可监护全线列车运行状态、信号显示、道岔位置及区间、线路占用的情况；利用电气集中联锁设备转换道岔、排列进路、开放信号，指挥和调整列车运行；自动或人工绘制列车实绩运行图。

2. 调度监督下的自动运行控制

自动运行控制是利用计算机技术对列车运行实行自动指挥和自动运行监护，并有列车运行保护系统以提高行车安全系数，是当今世界城市轨道交通列车运行组织的发展趋势及主流行车控制方式。

调度监督下的自动运行控制可实现的功能有：计算机系统可输入及储存多套列车运行图，可按设定的列车运行图自动实行行车指挥功能；对正线运行列车实行走动跟踪，显示进路、道岔位置、区间及线路占用情况；可自动或人工对列车运行进行调整，可使用人工对进路排列、信号开放、道岔转换进行控制；提供中央及车站两级运行控制模式，可根据需要进行控制权转换；列车运行自动保护系统对列车运行设定防护区段，控制前后列车运行的安全间距；列车可使用自动驾驶功能，也可采用人工驾驶，列车占用区间的凭证是列车收到的速度码；通过计算机系统自动绘制列车实际运行图，并进行有关运营数据统计。

3. 调度监督下的半自动运行控制

半自动运行控制是在调度控制中心统一指挥和监督下，有车站行车值班员操作车站信号设备控制列车运行。

调度监督下的半自动运行控制可实现的功能有：车站信号控制系统具有联锁功能，对进路排列，道岔转换，信号开放实行人工操作；中央调度可实时反应进路占用、信号及道岔等工作状态，对线路上的列车运行进行监控；中央调度可储存信号开放时刻、道岔动作、列车运行等各类运行资料，并根据需要可调用；车站根据中央调度指令对列车运行进行调整；计算机自动绘制或人工绘制列车实际运行图。

三、非正常情况下的列车运行组织

非正常情况下的列车运行组织是由于信号、道岔故障等原因而不能继续采用原行车控制方式的情况下的列车运行组织。电话闭塞法是在非正常情况下所采取的基本行车组织方法。电话闭塞法是指车站车辆段之间利用电话办理区间闭塞，用电话记录号码作为承认闭塞的依据，按一定区间间隔的要求组织行车。

在非正常情况下改用电话闭塞法行车，应有行车调度员发布调度命令，车站行车值班员严格按照规定的作业办法办理行车业务，行车调度员对列车运行状态进行监控。使用电话闭塞法行车，占用区间的凭证式路票，列车的发车凭证式车站行车人员的手信号。路票表明了列车运行的方向、列车车次、路票的编号、日期及电话记录号码。

电话闭塞法组织行车的作业程序如下。

（1）办理闭塞。发车站在确认区间空闲、发车进路准备好以后，用电话向前方接车站请求闭塞。接车站接到后方站的闭塞请求后，确认接车区间空闲、道岔位置正确、进路准备妥当，然后向后方站发出电话记录号码承认闭塞并填写“行车日志”。

（2）发车。发车站在得到前方站闭塞承认后，填写“行车日志”及路票，将路票交列车司机并显示发车手信号发车。列车出发后，发车站行车值班员填写“行车日志”，并向接车站及行车调度报点。

（3）接车。接车站接到后方站的列车报开点后，填写“行车日志”，向列车显示停车手信号。列车整列到达后，向司机收取路票并核对路票。

（4）闭塞解除。接车站在确认列车整列由本站出发或进入折返线后，填写“行车日志”并向后方站报点及发出电话记录号码，闭塞解除，同时向行车调度报点。

第四节　车站行车组织

一、列车运行控制

车站的列车运行控制是由整个系统的列车运行控制方式所决定的。

（1）在调度集中控制方式下，车站行车组织的主要工作是监护列车运营状态，行车值班员可兼做其他工作。

（2）在自动运行控制方式下，车站在除了对列车的运营状态进行监护外，如中央因故放权由车站进行控制，则有集中控制设备的车站应负责进行列车的折返、进路排列等人工作业。

（3）在半自动运行控制方式下，车站负责列车运行控制的工作，人工操作信号设备进行接、发、调车等行车作业，并根据行调指令对列车运行进行调整。

（4）在非正常情况下，车站根据调度命令，按规定的作业办法要求负责列车在车站接、发、调车等作业。

二、正常情况下的行车组织

（1）在调度集中控制和自动运行控制下，车站行车组织的主要工作是通过车站行车控制台对列车的运行情况进行监护，并在调度不能实施行车组织的情况下，根据调度命令，利用车站的设备、线路实施车站的行车作业。

（2）在半自动运行控制下，每个车站设有行车控制设备，具有联锁功能，列车的运行由车站通过人工操作进行控制，调度控制中心只能监督现场设备和列车的运行状态。

三、信号系统故障时的行车组织

1. 站间电话联系法组织行车

站间电话联系法是指当正线联锁故障时，车站间执行行调调度命令，列车凭调度命令和车站的发车手信号占用区间的一种行车方法。其组织方法为：

（1）由值班站长在车控室组织车站行车作业，并根据行车调度发布的命令亲自组织行车，安排值班员到站台接发列车，通知相邻车站采用站间电话联系法组织行车，并把调度命令内容通知司机。值班站长是车站当班负责人，下设行车值班员、客运值班员、站务员等。

（2）每一站间区间及其前方站内相应线路，同一时间内只允许一列车占用。

（3）值班站长要与行车调度及前方车站的值班站长共同确认第一趟发出的列车运行前方的区段空闲。

（4）接车站值班站长确认站内接车线路及发车站间的区间线路空闲后，方可同意发车站发车。发车站值班站长接到车站同意发车的通知后，方可通知站台值班员向司机显示发车指示信号。

（5）故障联锁站正线上的道岔均要开通正线，并使用钩锁器锁定；两端站的折返道岔在确认位置正确后，使用钩锁器，但只挂不锁。

（6）发车指示信号显示时机。站台值班员接到车控室值班站长同意发车的命令并复诵正确，确认乘客上下完毕后，向司机显示发车指示信号。

（7）当列车动车时，立即向前方站报开点；当列车出清站内线路后，再向后方站报线路开通点（列车开点）。

（8）值班站长要通过闭路电视（CCTV）加强对站台值班员工作的监控，防止错误办理发车手续。

2. 电话闭塞法组织行车

电话闭塞法是指当信号联锁故障或信号不具备联锁功能时，车站 / 车辆段人工办理相关区段内列车进路、钩锁进路上的相关道岔，与临站 / 段之间以电话记录作为同意占用区间的凭证，填写路票交司机，司机凭车站 / 段发出的路票行车的一种行车办法。其组织方法如下。

（1）行车调度员向车站/车辆段发布执行电话闭塞法的口头命令后，车站或车辆段通知司机调度命令的内容，由车站值班站长/值班员与信号值班员共同确认第一趟发出的列车运行前方的区段空闲。

（2）每一闭塞区段内只允许一趟列车占用，列车占用闭塞区段的行车凭证为路票。

（3）接车站（车辆段）确认闭塞区段内线路空闲后，方可给发车车辆段（站）承认发车闭塞号。发车车辆段（站）接到接车站（车辆段）同意发车的承认闭塞号，填写路票并自检后交值班员，值班员逐字逐项复诵，核对无误后，复诵传达并交给司机。

（4）值班员接到路票时，必须核对的内容有日期、车次、区间、闭塞号、行车专用章、签名等。

（5）值班员接车从司机处回收路票后，必须做标记“×”并上交。

第五节　施　工　管　理

城市轨道交通的维修施工作业具有时间短、要求高、作业空间相对集中、绝大部分为夜间作业等特点，必须科学合理地组织时间和空间的立体化施工作业，要求有关部门密切配合，最大限度地利用较短的施工时间，良好地完成施工任务，确保设备安全、可靠地运行。

城市轨道交通的维修施工作业原则上安排在运营结束后的非运营时间内进行，并在运营开始前预留40min作为运营前的准备时间。

在运营中遇行车设备故障影响列车不能继续运行时，须组织抢修施工，并应遵循”先通后复”的原则。对故障设备临时处理恢复行车后，维持运行到运营结束后再对该设备进行全面修复。

一、施工管理架构

（一）管理机构

为加强对维修施工作业的管理，可成立施工计划协调管理小组、协调工作小组，并明确领导小组、工作小组成员的职责和分工。

（二）运作流程

施工管理主要以《施工行车通告》的形式进行运作。《施工行车通告》是汇总每月的施工及工程车开行计划、临时修改规章手册的通告等，一般每月发布一期。《施工行车通告》的运作流程如图 3-1 所示。

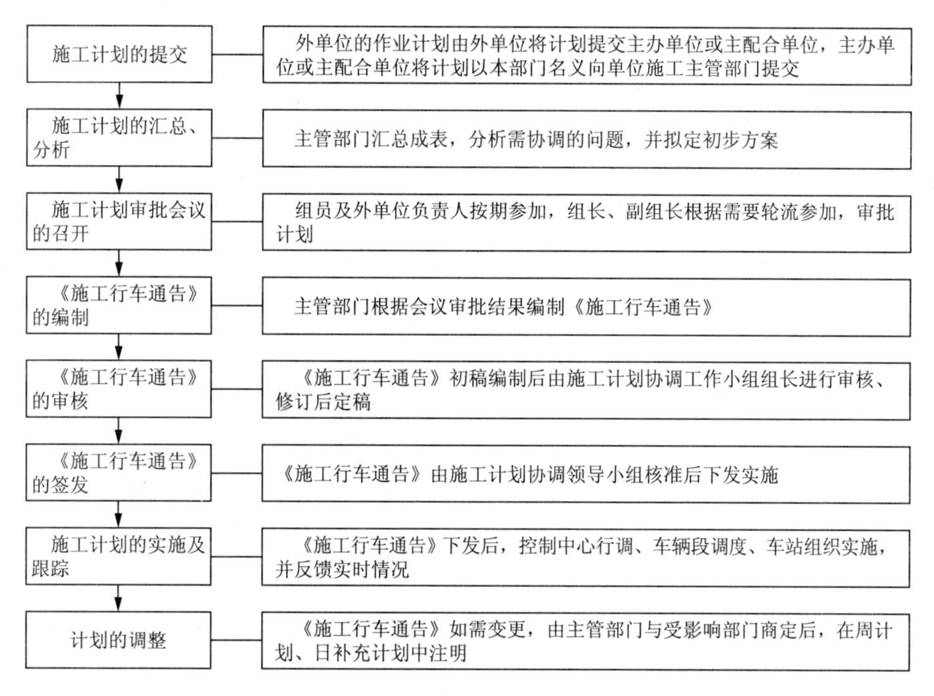

图 3-1　施工运作流程图

二、施工作业相关术语和定义

(1)施工负责人：指负责在主站办理进场作业登记和该项作业的组织、安全和管理的人员。

(2)施工联络人：指同一施工项目多个作业点进行，该施工项目除配备施工负责人外，各点(辅站)的施工需配备施工联络人，施工联络人在辅站办理进场作业登记、安全防护设置和负责该作业点施工的组织、安全和管理。

(3)施工申报人：指负责申报该项施工计划、安排施工作业相关事宜的人员。

(4)影响行车的施工：指进行该项施工作业时，如果当天或次日线路上有客车、工程车运行，安全会受其影响的施工。

(5)影响客运的施工：指进行该项施工作业时，车站的客运服务设备设施功能降低、影响客流组织、服务质量的施工。

(6)主站：指施工负责人持《施工作业令》登记请点施工的车站称为主站。如果同一施工项目多站进行，其作业区含设备集中站时，主站优先为设备集中站。

(7)辅站：指同一线路同一施工项目多站进行时，施工联络人到其作业区域包含的各站(主站除外)登记请点的车站；同一施工项目安排主站和辅站原则上不超过 6 个。

(8)施工作业令:指允许在运营分公司所辖范围内进行施工的一种凭证。

(9)施工区域出清:指在施工结束后,该施工区域内,所有施工作业有关人员已撤离,有关设备、设施已恢复正常,工器具及物料已全部撤走。

(10)外单位:指除轨道公司以外的单位(长期委外单位除外)。

(11)周计划:指汇总一周设备设施维护、保养、检修以及工程车、调试列车开行的计划。

(12)日变更计划:指未列入周计划而补充的,或周计划中需调整的计划,称为日变更计划。

(13)临时抢修计划:指影响行车设备发生故障,须当日运营结束后进行施工的作业。

(14)抢修作业:指设备发生故障或临时突发情况须维修调度发布抢修命令立即进行抢修处理的作业。

(15)临时点:指行车调度或车厂调度指令专业人员进入所辖轨行区临时检查或处理相关事宜的作业点。

(16)请点:指作业开始前,作业负责人(含施工负责人、施工联络人以及某一事务的处理负责人)向作业办理审批方办理作业开始的登记手续。

(17)销点:指施工作业结束后,作业负责人(含施工负责人、施工联络人、以及某一事务的处理负责人)在确保施工作业区域出清后,向作业审批方办理相关施工结束登记手续。

(18)施工延点:指按照施工计划规定,已经到达施工作业结束时间时,施工负责人或施工联络人未及时或未向作业审批方办理销点的行为。

(19)擅自取消施工作业:指按照施工计划规定,在施工作业开始3h前,施工申报部门未向施工计划的管理部门提出取消该项施工计划的申请,且在施工计划规定的时间内未进行该项施工作业的行为。

(20)主办部门:指运营分公司内协助外单位申报施工计划、监管外单位施工组织与安全的接口部门。

(21)配合部门:指配合分公司其他部门施工(或其他部门委外施工)的部门。

(22)对外联络部门:指负责与运营分公司以外联系处理工程遗留问题整改及尾工等工作并督促其限期整改的接口部门。

(23)委外单位:指与分公司签订委外合同,承担分公司委外维修项目的维修任务的承包方。

三、施工计划的分类

(一)按施工计划的时间划分

(1)周计划。

(2)日变更计划。

(3)临时抢修计划。

(二)施工计划按作业地点和性质划分

施工计划分类见表 3-7。

施工计划分类 表 3-7

类型	范围	施工范围	
A 类	影响正线、辅助线行车的施工	A1	在正线、辅助线，需要开行工程车、电客车的施工
		A2	在正线、辅助线，不需要开行工程车、电客车的施工
		A3	在车站、主变电所、控制中心范围内，影响正线行车设备运行的施工
B 类	车厂（车辆段、停车场）范围内的施工	B1	开行电客车、工程车的施工(不含车辆部电客车、工程车检修)
		B2	不开行电客车、工程列车但在车厂范围内影响行车、影响接触网、车厂变电所停送电或需要动火的施工
		B3	车厂内除 B1/B2 以外不影响车厂行车的施工
C 类	非正线、辅助线范围内不影响行车的施工	C1	大范围影响客运、影响消防设备正常使用、需要动火、设备设施维护检修或外单位(不含长期委外单位)需进入设备用房等施工
		C2	局部影响或不影响客运、不影响设备系统运行的巡视检查、清扫、测试;动用简单设备(如动用 220V 及以下的电力、钻孔等，不违反安全规定)等施工

属于正常修程内的作业须纳入周计划;对在周计划进行调整变更（或临时补充）的作业纳入日变更计划。

设备发生故障须对设备立即进行抢修，由维修调度发布抢修令按抢修作业办理;设备发生故障已按抢修作业办理，仍须当日运营结束后继续进行维修的作业计划纳入临时抢修计划。

对于某项施工计划不能明确分类的，由施工计划协调领导小组决定列入何种计划。

对于不同类别施工同时需要占用同一施工资源时(如工程车、供电安排等)，优先安排 A 类施工。

四、施工计划的申报、审批、发布与变更程序

(一)周计划的申报流程

(1)车辆部应于每周（*n* 周）周四 12:00 前将 *n*+2 周工程车、轨道车、平板车扣修计划发至其他生产部门，各部门在申报用车计划时应避免与工程车扣修计划冲突。

(2)凡需使用电客车调试、演练或配合作业的，申报计划前应征得车辆部的同意，若需司机配合，申报计划时需征得客运部同意。

(3)各部门在周一 15:00 以前通过施工管理系统向调度票务部、车辆部申报下一周的 A、B 类计划:

①需开行电客车或工程车的作业。

②需开行电客车或工程车配合的作业。

(4)调度票务部、车辆部汇总、审核、协调完毕上述行车计划后于周一 17:00 以前告知相关部门,相关部门在此基础上申报该线路非行车类计划。

(5)各部门通过施工管理系统于周三 11:00 以前必须申报完毕下一周的非行车类计划,并确保部门内提报的计划不相冲突,逾期不再受理周计划申报。

(6)各部门提交申请前,应确保施工所涉及的器具物料、审批文件、施工方案(包括施工造成的影响)以及人员安排等相关事宜全部准备妥当。施工本身符合国家法律规定以及公司相关规定,具备可实施性和安全性。重点设备维修、更换、升级、测试等对正常运营作业造成较大影响的施工,在施工申报时应附有相关管理部门审批后的方案,作业时间应避开节假日、运营高峰等敏感时段。

(二)各部门施工计划的申报

各部门施工计划由部门指定的人员向相关施工计划管理部门申报;委外单位施工计划统一由相应管理部门审核后申报。

(三)工程遗留问题及外单位施工计划的申报

(1)外单位进入运营分公司管辖范围内施工前,必须与主办部门签订《运营分公司相关方施工安全和环保协议书》。

(2)外单位将相关施工计划提交主办部门,主办部门负责审核施工方案、安全措施、影响情况及其他配合情况等,并确认外单位有施工负责人。

(3)主办部门审核完后向相关施工计划管理部门提报。

(4)外单位如果找不到专业或设备所属主办部门时,由施工协调领导小组指定主办部门提供配合,并由主办部门负责协助外单位申报施工计划。

如遇国家法定节假日期时,各部门须在节日前三个工作日完成施工计划申报工作;特殊情况,按调度票务部通知执行;每周三,调度票务部根据各部门提报的施工计划,结合计划编制安全原则,合理、高效编制下一周施工计划;每周四 9:30,调度票务部主持召开施工协调会,各生产部门及相关施工作业单位参会,协调下一周的施工计划,对存在冲突的计划进行调整;每周五调度票务部根据施工协调会的结果,在施工管理系统上发布《施工行车通告》。

(四)日变更计划、临时抢修计划的申报流程

1. 日变更计划的申报流程

(1)日变更计划应于施工开始前一天 12:00 以前,周六、周日、下周一的日变更计划应于周五的 12:00 以前(遇法定节假日时,须在节前最后一个工作日 12:00 以前),由各部门通过施工管理系统向相关施工计划管理部门申报(申报后电话通知)。

（2）相关施工计划管理部门原则上于计划申报当日 17:00 前根据审批结果在施工管理系统上发布施工计划。

（3）日变更计划要在周计划的基础上进行审批，以提高周计划的兑现率。

（4）日变更计划原则上不受理调试列车、工程车作业项目。

（5）遇分公司领导交办的需当日作业的特殊施工时，可当日申报当晚施工计划。

2. 临时抢修计划申报

（1）A 类临时抢修计划应由各部门通过施工管理系统，向控制中心维修调度申报（申报后电话通知），维修调度确认符合申报条件后提报至调度票务部综合管理室施工管理岗，施工管理岗应根据实际情况调整并及时发布施工计划（非工作日或非工作时段维修调度应根据实际情况调整并及时发布施工计划）。

（2）B 类临时抢修计划应由各部门通过施工管理系统（申报后电话通知），向车厂控制中心（以下简称 DCC）车厂调度申报，车厂调度确认符合申报条件后提报至 DCC 值班主任，DCC 值班主任根据实际情况调整并及时发布施工计划。

（3）相关计划管理部门应对照周计划、日变更计划的审批结果及时对临时抢修计划进行审批，避免施工冲突。如遇临时抢修计划与周计划、日变更计划的审批结果存在施工冲突，按抢修优先的原则对计划进行适当调整。

（4）申报临时抢修计划处理的故障，须为当日故障，且在控制中心有相应故障记录，并在《运营日报》进行反馈。

（五）计划的变更

（1）对周施工计划的变更须按相应日变更计划程序办理；对日变更计划的变更须重新申报；对临时抢修计划的变更由施工负责人通过录音电话向控制中心或 DCC 调度人员申请。

（2）在车厂内因工程车故障不能开车时，车厂调度应及时通知控制中心和相关部门。

（3）各部门负责施工计划的人员应每天相互核实和掌握计划的变更情况，确保施工安全。如出现没有将周计划、日变更计划及临时抢修计划调整结果传达至本部门、室有关人员等情况时，由此造成一切后果，相关部门负全责。

（六）计划的取消

（1）因施工单位特殊原因取消相关作业的，施工单位应向主办部门提出申请，主办部门审核后在施工管理系统上选择相应计划提出取消请求，最晚在施工计划规定作业时间开始前 3h 提报至相关施工计划管理部门（如调度票务部综合管理室、控制中心、车辆部调度室、DCC、设施设备部安全技术室、各部门生产调度），得到批准后方可取消（非工作日或非工作时段需取消相关计划时，A 类计划可由控制中心批准取消；B 类计划可由 DCC 批准取消；C 类计划可由设施设备部生产调度批准取消）。

（2）因主办部门或配合部门特殊原因取消相关作业的，主办部门在施工管理系统上选择相应计划提出取消请求，最晚在施工计划规定作业时间开始前 3h 提报至相关施工计划管理部门（如调度票务部综合管理室、控制中心、车辆部调度室、DCC、设施设备部安全技术室、各部门生产调度），得到批准后方可取消（非工作日或非工作时段需取消相关计划时，A 类计划可由控制中心批准取消；B 类计划可由 DCC 批准取消；C 类计划可由设施设备部生产调度批准取消）。

（3）因施工计划管理单位（如调度票务部综合管理室、控制中心、车辆部调度室、DCC、设施设备部安全技术室、各部门生产调度）取消相关作业的，各部门计划管理人员通过施工管理系统直接取消，并及时将结果通过电话告知相关单位，遇特殊情况需临时取消的，由控制中心、DCC、各部门生产调度通知相关施工负责人。

（七）申报计划的注意事项

（1）A1、A2 类的施工，作业区域最少为一个站台或一个区间。

（2）作业区域同时包含正线、辅助线和车厂部分线路时（主要作业地点在正线），此类施工按 A 类计划申报，由调度票务部和车辆部同时审批。

（3）作业区域同时包含车厂线路和正线、辅助线的部分线路时（主要作业地点在车厂），此类施工按 B 类计划申报，由车辆部和调度票务部同时审批。

（4）作业区域包含出 / 入段线、出 / 入场线且不包含车厂线路，原则上需从车站进出；特殊情况需从车辆段、停车场进出人或工器具时，施工计划需经车辆部审核同意后，报调度票务部审批。

（5）施工内容同时涉及其他线路或影响其他线路管辖设备的作业，向主要作业地点所在线路申报计划。

（6）影响环控调度或电力调度管辖设备正常运行的施工作业，在申报施工计划时必须注明“作业前联系环调（电调）”。

（7）需要挂拆接地线的施工挂拆地线的时间纳入到作业的计划时间内。

（8）施工作业时间为 06:00 至次日 06:00 的施工，施工作业按照当日申报及统计。

五、施工作业令管理

《施工作业令》是在运营分公司管辖范围内进行施工请销点的重要凭证，已签发作业令的作业方可到车站、车厂、控制中心等地点办理施工请销点。

凡是编入周计划、日变更计划、临时抢修计划的施工，必须持有《施工作业令》方可进场作业。

（一）《施工作业令》的签发机构

各部门的《施工作业令》由各部门指定岗位根据施工计划审批结果签发；工程遗留问题

整改及外单位的《施工作业令》由各主办部门根据施工计划审批结果签发。

（二）《施工作业令》发放与存档

各部门根据本部门实际情况，自行制定相应的《施工作业令》签发、领取、存档规定。

（三）《施工作业令》填写内容与要求

（1）作业代码：是指此项施工作业在《施工行车通告》中施工计划作业代码（例如：1A1-01-01，其中第一个“1”指线别，“A1”指作业类型，中间的“01”指作业的日期，右边的“01”指当日该类别施工的序号）。日变更计划、临时抢修计划的作业代码与《施工行车通告》中的作业代码格式相同，最后2位数字顺延计划内的序号进行编号，抢修作业及临时点作业代码为临01～临99。

（2）作业令号：[年份]（签发部门）-（月份日期）-××号。其中：年份以四位数填写；“签发部门”是指运营分公司安全技术、调度票务、客运、车辆、设施设备等部门中选择填写；月份日期分别以两位数（合计四位数）填写；“××为当日该部门签发作业令的流水号，以阿拉伯数字顺序填写。例如：[2016]（车辆）-（1022）-01号。

（3）作业部门、作业内容、作业区域、作业人数、作业日期、作业时间等栏必须如实填写。

（4）安全防护措施：是指在进行该项施工作业时具体有什么安全措施能够保证该项施工作业安全程序、步骤、方法等。

（5）接触网供电安排：是指在进行该项施工作业时接触网是否停电，是否挂接地线等情况，在描述时应清晰、准确。

（6）配合部门、协作及其他：是指该项作业过程中需要分公司相关部门配合及其他注意事项。

（7）签发人：各部门指定人员依据审批的计划签发《施工作业令》，此栏应盖各部门施工专用章。

（8）主站、负责人、辅站及联络人：如一项作业有多组人从不同地点进入作业区域进行施工的，应分别如实填写主站及施工负责人，辅站及联络人，并由施工负责人负责按规定统一办理相关施工手续；如作业只有一组人员作业，则只需在主站、负责人栏如实填写。

（9）完成情况：指作业完成情况，包括销点情况、防护撤除情况等。此栏由施工负责人（或施工联络人）填写作业完成情况。

（10）请点、销点：施工负责人或施工联络人凭《施工作业令》到控制中心、车站、DCC等地点办理施工开始或结束的相关手续。

（四）《施工作业令》的使用

（1）《施工作业令》一经签发，如无特殊情况（如变更、抢修）不得随意更改，相关作业单位必须严格按照《施工作业令》作业。

（2）轨道公司各部门及长期委外单位可使用《施工作业令》原件或复印件（含传真件）请点，外单位请点必须使用《施工作业令》原件；辅站请点可使用作业令复印件（含传真件）。

（3）施工计划取消时，《施工作业令》自动作废并及时交回签发部门。

（4）因日变更计划对周计划造成影响，需对已签发的《施工作业令》进行调整、取消的，相关签发部门须收回原作业令，按日变更计划要求签发最新的作业令。

（5）因抢修等特殊情况对施工计划造成影响，需对已签发的施工计划进行调整、取消的，控制中心或DCC于作业开始前及时向相关部门的生产调度、车站通报调整、取消情况，并通报相关《施工作业令》的签发部门。

（6）已获审批签发的施工计划，除遇有危及人身及设备安全情况外，严禁擅自取消作业。

（7）已获审批签发的施工计划，如相关施工单位（人员）存在异议，由持异议人员立即向相关施工计划管理部门提出，若计划确实存在问题，则进行调整，否则作业计划仍须执行。

六、施工作业管理

（一）施工前的准备工作

（1）对维修、调试、施工等作业按性质、地点分别组织。A类作业须经行调批准方可进行。B类作业须经车辆段调度员同意方可进行，如影响正线行车须报行调批准。C类作业总部内部的施工项目经车站批准后方可施工，外部单位施工作业按《外单位工程施工作业管理流程》进行，经车站批准后方可施工。

（2）各施工单位及部门的施工、检查作业，应严格控制作业区范围及作业时间。外单位施工负责人（责任人）须在持有两证（安全合格证、临时出入证）后，方可在规定范围内进行施工（特殊情况除外）。

（3）施工人员进出站规定。施工负责人持作业令在规定施工开始时间前30min到达主站；施工责任人及维修人员在规定施工开始时间前15min到达辅站和相关车站；按规定程序办理施工作业手续。外单位的施工作业人员进出车站须提前与车站当班人员联系，并于关站前10min进站。特殊情况确需关站后进入的应事先与车站预约，车站根据预约的地点、时间，查验手续后开门放行。内部人员进出车站，按内部的作业规程和标准进行。

（二）施工请点

（1）属于A类的作业，施工负责人在作业令规定施工开始时间前30min到车站填写《车站施工登记表》请点，由车站报行调预请点。当施工条件达到后，行调通知车站，车站值班员传达允许施工的命令，请点生效，可以施工。

（2）属于A类作业，但需由多个车站进入施工的作业项目，施工负责人除到主站按“请点规定”办理手续外，还需核实辅站情况。辅站施工责任人在作业令规定施工开始时间前15min到达辅站办理登记手续，辅站值班员向主站值班员核实施工事项并请点。主站接到行车调度允许施工的命令后，传达给施工负责人及辅站，辅站值班员允许施工责任人开始该作业点的施工。

（3）属于B类的作业，施工负责人到车辆段调度员处请点，具体操作程序按各《车辆段运作手册》的规定办理，经车辆段调度员同意，便可施工（车辆段内进行影响正线行车的作业应经行车调度批准）。

（4）属于C类的作业，经批准后施工负责人到车站登记请点。

（5）如为外单位施工作业时，由指定的施工主办部门或主配合部门人员协助办理请点后，方可开始作业。

（6）在作业请点站（主站）请点，须持作业令原件，辅站登记可用作业令复印件（传真件）。

（7）如遇作业区域同时包含正线和车辆段线路时，施工部门到车辆段调度员处请点，车辆段调度员在审核批准该项施工作业后，还须向行车调员度请点，征得同意后，方可允许施工部门开始施工。

（三）施工销点

（1）A类作业，施工作业地点仅一个站的，施工负责人在施工区域出清完毕后，报车站，由车站向行车调度员销点。

（2）B、C类作业施工完毕后，施工负责人负责施工区域的出清后到车辆段/车站销点。

（3）当多站销点时，辅站施工责任人负责本段线路出清并报施工负责人后，在辅站销点；辅站值班员向主站值班员销点。施工负责人负责该项作业区域全部出清后，方可报主站值班员销点，主站值班员向行车调度员销点。

（4）需异地销点的施工作业，施工负责人（责任人）应在《车站施工登记表》备注栏中注明异地销点的地点、人数。登记进入施工的车站要及时通知异地销点的车站值班员。

（5）当施工作业只有一组人员进行作业，需异地销点的，销点的时间不得超过行车调度员批准的时间，作业结束后，施工负责人向销点站登记销点，销点站经与施工负责人核对销点的施工内容、施工人数、地点全部无误后，记录施工负责人有效证件、姓名、作业令号码、作业人数等，并向请点站核对无误后，准予销点，销点站负责向行车调度员报告销点。

（6）当施工作业有多组人员进行，需异地销点的，销点的时间不得超过行车调度员批准的时间，作业结束后，施工责任人负责本段线路出清并报施工负责人，在辅站销点，辅站值班员向在主站登记的销点站销点；施工负责人负责该项作业区域全部出清后统一向在主站登记的销点站登记销点，销点站经与施工负责人核对销点的施工内容、施工人数、地点全部无误后，记录施工负责人有效证件、姓名、作业令号码、作业人数等，并向请点站核对无误后，准予销点，并负责向行车调度员报告销点。

（四）接触网 / 轨停电挂地线的作业规定

（1）线路出清后，行车调度员通知电调停电。

（2）行车调度员接到电调已停电的通知后，向车站发布停电通知。

（3）接触网 / 轨检修人员到相关车站登记请点，车站向行车调度员请点。

（4）行车调度员批准车站请点。

（5）车站接到行车调度员的通知，即可批准接触网 / 轨检修人员开始施工。

（6）施工结束，接触网 / 轨检修施工负责人向车站销点，车站报告行车调度员销点。

（7）行车调度员确认可以送电，通知电调送电。

（8）电调根据行车调度员的要求送电。

（五）施工工程车开行

（1）执行《行车组织规则》的有关规定。

（2）在工程车出车辆段前，工程车司机要与行车调度员试验无线电的性能；工程车在运行中，司机和车长要加强与行车调度员联系（如联系不上时通过车站转达），掌握列车运行计划，确认进路。

（3）工程车在进站、出站、运行至曲线前，站内或区间动车前，均须鸣笛示警。

（4）行车调度员组织工程车正线运行时，应尽量避免分段行车；当前方施工作业未按时结束或因特殊情况须组织工程车分段运行时，行车调度员经车站通知工程车司机允许运行的起、止站，司机必须复诵。

（5）工程车在封锁区域内作业，原则上进路的道岔不能动，若因作业确需转动道岔时，应按调车办理。由施工负责人向车长提出，车长与车站联系动车计划，车站值班员方可操作道岔转动，并单独锁定该道岔后，方可通知车长动车。

（6）工程车在车站装卸物料时，物料必须整齐堆放稳固在距屏蔽门边缘 0.5m 以外的地方，并由车站负责检查、监控。

七、施工安全管理

每项属于 A 类、B 类、C 类作业需设立施工负责人，施工负责人须经过人力资源部组织（相关部门配合）培训后取得施工负责人证，并实行持证上岗制度。

（一）施工负责人职责

（1）负责作业人员、设备、安全的管理。

（2）负责办理请、销点手续。

（3）负责作业过程的组织指挥。

(4)负责及时与车站、车厂联系作业有关事项。

(5)负责组织设置、撤销作业安全防护设施(接触网停电及挂地线需告知电调)。

(6)负责出清作业区域、设备状态恢复正常。

(二)施工负责人任职条件

(1)熟知相关规章制度及有关规定。

(2)熟悉该项作业的性质、内容、方法、步骤、要求等。

(3)具备该项作业相关的安全知识和技能。

(4)经过人力资源部组织的培训并考试合格,发证。

(5)外单位施工负责人须持施工负责人证和《施工作业令》,方可在地铁范围内进行施工(特殊情况除外)。

(6)施工申报人持施工负责人证,方可有资格申报地铁施工。

(三)施工防护

(1)施工作业防护执行谁设置、谁撤除的原则。

(2)红闪灯设置人员应定期检查红闪灯的状态,确保状态良好。

(3)作业人员包括所持的机具、材料、零部件等与接触网之间必须保证1m以上的安全距离,否则接触网必须停电挂地线防护。

(4)工程车及调试列车作业时,施工负责人须在作业区域两端对应的轨道中央道床上各放置两盏红闪灯防护。批准请点后,施工负责人/联络人设置红闪灯防护,施工结束后,施工负责人/联络人撤除红闪灯。下列情况除外:

①行车调度员组织出/回厂列车、列车转线组织时,运行线路两端可不需要设置红闪灯。

②工程车或调试列车作业的区域,如一端属于尽头线时,不需在尽头线端处设置红闪灯。

③全线开行工程车或调试列车作业时,不需在作业区域两端设置红闪灯防护。

(5)非开车作业时,施工负责人原则上不需在作业区域两端设置红闪灯防护。若因作业需要确实需设置防护的,施工负责人可在作业地点附近设置红闪灯防护,但红闪灯摆放位置不得超出施工作业令中批准的作业区域,且施工结束时必须撤除。

(6)涉及开车作业区域两端的车站值班人员需到站台检查红闪灯是否按规定摆放,并监督红闪灯状态是否良好。

(7)车厂内的设备检修施工和防护的有关规定按车厂相关规定执行。

(8)施工作业时除严格执行以上规定及分公司相关安全防护规定外,还需按施工部门的有关施工操作程序的防护规定执行。

(9)凡在运营时间内进行作业的,必须做好防护措施,确保地铁乘客的安全,最大限度减少对乘客的影响。

(10)在施工作业期间需转换道岔时,必须做好现场安全防护,作业部门或单位需在被操作的道岔现场设置防护人员，确认所有作业人员撤离到安全地点时，方可通知车控室等远程操作道岔的人员转换道岔。

（四）施工安全

（1）人、工程车在同一区域作业时（仅限于同一项作业），由施工负责人与车长根据现场情况协调。

（2）按施工前进方向，列车在前，人员在后，原则上不得颠倒或列车运行前后皆有作业。

（3）非随车施工人员与列车应有 50m 以上的安全间隔距离，原则上列车不得随便后退，如有需要动车时须施工负责人和车长协商后才能动车，确保人身安全。

（4）作业人员可在自己现场作业区来车方向设置一盏红闪灯防护。

（5）在相邻没有隔离的线路上施工作业时，施工人员须注意邻线列车动态，作业人员、工器具等不得侵入邻线限界。

（6）开行工程车、调试列车时防护区域的有关规定。

①组织工程车或调试列车运行时，在工程车或调试车运行的到达站前方必须保证至少有一个区间空闲作为防护区域，终点站或尽头线除外。

②在开行工程车或调试车进行作业的作业区域两端必须保证至少有一个区间空闲作为防护区域，当防护区域不满足要求时除外，例如：作业区域一端为终点站或紧邻终点站时。

③开行列车区域的两端的防护区域原则上不安排施工作业。

（7）如需接触网停 / 带电时，列车运行的到达站前方必须保证至少一个区间接触网停 / 带电（如调试列车作业区域含出 / 入段线、出 / 入场线时，控制中心需与 DCC 做好联控）。

（8）凡进入线路施工的施工作业人员必须按要求穿荧光衣、戴安全帽，并根据作业性质及作业要求使用其他安全防护用品。

（9）施工作业过程中如要进行动火作业，必须按照《消防安全管理办法》办理动火令及作业，严禁在无动火令的情况下进行动火作业。

（10）外单位施工由施工负责人负责安全管理。

（11）各施工单位、部门在申报施工计划时应严格按照运营分公司的相关规定，结合施工作业过程中的实际情况，提出安全防护要求和配合要求。在施工作业过程中，施工单位、部门应严格遵守以上安全规定和施工进场作业令中的要求。

（五）施工作业中车站人员、配合部门人员的职责

1. 车站人员的职责

（1）负责查验施工作业人员和施工负责人的相关证件。

（2）负责办理施工作业登记请点和销点手续。

（3）负责监督检查施工负责人设置和撤销作业的施工防护。

（4）负责监督车站施工作业安全。

(5)负责与施工负责人/联络人、配合人员确认施工区域线路出清。

2. 配合部门人员的职责

(1)协助外单位办理施工请销点,检查外单位人员施工防护、劳动保护情况。

(2)负责清点外单位进出作业区域的施工作业人员。

(3)负责监督外单位的施工作业安全。

(4)负责检查外单位人员、物品(工器具、材料、施工垃圾等)出清线路,并向车站反馈。

(5)检查、确认施工所动用的运营设备恢复到正常使用状态且已加固不会侵入行车限界,并向车站反馈。

(6)检查监督所配合作业的外单位人员的保卫综治问题(盗窃、抽烟等)。

(7)配合分公司内部作业时,向施工负责人提供相关的技术支持,负责操作所管辖范围内的设备(如配合挂拆地线等)。

(8)长期委外单位施工及不影响行车和现运营设备的工程遗留问题整改及尾工,可不安排配合人员,由该作业的施工负责人承担上述职责。

八、施工时间的安排

(一)施工开始时间安排

原则上运营结束,列车全部回厂后,控制中心根据当日施工计划安排,确认施工条件满足后,统一受理车站施工请点手续。

(二)施工结束时间安排

非开车作业且作业区域无列车回厂经过施工结束时间为首列车开出前1h。

开车作业、或非开车作业但作业区域有列车回厂经过施工结束时间为首列车开出前1.5h。

所有运营列车全部回厂后,由车站根据施工计划,判断条件满足后向行车调度员请点。

(三)车厂内施工时间的安排

车厂内施工时间安排严格按照施工计划的要求执行,车厂调度应根据当日施工计划提前做好线路空闲、车辆和司机配合准备。

如车厂内施工与车辆检修计划时间有冲突时,由车厂调度联系相关主办作业部门协调处理。

(四)延迟销点的规定

各施工部门、单位原则上必须按施工计划规定的结束时间完成施工作业及施工区域出清, B、C类施工因故需要延长作业时间时,施工负责人于批准的作业结束时间前30min向

车站 / 厂口头提出，车站 / 厂批准后方可执行；A 类施工因故需要延长作业时间时，由施工负责人于批准的作业结束时间前 30min 向车站 / 厂口头提出，由车站 / 厂向行车调度员申请延点，批准后方可执行，且延点不得超过 15min，若需延点 15min 以上，原则上须按照抢修作业办理，具体规定如下：

（1）若按抢修作业办理的施工区域与原施工计划作业区域一致，则施工负责人可在得到调度人员同意后继续在原区域作业，但需在抢修结束后返回车站 / 厂对该抢修作业补请、销点手续，控制中心需将情况在《运营日报》上反映。

（2）若按抢修作业办理的施工区域与原施工计划作业区域不一致，则施工负责人需告知车站 / 厂实际抢修所需实际区域，确保除抢修区域外的施工区域已出清且设备正常，得到调度人员批准后方可施工，抢修结束后返回车站 / 厂对该抢修作业补请、销点手续，控制中心需将情况在《运营日报》上反映。

九、运营时间内特殊情况的施工规定

（一）正线、辅助线发生各类设备故障或事故需封锁区间抢修的规定

1. 抢修程序

（1）由行车调度员负责组织故障情况下的行车，根据维修调度要求组织相关问题的处理。

（2）行车调度员向有关车站发布封锁线路的命令，需要时通知电调停电。

（3）维修调度得到行车调度员的封锁命令号码、范围和时间后，负责组织封锁区间内的设备抢修工作，并指定 1 名施工负责人为现场指挥。

（4）抢修完毕，现场指挥确认线路出清后报维修调度，维修调度在“值班主任事故 / 事件处理记录表”上签认恢复行车时间，该封锁区间交回行车调度员解封、组织列车运行。

（5）列车或车辆在线路上的起复救援工作按《突发事件应急处理办法》等有关规定执行。

2. 进入封锁区间的要求

抢修、救援人员进出已交由维修调度控制、封锁的区间，应使用无线电话（如无法联络时经车站）向维修调度申请，得到维修调度批准后进入封锁的区间。

3. 车辆在线上的起复救援工作

完成该工作所需要的信息，由分管的电调、环调或维修调度向值班主任提供，包括：

（1）影响范围、预计处理（开通）所需时间。

（2）变更的运行模式（指系统设备），如越区、单边供电，借用相邻备等。

（3）处理进展情况。

（4）达到开通条件（轨道、供电）时的报告。

4. 设备故障或事故处理时，线路出清的确定

（1）根据现场情况，由行车调度员组织行车，由事故处理主任负责现场抢救工作。

（2）故障、事故处理完毕，由现场指挥报维修调度、检修调度或车辆段调度员线路开通；遇车辆在正线上起复救援时，由现场总指挥确认可以行车后，事故处理主任报告行车调度员开通线路。

（二）正线、辅助线发生各类设备故障需短时间进行临时抢修的规定

1. 进入隧道前的规定

进入隧道前，须先到车站办理有关手续，在得到行车调度员批准并落实安全防护措施后，方可进入。

2. 运营时间进入区间隧道抢修行车设备的规定

（1）须搭乘客车到区间隧道抢修行车设备时，应经值班主任批准。

（2）由维修调度组织好抢修人员在车站等候，按行车调度员指定的车次上车（行车调度员通知所有列车司机和相关车站）。

（3）抢修人员登乘司机室，通知司机在故障点前停车，从司机室门下车进入轨道 / 疏散平台，尽快进入水泵房安全地带后，用手信号灯白色灯光作圆形转动（表示已到安全地点），通知司机继续运行。

（4）进入司机室的抢修人员，不得影响司机的工作，并以 2 人为限。如果超过 2 人时，其余人员到客室乘车，下车时通过司机室门进入轨道 / 疏散平台。

（5）未经行车调度员同意，在水泵房的抢修人员只能在水泵房内作业，严禁进入行车限界，影响行车及人身安全。

（6）须从区间内返回车站时，维修人员使用无线电话向维修调度申请，维修调度与行车调度员协商后，分别通知抢修人员和列车司机。抢修人员使用手信号红色灯光给停车信号，指示司机停车，并打开驾驶室车门让检修人员上车。

（三）车站或线路两旁发生设备故障或事故时的处理规定

在车站或线路两旁发生设备故障或事故，但不影响到列车正常运行时，由维修调度统筹处理。

（四）车辆段内发生各类设备故障或事故时的处理规定

（1）由车辆段调度员负责封锁相关线路。

（2）如为行车事故，由车辆段调度员统筹组织处理，检修调度、维修调度配合。

（3）属车辆部管辖设备故障，由检修调度统筹组织处理，并指定 1 名专业人员为现场指挥。

（4）属设备部门管辖的设备故障，由维修调度统筹处理，并指定 1 名相关专业人员为现场指挥。

第二篇 实　务　篇

第四章　行车组织

岗位应知应会

1. 了解岗位各种作业流程。
2. 熟悉接发车及调车的作业程序和联控用语。

重难点

1. 按作业流程掌握收发车、调车作业基本操作。
2. 压信号调车作业。

车厂行车作业以接发列车作业为优先，其他作业不得影响列车进出车厂。车厂内调车作业原则上不得越出厂界，特殊情况下需要越出厂界需征得行车调度员同意。行车有关人员应严格执行相关规定，规范列车联控用语，列车进出厂和厂内调车、调试的联控用语。信号值班员必须严格按照列车开行计划、《运营时刻表》的要求和车厂调度员的命令，正确及时地准备接发列车进路。

第一节　交接班作业流程

一、信号楼交接班流程

信号楼交接班流程如图4-1所示。

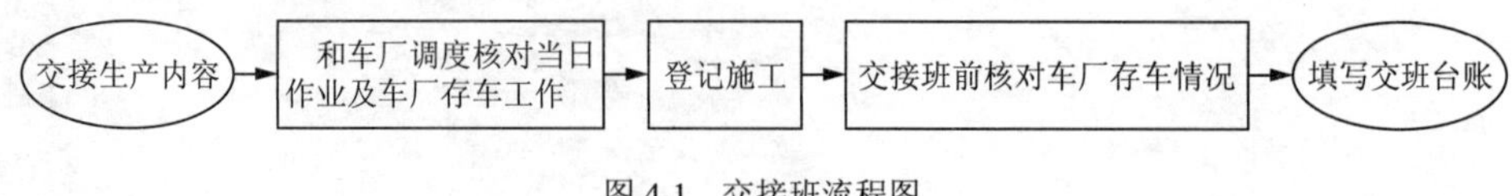

图4-1　交接班流程图

二、信号楼交接班内容

信号楼交接班内容见表4-1。

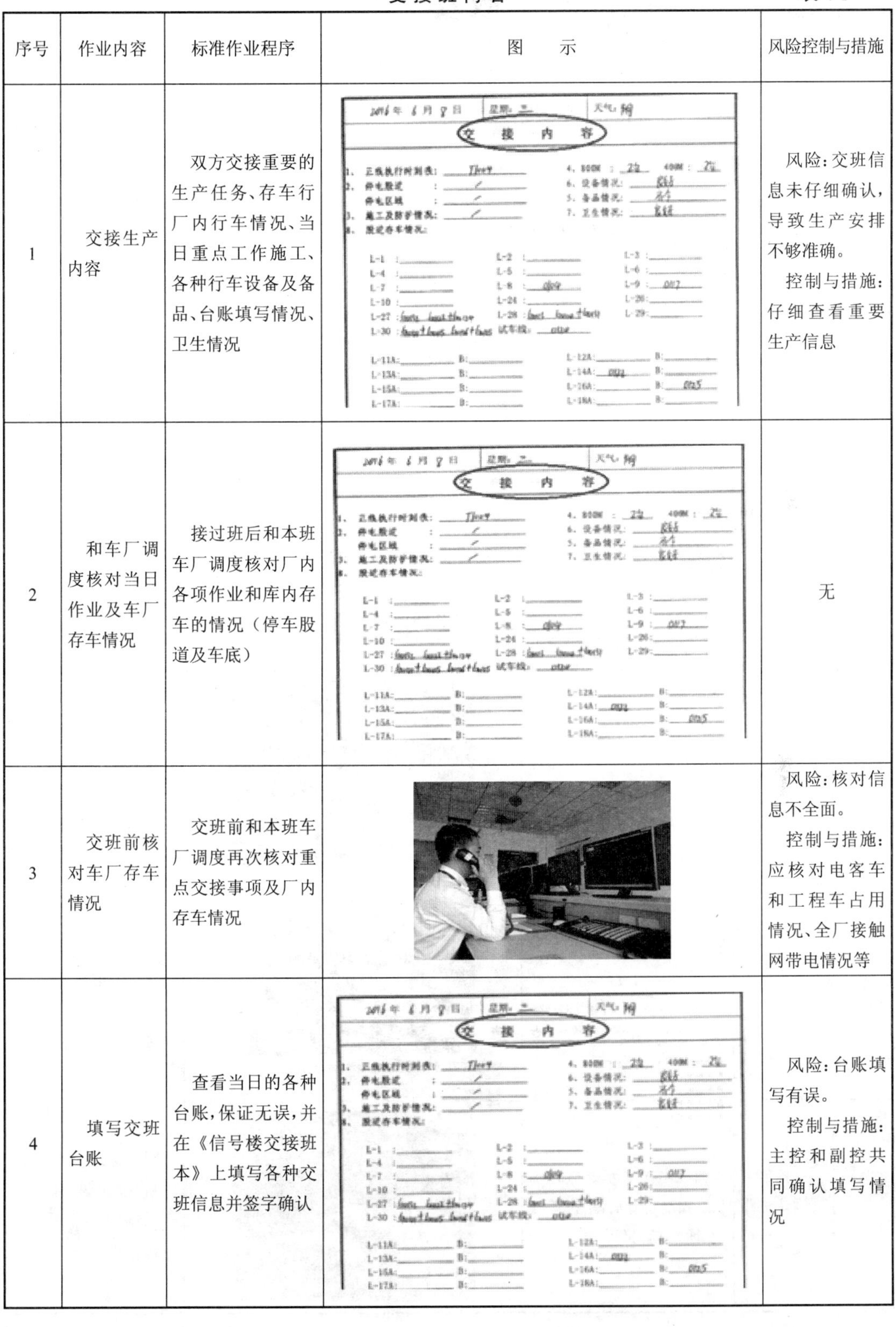

交接班内容 表 4-1

序号	作业内容	标准作业程序	图示	风险控制与措施
1	交接生产内容	双方交接重要的生产任务、存车行厂内行车情况、当日重点工作施工、各种行车设备及备品、台账填写情况、卫生情况		风险：交班信息未仔细确认，导致生产安排不够准确。 控制与措施：仔细查看重要生产信息
2	和车厂调度核对当日作业及车厂存车情况	接过班后和本班车厂调度核对厂内各项作业和库内存车的情况（停车股道及车底）		无
3	交班前核对车厂存车情况	交班前和本班车厂调度再次核对重点交接事项及厂内存车情况		风险：核对信息不全面。 控制与措施：应核对电客车和工程车占用情况、全厂接触网带电情况等
4	填写交班台账	查看当日的各种台账，保证无误，并在《信号楼交接班本》上填写各种交班信息并签字确认		风险：台账填写有误。 控制与措施：主控和副控共同确认填写情况

第二节　收发车作业流程

列车进出厂时，由信号楼值班员按《车厂每日收发车计划单》排列好车厂收发车进路，开放进出厂信号机。

一、进路排列作业标准流程图

进路排列作业标准流程如图 4-2 所示。

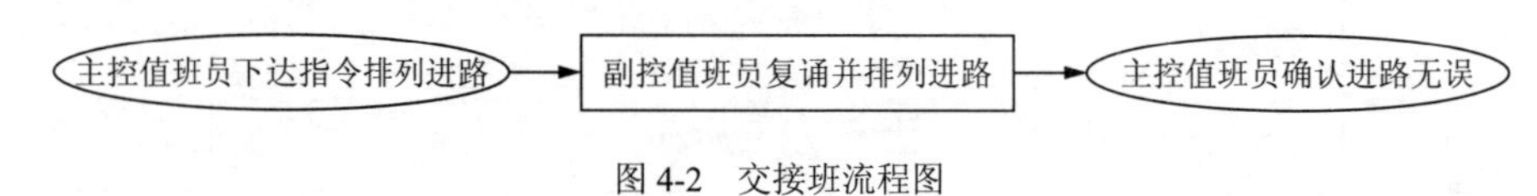

图 4-2　交接班流程图

二、进路排列作业内容

进路排列作业内容见表 4-2。

进路排列作业内容　　表 4-2

序号	作业内容	标准作业程序	图　示	风险控制与措施
1	主控值班员下达指令排列进路	下达命令时手指主控微机联锁显示器的进路始端，并按进路走向指至进路终端，查看进路上是否有施工封锁区域。 口呼：×× 道至 ×× 道		风险控制：主控下达指令不准确；手指口呼未执行标准化。 措施：主控下达指令时应言简意赅；应严格按照标准化进行执行
2	副控值班员复诵并排列进路	监视副控微机联锁显示器，复诵：×× 道至 ×× 道，开始排列进路。 进路准备好后鼠标由终端确认到始端，口呼：×× 道至 ×× 道信号好		风险控制：手指口呼未执行标准化。 措施：严格按照标准化进行执行
3	主控值班员确认进路无误	监视主控显示器检查确认进路准备好后，手指口呼（复诵）：信号好		风险控制：手指口呼未执行标准化。 措施：严格按照标准化进行执行

三、收发车作业程序

收发车作业程序如图 4-3 所示。

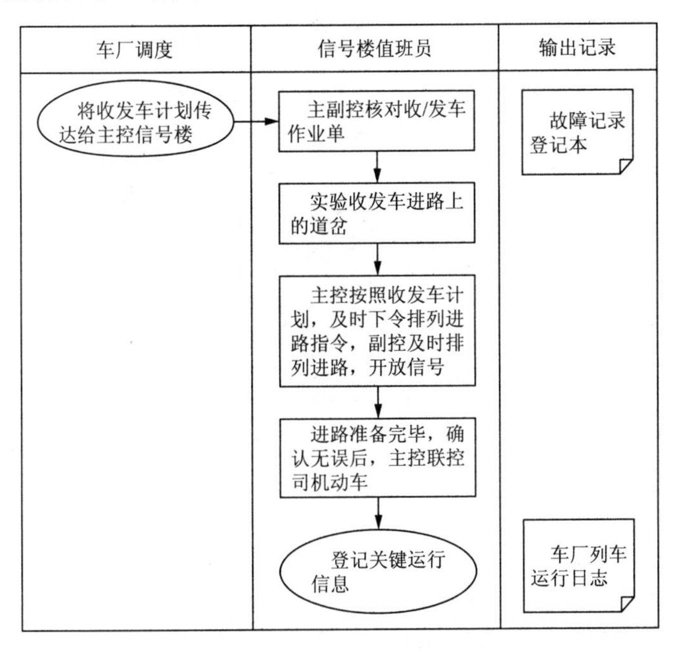

图 4-3　收发车作业流程图

四、收发车作业内容

收发车作业内容见表 4-3。

收发车作业内容　　表 4-3

序号	作业内容	标准作业程序	图　示	风险控制与措施
1	核对收/发车作业单	核对当日列车运营时刻表、车辆部周生产计划、停电施工区域、收发股道、车底车次是否和作业单一致		风险控制：未仔细核对收发车计划，导致列车错接股道或错发列车。 措施：主副控严格审核收发车计划，并与车厂调度做好沟通
2	实验收发车进路上的道岔	提前 0.5h 实验进路上的道岔是否良好，信号机是否可以正常开放		风险控制：手指口呼未执行标准化。 措施：严格按照标准化进行执行

续上表

序号	作业内容	标准作业程序	图示	风险控制与措施
3	及时排列进路、开放信号	回厂列车到达转换轨、出厂列车到出库时间点后及时按照作业单排列进路		风险控制：手指口呼未执行标准化。 措施：严格按照标准化进行执行
4	联控司机动车	双人确认进路正确无误后，联控司机动车，动车后密切监视微机联锁设备的状态		风险与控制：未及时发现微机联锁设备异常现象。 措施：主控和副控共同监视微机联锁设备状态

五、列车进出车厂联控用语

列车进出车厂联控用语见表4-4。

列车进出车厂联控用语 表4-4

序号	呼唤时机	联控用语		备注
		呼唤者	应答者	
1	列车开始整备作业	司机：信号楼××车×道×段整备作业	信号楼值班员：××车×道×段整备作业信号楼明白	
2	列车整备完毕准备出库时	司机：××车×道×段整备作业完毕	信号楼值班员：××车×道×段整备作业完毕，信号楼明白/×道×段至出厂信号机××信号好，××车司机确认安全后凭地面信号显示动车	
			司机：××车×道至出厂信号机××信号好，司机确认安全后凭地面信号显示动车，司机明白	
			信号楼值班员：××车×道×段原地待令	股道信号未能开放
			司机：××车×道×段原地待令，司机明白	
3	回厂列车进入转换轨时（车载台转为车厂模式）	司机：信号楼××车在转换轨×道停稳	信号楼值班员：××车在转换轨×道停稳，信号楼明白/转换轨×道至×道×段入厂信号好，××车司机确认安全后凭地面信号显示动车	
			司机：转换轨×道至×道×段入厂信号好，××车司机确认安全后凭地面信号显示动车，司机明白	
			司机：信号楼××车在×信号机前停稳并换端完毕	列车回厂需进洗车库洗车
			信号楼值班员：××车在×信号机前停稳并换端完毕，信号楼明白。/×道至×道调车信号白灯好，××车凭地面信号及洗车信号显示洗车	
			司机：×道至×道调车信号白灯好，××车凭地面信号及洗车信号显示洗车，司机明白	

续上表

<table>
<tr><th rowspan="2">序号</th><th rowspan="2">呼唤时机</th><th colspan="2">联控用语</th><th rowspan="2">备注</th></tr>
<tr><th>呼唤者</th><th>应答者</th></tr>
<tr><td rowspan="6">3</td><td rowspan="6">回厂列车进入转换轨时(车载台转为车厂模式)</td><td rowspan="6">司机:信号楼××车在转换轨×道停稳</td><td>司机:信号楼,××车在×道停稳并换端完毕</td><td rowspan="3">洗车完毕后回库</td></tr>
<tr><td>信号楼值班员:××车在×道停稳并换端完毕,信号楼明白。/×道至×道调车信号好,××车司机确认安全后凭地面信号显示动车</td></tr>
<tr><td>司机:×道至×道调车信号好,××车司机确认安全后凭地面信号显示动车,司机明白</td></tr>
<tr><td>司机:××车×信号机前停稳,信号机显示红灯/蓝灯/灭灯</td><td rowspan="3">需越过关闭,红(蓝)灯时</td></tr>
<tr><td>信号楼值班员:信号楼同意××车越过×信号机红灯/蓝灯/灭灯进入×道(×段)</td></tr>
<tr><td>司机:信号楼同意××车越过×信号机进入×道(×段),司机明白</td></tr>
<tr><td>4</td><td>列车停稳</td><td>司机:信号楼××车在×道(×段)停稳。</td><td>信号楼值班员:××车在×道(×段)停稳,信号楼明白</td><td>列车在指定股道停稳后汇报</td></tr>
<tr><td colspan="5">说明:1. 正常情况下,回厂列车在转换轨将车载电台转换至车厂模式,与信号楼取得联系;
2. 列车回厂由司机先呼信号楼,特殊情况信号楼也可以主动呼叫司机</td></tr>
</table>

第三节 调车作业流程

一、调车作业流程

调车作业流程如图4-4所示。

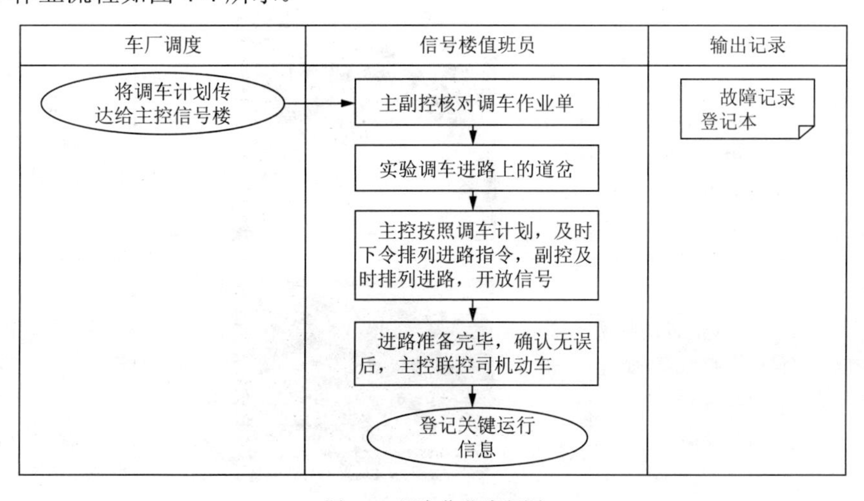

图4-4 调车作业流程图

二、调车作业内容

调车作业内容见表4-5。

调车作业内容　　表4-5

序号	作业内容	标准作业程序	图　示	风险控制与措施
1	核对调车计划	接到车厂调度的调车作业单后，核对计划，并复诵	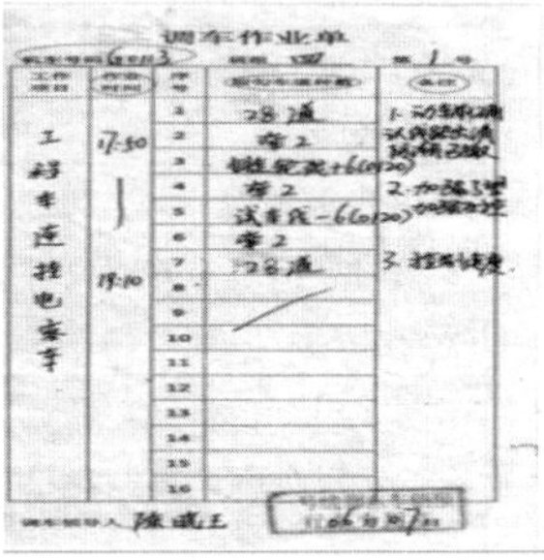	风险控制：未仔细与车厂调度核对调车计划单。 措施：及时与车厂调度核对调车计划单
2	查看施工作业	查看调车进路上有无影响行车的施工	 郑州市轨道交通有限公司运营分公司 施工行车通告 （第37期） 2015年11月09日~11月15日　签发人：	风险与控制：未提醒相关施工及时出清。 措施：待施工联络人回复出清后再排列进路
3	排列调车进路	按照调车作业单排列调车进路		风险控制：手指口呼未执行标准化。 措施：严格按照标准化进行执行
4	联控司机动车	进路准备好以后，联控司机：“××车司机，××道至××道调车进路准备好确认安全后凭地面信号动车”		风险与控制：联络用语不标准。 措施：严格执行标准化作业程序
5	监控微机联锁设备	不间断的监视微机联锁，如有异常及时命令司机停车	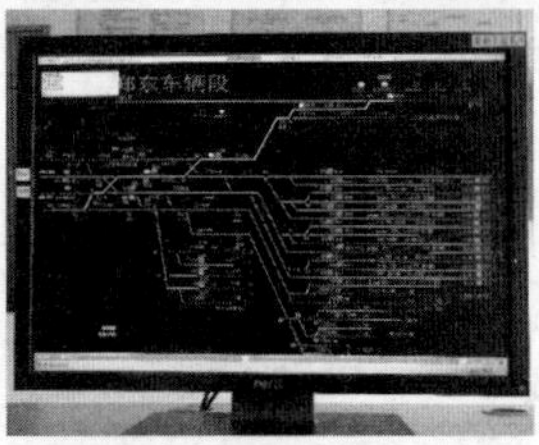	风险与控制：未及时发现微机联锁设备异常现象。 措施：主控和副控共同监视微机联锁设备状态

三、压信号调车

1. 压信号调车流程。

压信号调车流程如图 4-5 所示。

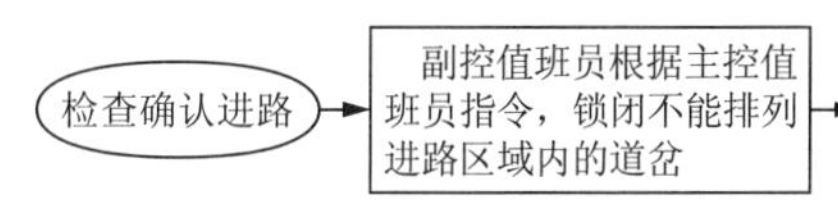

图 4-5　压信号调车流程图

2. 压信号调车内容。

压信号调车内容见表 4-6。

压信号调车内容　　　　表 4-6

序号	作业内容	标准作业程序	图　示	风险控制与措施
1	检查确认进路	信号楼值班员在计算机显示屏上检查确认进路，严格执行手指口呼		风险控制：手指口呼未执行标准化。 措施：严格按照标准化进行执行
2	锁闭道岔	不能排列进路的区段内的道岔应实施单独锁闭		风险控制：主控下达指令不准确；手指口呼未执行标准化。 措施：主控下达指令时应言简意赅；应严格按照标准化进行执行
3	排列进路	对能排列进路的区段应重新排列进路并开放相关信号		风险控制：手指口呼未执行标准化。 措施：严格按照标准化进行执行
4	检查进路	整条进路准备完毕，必须接通光带检查，确认无误		风险与控制：未接通光带确认进路无误。 措施：主控和副控做好互控，及时进行光带确认
5	联控司机动车	确认进路正确后呼叫司机："××车，××道至××道进路好，同意压信号调车"，并确定司机复诵无误		风险与控制：联络用语不标准。 措施：严格执行标准化作业程序

四、调车作业联控用语

调车作业联控用语见表4-7。

调车作业联控用语 表4-7

序号	呼唤时机	联控用语		备注
		呼唤者	应答者	
1	开始整备	司机：信号楼，××车，×道(×段)整备作业	信号楼值班员：××车，×道(×段)整备作业，信号楼明白	
2	整备完毕	司机：信号楼××车×道(×段)整备作业完毕	信号楼值班员：××车×道（×段）至×道信号好(确认安全后凭地面信号显示动车)	信号已开放
			司机：××车×道(×段)至×道信号好，(确认安全后凭地面信号显示动车)司机明白	
			信号楼值班员：××车，×道(×段)原地待令	信号未开放
			司机：××车，×道(×段)原地待令，司机明白	
3	司机换端后	司机：信号楼××车×道换端完毕	信号楼值班员：××车×道（×段）至×道（×段)信号好(确认安全后凭地面信号显示动车)	
			司机：××车×道(×段)至×道(×段)信号好，(确认安全后凭地面信号显示动车)司机明白	
4	调车作业需要越过，关闭红、蓝灯时	司机：信号楼××车在×信号机前停稳，信号机显示红灯/蓝灯/灭灯	信号楼值班员：信号楼允许××车越过×信号机红灯/蓝灯/灭灯进入×道(×段)	信号故障或不能显示
			司机：车辆段/停车场信号楼允许××车越过×信号机红灯/蓝灯/灭灯进入×道(×段)	
			司机：试车线已封锁，××车司机凭调试负责人指令动车，司机明白	
5	在封锁线路作业完毕请求动车时	司机：信号楼××车×道(×段)作业完毕	信号楼值班员：××车×道（×段）作业完毕信号楼明白（确认机车车辆停放位置后开放相应信号)。×道已解封，××车×道(×段)至×道(×段)调车信号好，(确认安全后凭地面信号显示动车)	
			司机：×道已解封，××车×道(×段)至×道(×段)调车信号好，(确认安全后凭地面信号显示动车，)司机明白	
6	取消调车进路	信号楼值班员：××车，取消×道(×段)调车进路，司机原地待令	司机：××车，取消×道(×段)调车进路，原地待令，司机明白	必须确认车列尚未启动或已停妥，并得到司机应答后，方可取消调车进路
7	压信号调车	司机：信号楼××车在××道(×段)作业完毕，请求压信号调车	信号楼值班员：××车××道（×段）至××道(×段)进路好，同意压信号调车	
			司机：××车××道(×段)至××道(×段)进路好，同意压信号调车，司机明白	

【复习与思考】

车厂压信号调车的作业标准。

第五章　施工作业

岗位应知应会

1. 了解施工及停送电防护作业流程。
2. 熟悉施工及停送电作业内容。

重难点

施工及停送电作业流程按步骤执行。

第一节　施工作业流程

（1）信号楼当值人员接班后应首先查看当天的施工作业计划、日变更计划和车辆部周生产计划。

（2）将当天的施工计划记录到《信号楼施工登记本》内，对当天的施工计划提前做好预想。

（3）施工作业防护人员到达信号楼后，应向车厂调度告知此情况。

（4）接到车厂调度通知，同意施工请点后，应与车厂调度认真核对计划并在《信号楼施工登记本》内做好记录，然后根据作业计划在控制台上做好防护。

（5）在施工人员作业期间，当值人员应密切注意控制台上施工区域信号设备的状态，做好与施工防护人员的配合。

（6）需要经过施工区域进行车调度员车时，应首先确认该施工没有涉及接触网停电作业，然后让施工防护人员通知室外施工人员恢复设备的正常状态，出清作业区域，信号楼与施工防护人员共同确认设备试验良好后，进行车调度员车作业。

（7）施工作业完成后，当值人员应会同施工防护人员对施工涉及的设备进行试验，确认设备试验良好后，报告车厂调度。

（8）接到车厂调度施工销点的通知后，确认无误后在《信号楼施工登记本》内做好记录，撤除控制台上对该施工设置的防护。

（9）施工防护流程如图 5-1 所示。

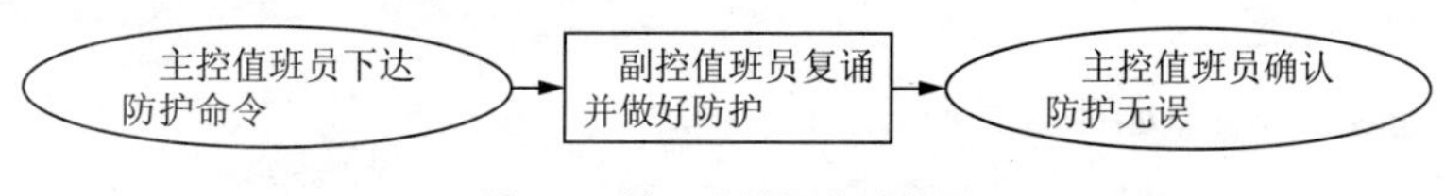

图 5-1　施工防护操作流程图

（10）施工防护内容见表 5-1。

施工防护内容表　　表 5-1

序号	作业内容	标准作业程序	图　示	风险控制与措施
1	主控值班员下达防护指令	手指主控微机联锁显示器上需操作的道岔或者信号机，手指口呼： ××道岔：定/反操；单锁；封闭/解封； ××信号机：加封/解封		风险控制：主控下达指令不准确；手指口呼未执行标准化。 措施：主控下达指令时应言简意赅；应严格按照标准化进行执行
2	副控值班员复诵并做防护	口呼（复诵）： ××道岔：定/反操；单锁；封闭/解封； ××信号机：加封/解封 在微机联锁上开始操作		风险控制：手指口呼未执行标准化。 措施：严格按照标准化进行执行
3	主控值班员确认防护无误	手指口呼（复诵）： ××道岔：已定/反操；已单锁；已封闭/解封； ××信号机：已加封/解封		风险控制：手指口呼未执行标准化。 措施：严格按照标准化进行执行

第二节　停电防护流程

一、停送电防护作业流程

停送电防护作业流程如图 5-2 所示。

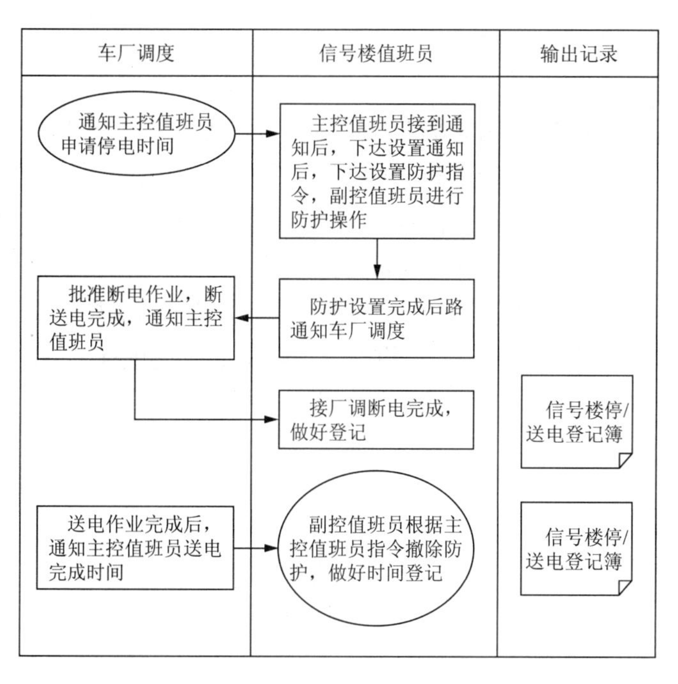

图 5-2　停送电防护作业流程图

二、停送电防护内容

停送电防护内容见表5-2。

停送电防护内容表　　表5-2

序号	作业内容	标准作业程序	图　示	风险控制与措施
1	接车厂调度通知申请停电，进行防护操作	接到车厂调度申请停电通知后，核对好施工计划，做好登记、做好防护预想，按照标准设置防护		风险控制：主控下达指令不准确；手指口呼未执行标准化。 措施：主控下达指令时应言简意赅；应严格按照标准化进行执行
2	接车厂调度通知停电完成，做好登记	接到车厂调度停电通知，做好时间登记		风险控制：未及时进行登记。 措施：主控和副控加强互控，及时登记相关时间点
3	接车厂调度送电完成，做好登记，撤除防护	接到车厂调度送电通知后，做好登记，核对施工情况，（如有施工作业时联系防护人员）确认安全后即可撤除防护		风险控制：主控下达指令不准确；手指口呼未执行标准化。 措施：主控下达指令时应言简意赅；应严格按照标准化进行执行

三、停送电防护注意事项

（1）防止停电区域错、漏防护：接到车厂调度停电的通知以后，两名信号楼值班员共同确认停电区域的安全防护，并在停送电登记本上做好登记。

（2）防止因调车、配合施工作业撤除防护后忘记补设防护，当一次调车计划结束后，必须重新检查停电防护设置的情况，确认无误后，方可开始下一批次调车作业。

（3）防止错解封防护。接收撤除防护指令时，信号楼值班员认真核对，在接触网停送电登记本上做好记录。在两条或以上相邻的已设置停电防护的股道进行某条股道单独撤防护时，信号楼两名值班员应同时确认操作股道的正确性。

【复习与思考】

1. 停电作业时如何防护？

2. 停电时需在停送电登记本上登记哪些内容。

第六章　岗位危险源

岗位应知应会

1. 了解岗位存在的危险源。
2. 熟悉相关危险源的控制措施。

重难点

牢记岗位相关危险源及控制措施。

信号楼值班员岗位主要从事车厂列车的收发车作业和调车作业、做好施工作业的防护及配合工作，岗位涉及的风险点较多，安全知识涉及面较广，主要包括通用安全、消防安全、交通安全、岗位安全等，本章将主要讲解信号楼值班员岗位涉及的岗位危险源和安全控制措施。

第一节　行车类危险源

一、编制调车作业计划或接发列车作业计划时，未确认进路上接触网的供电状态

1. 风险描述

升弓运行的电客车进入无电区或无网区，造成车辆设备损坏，影响正常运营。

2. 控制措施

（1）严格按照调车作业计划编制标准和收发车计划编制标准执行。

（2）编制计划前认真确认列车走行进路有无接触网或接触网带电状态。

（3）DCC 值班主任认真审核计划，信号楼值班员接到计划后及时进行核对，确认无误。

二、洗车作业时对洗车信号机确认不到位

1. 风险描述

易造成司机冒进信号，损坏洗车机。

2. 控制措施

（1）进路排列好后，必须确认相关信号机开放。

（2）整条洗车进路准备妥当确认进路上信号均正常开放方可通知司机动车。

（3）严格执行眼看、手指、口呼制度，主副控之间要做好互控。

三、行车作业联控时与司机联系不彻底

1. 风险描述

信息传达出现错误，易造成行车事故。

2. 控制措施

（1）严格按照标准联控用语与司机联系。

（2）司机重复联控用语要确认复诵正确。

（3）认真核对，严禁臆测行车。

四、压信号调车时未接通光带检查进路正确

1. 风险描述

进路准备错误、造成列车冲突挤岔。

2. 控制措施

（1）严格按照压信号调车作业标准进行作业。

（2）压信号调车进路准备完毕后必须接通光带检查，确认进路正确后方可知司机动车。

五、试车线调车作业时未确认镟轮线列车状态

1. 风险描述

存在列车侧面冲突的风险。

2. 控制措施

（1）信号楼收到调车单后应与车厂调度确认镟轮线列车状态。

（2）信号楼对车厂调度布置的作业计划应认真核对确认，做好管控。

（3）信号楼主副控之间应做好互控。

六、调车作业影响车厂接发列车作业

1. 风险描述

造成列车不能及时出入场，影响正线运营。

2. 控制措施

（1）在收发车前 15min 停止车厂内影响收发车的调车作业。

（2）车厂内以接发车作业优先。

（3）信号楼做好把控，在收发车期间提醒车厂调度不应安排调车作业。

七、准备进路前未确认有关线路的空闲情况、接触网的供电状态

1. 风险描述

造成列车进入施工区域或无电区。

2. 控制措施

（1）信号楼接收到计划单后应核对列车运行径进路上线路的空闲情况、接触网的供电状态。

（2）信号楼与车厂调度之间、信号楼主副控之间要做到互相把控，核对确认计划无误。

八、列车停留在无轨道电路的股道，信号楼未及时做好相关防护

1. 风险描述

对车厂存车情况不了解，向占用线路进入列车。

2. 控制措施

（1）列车停留在无轨道电路的股道时，信号楼应及时做好相关防护。

（2）交接班时应重点交接车厂存车情况。

九、有行车作业时，未认真执行“不间断监控机车车辆的移动轨迹”

1. 风险描述

异常情况不能及时发现，造成行车事故。

2. 控制措施

（1）信号楼在作业时，应认真执行“不间断监控机车车辆的移动轨迹”，

（2）列车运行过程中发生异常情况时要立即通知司机停车，做好相关防护后报告车厂调度。

十、调车作业过程中,未认真执行干一勾划一勾

1. 风险描述

调车作业过程混乱,易造成错排进路、错误联控。

2. 控制措施

(1)调车作业过程中,信号楼应认真执行干一勾划一勾。

(2)掌握调车车辆的运行动态,及时在调车单上划掉相应股道。

十一、调车信号机开放后,需要取消时,信号楼值班员未通知司机或调车长,未得到应答、未确认列车停车或未动车后就关闭信号机

1. 风险描述

造成列车冒进信号、挤岔。

2. 控制措施

(1)调车信号机开放后,需要取消时,信号楼值班员应通知司机或调车长,得到应答并确认列车停车或未动车后,方可关闭信号机。

(2)与司机加强联系,确保作业安全。

十二、信号楼收到车厂调度收发车单后未认真核对

1. 风险描述

电客车接入有车占用股道或者实际发出列车与计划不一致。

2. 控制措施

(1)信号楼收到收发车单后应与车厂调度认真核对。

(2)收到收车单后应在ATS设备上核对回厂列车车次与车底号是否一致,确认回厂进路上接触网供电正常且无施工作业,回厂列车接车股道空闲。

(3)收到发车单后应核对计划单上的车辆及停留股道是否与微机联锁上设置的一致,确认进路上接触网供电正常且无施工作业。

十三、信号楼对工程车的发车作业程序不了解

1. 风险描述

各班作业标准不统一,给工程车司机作业程序造成一定影响。

2. 控制措施

(1)工程车从车厂发车应严格按照调车方式办理出厂进路。

(2)加强人员业务学习，熟练掌握本岗位涉及的各项作业标准及作业程序。

(3)信号楼主副控做好互控，错误指令及错误操作应及时制止。

【复习与思考】

1. 行车类危险源有哪些?

2. 每种危险源的控制措施?

第二节 施工类危险源

一、施工作业未按要求在占线板设置或撤除安全防护

1. 风险描述

造成列车冲突、车辆设备损坏、人员伤亡。

2. 控制措施

(1)批准施工作业前通知信号楼在微机联锁设置防护。

(2)办理好施工批准作业后及时在占线板设置防护。

(3)组织动车作业前必须确认厂区施工作业。

二、对施工作业区域不了解，造成防护不到位，列车进入施工区

1. 风险描述

人员伤亡、列车脱轨。

2. 控制措施

(1)认真查看当天施工行车通告。

(2)按施工作业防护标准做好相关防护。

(3)遇行车作业时，与车厂调度认真核对，确认列车所运行进路上无施工作业。

三、同一地点交叉施工，其中一个施工销点即解除施工防护

1. 风险描述

列车进入施工区域或无电区。

2. 控制措施

（1）认真查看当天施工行车通告，对当天施工作业情况做到心中有数。

（2）同一区域交叉作业时应特别关注，确认该区域所有施工均销点后方可撤除相关防护。

四、有行车作业时未及时与施工联络人联系现场人员下道

1. 风险描述

造成列车进入施工区域、人员伤亡。

2. 控制措施

（1）有行车作业前应及时与施工联络人联系室外人员下道避车，得到下道回复后，方可排列进路。

（2）加强与施工联络人的联系，掌握室外施工人员动向。

第三节　停送电类作业危险源

1. 风险描述

造成电客车进入无电区。

2. 控制措施

（1）信号楼应对车厂供电分区熟练掌握。

（2）严格按照信号楼停送电防护作业标准设置防护。

（3）接到计划后应认真核对车厂接触网供电状态。

第四节　日常应急类危险源

一、现场人工未准备好进路

1. 风险描述

造成车辆脱轨、设备损坏。

2. 控制措施

（1）严格执行手摇道岔相关标准。

（2）手摇道岔排列进路时双人做好把控，确认道岔位置开通正确，加钩锁器后向DCC进行汇报。

（3）进路好了将整条进路认真确认。

二、接收到的计划及指令未认真核对

1. 风险描述

计划中存在的错误未能及时发现，造成作业错乱。

2. 控制措施

（1）收到的任何计划及指令都应认真与车厂调度做好核对，确保计划正确无误。

（2）信号楼主副控之间应互相卡控，提高安全意识。

三、设备异常情况未及时向车厂调度汇报

1. 风险描述

车厂调度未能及时了解车厂设备情况，延误最佳处理时机。

2. 控制措施

（1）车厂设备发生异常情况要及时向车厂调度汇报。

（2）做好登记并做好相关防护。

（3）密切关注车厂信号设备状态。

四、未认真执行交接班，交接内容不清楚

1. 风险描述

接班人员对车厂情况不清楚。

2. 控制措施

（1）认真执行交接班制度。

（2）对车厂存车情况、接触网供电状态及其他注意事项要重点交接。

（3）当天的重点作业及需注意的安全事项应在交接班电子台账里重点说明并当面交接清楚。

五、新学员未在师傅监控下操作微机联锁设备

1. 风险描述

新学员对车厂不熟悉，易造成错误操作。

2. 控制措施

(1)学员跟岗期间应认真学习微机联锁设备操作手册。

(2)学员学习达标后方可在师傅的监控下操作微机联锁设备。

(3)操作设备时应严格按照操作标准进行。

六、人工现场准备进路时,钩锁器未锁在规定位置,使用后未及时撤除,红闪灯未撤

1. 风险描述

造成车辆脱轨、设备损坏。

2. 控制措施

(1)严格执行手摇道岔相关标准。

(2)现场人员共同确认道岔位置及钩锁器状态,进路确认完毕后确认现场出清,红闪灯撤除。

(3)列车尾部越过 2 个及以上道岔,及时将钩锁器拆除。

【复习与思考】

1. 日常应急类危险源有哪些?

2. 每种危险源的控制措施?

附录一　专业词汇定义表

序号	专业词汇	定　义
1	限界	指限定车辆运行及轨道周围构筑物超越的轮廓线。限界分车辆限界、设备限界和建筑限界三种，是工程建设、管线和设备安装等必须遵守的依据
2	车厂	车辆段或停车场的通称
3	CBTC	Communications-Based Train Control 的缩写，基于通信的列车控制系统
4	ATC	列车自动控制系统
5	ATP	列车自动防护系统
6	ATS	列车自动监控系统
7	ATO	列车自动驾驶系统
8	ATP/IATP	ATP 保护的人工驾驶模式 / 点式 ATP 监督下的人工驾驶模式
9	ATS/LCW	微机联锁区域操作员工作站
10	AP	无线接入点
11	CI	正线计算机联锁系统
12	CBTC 列车	在 CBTC 控制模式下，装备有全套车载设备，能正常运行的电客车
13	非 CBTC 列车	CBTC 故障的列车或是没有装备车载设备的列车
14	DTI	发车指示器
15	ESB	站台紧急停车按钮，设于站台柱墙上，与车站控室内 IBP 控制盘上的紧急及切除停车报警按钮相连通，当出现危及行车安全情况时，可立即按压使电客车紧急停车
16	ATS 工作站	ATS 的人机接口
17	IBP 控制盘	设于车站控制室内，在 IBP 盘上设置紧急停车 / 取消紧急停车、站台扣车 / 终止站台扣车、计轴预复位(集中站)等按钮和相应表示灯
18	PSL	屏蔽门就地控制盘
19	PSD	站台屏蔽门
20	NRM	非限制式人工驾驶模式
21	RM	限速(25km/h)人工驾驶模式
22	OCC	地铁运营控制中心
23	闭塞	为保证列车运行安全，须保证列车间以一定的安全防护空间运行，这种安全防护空间称为闭塞。列车进入闭塞区间(区段)后，闭塞区间(区段)两端都不再向这一区间(区段)发车，以防止列车相撞和追尾。闭塞可分移动闭塞与固定闭塞法两大类，固定闭塞法又可根据安全防护区域划分的不同分为多种闭塞方式
24	移动闭塞	信号系统通过轨旁与列车连续的无线通信来检测前后列车的位置，并计算相应的闭塞防护逻辑，实现对前后列车运行的安全防护和自动控制，这种闭塞方式称为移动闭塞法。移动闭塞时线路没有固定划分的闭塞空间，列车间隔是动态的，并随前一列车的移动而移动，列车防护区域由列车长度及其前后防护距离组成
25	固定闭塞	把线路划分为固定区域，在每个区域内只准许一列车运行，使前行列车和追踪列车之间必须保持一定距离，列车凭地面信号运行的行车闭塞方法

续上表

序号	专业词汇	定 义
26	电话闭塞法	车厂与车站间或相邻车站间通过电话联系，确认闭塞区段空闲、道岔位置正确且锁闭，司机凭路票行车，一个闭塞区段只允许一列车占用的行车闭塞方法
27	进路行车法	信号系统具备点式 ATP 功能，列车凭地面信号运行，一条进路内（仅指相邻两个同向信号机间的空间）只允许一列车占用的行车闭塞方法
28	区段行车法	将列车运行划分为若干个固定的区段（通常为出站信号机到下一个出站信号机），列车进入区段及在区段内均按地面信号显示行车，一个区段内只允许一列车占用的行车闭塞方法。区段可以由单个或多个信号进路组成
29	预复位	当计轴设备出现干扰显示占用或故障预修复后，采用计轴预复位可将某一个区段的进入和出清轮对数清零，该进路经过列车占用、出清后进路解锁，设备恢复正常
30	道岔定/反位	1 号线对道岔位置的描述，指道岔除使用、清扫、检查、修理外，应规定经常保持向某一线路开通的位置，这个位置称之为定位，反之则称为反位。正常情况下，道岔开通直股时为“定位”，开通侧股时为“反位”，但也有例外，具体根据设计而定，应在《站细》中明确
31	计轴区段	由两个相邻计轴设备划定的轨道区段，在信号系统后备模式（点式 ATP、联锁）下可根据其占用状态确定列车在信号系统内的运行位置
32	计轴系统	所有计轴点、计轴电路及其他计轴设备的统称
33	跳停	跳停指列车在车站不停车通过。可指一列客车在一个站或沿途所有站不停车；也可指某一站台的一列或所有客车不停车
34	跳停列车	指沿途不停站的客车
35	信号机内方、外方、前方、后方	信号机防护的一方为信号机内方，反之为外方；信号机显示的一方为信号机前方，反之为后方。两者对应关系是信号机内方即信号机后方，信号机外方即信号机前方
36	进路	指在车站内列车或调车车列由一个地点到另一个地点所运行的径路
37	联锁	指信号系统中的信号机、道岔和进路之间建立的一种相互制约关系。如进路防护信号机在开放前检查进路空闲、道岔位置正确及敌对进路未建立等，信号机开放后，道岔锁定，这种相互制约的关系称为联锁
38	时刻表	列车在车站（车厂）出发、到达（或通过）及折返时刻的集合
39	站线	车站两端墙间内方的线路为站线
40	区间	两相邻车站相邻端墙间的线路为区间
41	列车	按运营时刻表、施工行车通告及有关规定编成的车列，挂有动力车辆（如机车等）及规定的列车标志，称为列车。列车分为客车、工程车、轨道车、救援列车等
42	电客车	指配有列车标志，按规定进行编组的，可载乘客运行的车辆，由两组电动车组组成，每组由三节车厢组成
43	机车	指有内燃机动力的车辆，用来调车和牵引车辆
44	车辆	指没有自带动力的车辆，如平板车等
45	工程车	指由机车和车辆编组而成的列车（含内燃机车、接触网检修车等单机编组）
46	备用车	准备上线替换故障列车或需要加开列车时使用的运用车
47	运用车	按列车运行图投入正线运营的车辆和备用车
48	检修车	转为进行计划性检修或故障检修的车辆。
49	调车	除列车在运营线路上运行、车站或车厂到发外，一切机车、车辆或列车有目的移动
50	前方站	指列车运行方向的下一车站
51	后方站	指相对于列车运行方向的车站

续上表

序号	专业词汇	定　义
52	联锁模式	具备联锁但不具备车载 ATP 功能的模式称为联锁模式，该模式列车控制完全由司机根据地面信号机显示人工驾驶
53	CC	车载控制器
54	TOD	司机显示器
55	ZC	区域控制器
56	关门车	临时发生空气制动机故障，而关闭截断塞门的车辆
57	疏散平台	指地铁运营列车在隧道内出现紧急情况时，疏散乘客的专用通道
58	头端墙、尾端墙	按定义的列车正常运行方向，列车停在车站时头部对应的站台端墙为头端墙，尾部对应的站台端墙为尾端墙，即上行线靠近西流湖站端，下行线靠近市体育中心站端为头端墙，反之为尾端墙
59	列车驾驶模式	电客车共有六种驾驶模式：ATO、ATP、IATP、RM、NRM、ATB
60	推进	在列车尾部驾驶室操纵列车运行，或救援列车在前端驾驶室推送被救援客车运行为推进运行
61	退行	客车越过停车标须退回停车窗内或列车从区间后退为退行，可以推进或牵引运行
62	反方向运行	在上行线开行下行方向列车或在下行线开行上行方向列车时，为反方向运行，但列车从区间返回发车站为退行。1 号线信号系统设有反向运行的功能，可以排列反方向的列车运行进路，列车可以反方向运行
63	首班车	依据当日的运营时刻表，在站投入载客服务的第一个列车
64	末班车	依据当日的运营时刻表，在站投入载客服务的最后一个列车
65	集重货物	指质量大于所装车辆负重面长度的最大容许质量的货物
66	运营时间	为乘客提供城市轨道交通运营服务时间，即线路单一运行方向的始发站从首班车发车到末班车发车之间的时间
67	非正常情况	因列车晚点、区间短时间阻塞、大客流以及设备故障等原因，造成列车不能按列车运行图正常运营，但又不危及乘客生命安全和严重损坏车辆等设备，整个系统能够维持降低标准运行的状态
68	应急情况	因发生自然灾害以及公共卫生、社会安全、运营突发事件等，已经导致或可能导致事故发生或设施设备严重损坏，不能维持城市轨道交通系统全部或局部运行的状态
69	线路运营长度	运营线路按始发站站中心至终点站站中心沿正线线中心测得的长度

附录二　城市轨道交通信号楼值班员考核大纲

序号	分类	编号	考核内容	掌握程度	考核形式
1	基础知识篇	1.1	城市轨道交通的发展	了解	笔试
2		1.2	城市轨道交通在城市公共交通的地位与作用	了解	笔试
3		1.3	城市轨道交通的主要优势	了解	笔试
4		1.4	城市轨道交通体系构成	了解	笔试
5		1.5	城市轨道交通的分类	了解	笔试
6		1.6	城市轨道交通的类型	了解	笔试
7		1.7	线路	掌握	笔试
8		1.8	信号机原理	熟悉	笔试
9		1.9	转辙机原理	熟悉	笔试
10		1.10	无线调度台	掌握	笔试
11		1.11	联锁设备及其功能	熟悉	笔试
12		1.12	供电系统的组成	熟悉	笔试
13		1.13	城市轨道交通车辆	熟悉	笔试
14		1.14	行车组织	掌握	笔试
15		1.15	车厂行车组织原则	掌握	笔试
16		1.16	列车运行图	掌握	笔试
17		1.17	列车运行组织	掌握	笔试
18		1.18	车站行车组织	掌握	笔试
19		1.19	施工计划分类	掌握	笔试
20		1.20	施工计划的申报	掌握	笔试
21		1.21	施工作业令管理	掌握	笔试
22		1.22	施工作业管理	掌握	笔试
23		1.23	施工时间的安排	掌握	笔试
24		1.24	运营时间内特殊情况的施工规定	掌握	笔试
25	实务篇	2.1	收发车作业流程	掌握	实操
26		2.2	调车作业流程	掌握	实操
27		2.3	施工作业防护流程	掌握	实操
28		2.4	停电防护流程	掌握	实操
29		2.5	行车类危险源	掌握	笔试
30		2.6	施工类危险源	掌握	笔试
31		2.7	停送电作业类危险源	掌握	笔试
32		2.8	日常应急类危险源	掌握	笔试

参 考 文 献

[1] 林瑜均. 城市轨道交通基础设备 [M] . 北京：中国铁道出版社，2012.
[2] 邢红霞. 城市轨道交通信号系统 [M] . 重庆：重庆大学出版社，2013.
[3] 李晋. 信号检修工 [M] . 北京：中国劳动社会保障出版社，2013.

图 2-41　800M 电台

图 2-42　400M 电台

表 2-2 图

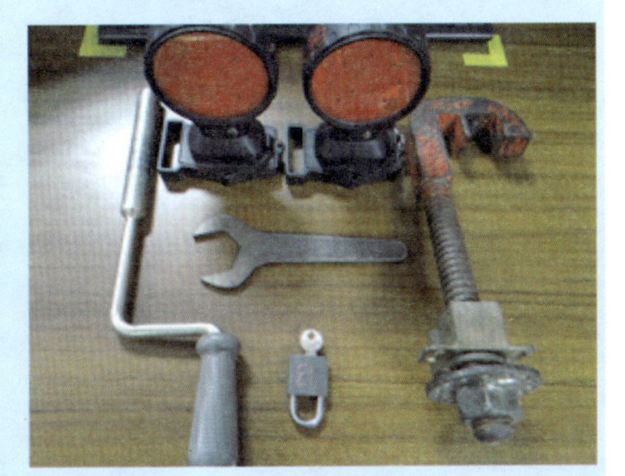

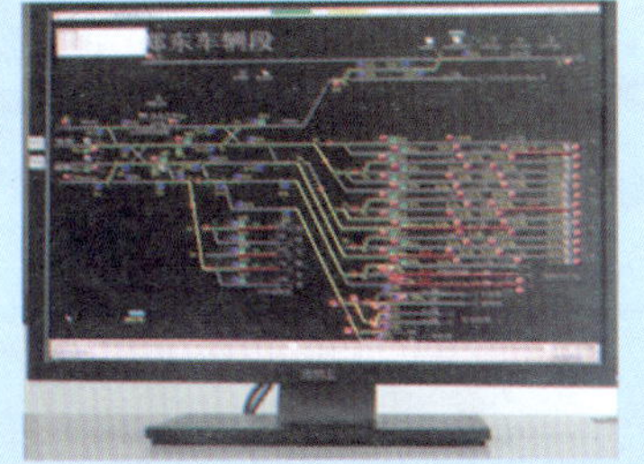

表 4-1 图

表 4-3 图